湛江市哲学社会科学委托项目
岭南师范学院粤西濒危文化研究协同创新中心系列成果

法国租借地广州湾学术译丛

法国租借地广州湾学术译丛

王钦峰　余伟民　主编

白雅特城

法兰西帝国鸦片销售时代的记忆

（法）伯特兰·马托　著

李嘉懿　惠　娟　译

王钦峰　编校

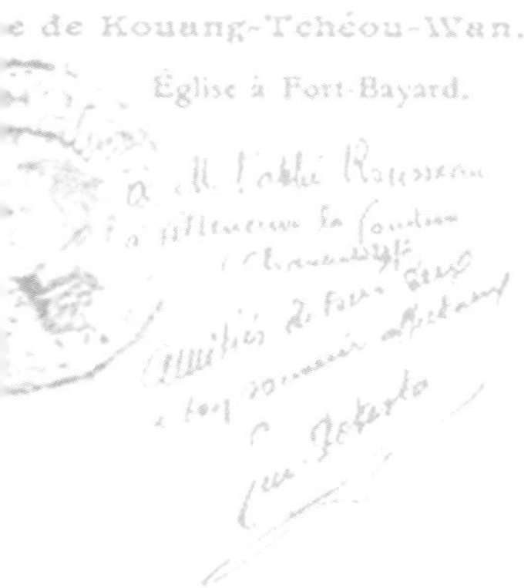

暨南大学出版社
JINAN UNIVERSITY PRESS

中国·广州

广东省版权局著作权合同登记号：图字 19 – 2016 – 233 号

图书在版编目（CIP）数据

白雅特城：法兰西帝国鸦片销售时代的记忆／（法）伯特兰·马托（Bertrand Matot）著；李嘉懿，惠娟译；王钦峰编校．—广州：暨南大学出版社，2016.11
（法国租借地广州湾学术译丛／王钦峰，余伟民主编）
书名原文：Fort Bayard—Quand la France vendait son opium
ISBN 978 – 7 – 5668 – 1949 – 9

Ⅰ.①白… Ⅱ.①伯…②李…③惠…④王… Ⅲ.①中法关系—租借地—地方史—研究—湛江 Ⅳ.①D829.12②K296.53

中国版本图书馆 CIP 数据核字（2016）第 238929 号

白雅特城：法兰西帝国鸦片销售时代的记忆
BAIYATECHENG：FALANXI DIGUO YAPIAN XIAOSHOU SHIDAI DE JIYI
著　者：（法）伯特兰·马托　**译　者：**李嘉懿　惠　娟　**编校者：**王钦峰

出 版 人：徐义雄
策划编辑：杜小陆　刘　晶
责任编辑：颜　彦
责任校对：邓丽藤
责任印制：汤慧君　周一丹

出版发行：暨南大学出版社（510630）
电　　话：总编室（8620）85221601
营销部（8620）85225284　85228291　85228292（邮购）
传　　真：（8620）85221583（办公室）　85223774（营销部）
网　　址：http：//www.jnupress.com　http：//press.jnu.edu.cn
排　　版：广州良弓广告有限公司
印　　刷：深圳市新联美术印刷有限公司
开　　本：787mm×960mm　1/16
印　　张：16.625
字　　数：247 千
版　　次：2016 年 11 月第 1 版
印　　次：2016 年 11 月第 1 次
定　　价：75.80 元

（暨大版图书如有印装质量问题，请与出版社总编室联系调换）

总序一

位于雷州半岛的湛江是座美丽的海滨城市，从19世纪末至20世纪中期，她被称作“广州湾”，是法国的租借地，经历了被法国人统治近半个世纪的特殊岁月。湛江人士十分重视家乡的历史演变，通过发掘、研究中文档案、文献，撰写回忆录，以及采访知情老人等途径，先后出版了不少著作，对正确展现这段历史做过大量的工作。然而，直到21世纪初期，湛江相关人士和中国各地的历史研究者仍极少利用有关广州湾租借地的法文史料，不了解法国方面究竟保留了多少相关档案，也不了解当年的法国殖民者直至现今的法国学者对该租借地作了怎样的记叙，因而对该租借地的认知仍是不完整的。

中国学者在很长时期内未能接触广州湾租借地的法文史料，事出有因。在中国内地的很多图书馆中，迄今未收藏任何关于该租借地的法文书籍。1945年，法国人在撤离广州湾时也未留下其档案，因而湛江市档案馆中几乎没有租借地时期的档案，特别是法文档案。以往，能够查阅法文著作、档案的中国学者为数甚少，又缺乏到法国去实地调查的必要经费，而法国的档案馆是在广州湾租借地回归中国很多年后才开放其收藏的相关档案。可以想见，并非以往的中国学者不重视法文史料，而是那时不具备必要的条件。

2009年，受法国人文科学院基金会邀请，并经法国著名的中国史专家安克强教授等人帮助，笔者和一位通晓法文的助手前往法国巴黎、南特、埃克斯等地，在那里的档案馆、图书馆查阅了一批有关广州湾租借地的法文档案，找到了数种相关著作，其中不少史实特别是大量的数据为中国学者所未知，因而笔者认为有将它们介绍给湛江和中国各地研究者的必要。由于收藏在这些档案馆中的相关档案数量众多，内容庞杂，如果要将它们译成中文，不仅首先要进行通读，还涉及归类、取舍、摘编、整合等众多问题，需要精通法文的专家耗费大功夫才能蒇事，其间耗费的时日和经费难以估量，最终成果的质量也不易预料。鉴于此种情况，将相关的法文著作特别是已经利用了大量原始档案的法文著作译成中文，应是将法文史料和法方观点推介给中国学者的捷径，可收到事半功倍之效。

余伟民先生于2009年就任湛江市社会科学界联合会主席后，十分重视对广州湾租借地历史的研究。湛江市社科联先后支持多个研究该租借地的课题，由岭南师范学院王钦峰教授负责的“法国租借地广州湾学术译丛”便系其中的重大课题。这一学术译丛分为7册，全部译自法文，其法文原文大多曾公开出版，出版的时间始自1900年，最晚至2013年，其中有书籍、文章和官方公文等。由于一个多世纪以来法国人研究该租借地的书籍数量不多，这套译丛已经囊括了其中重要的书籍，并包含了部分已经出版的政府公文。

在这些著作中，巴黎第七大学博士安托万·瓦尼亚尔完成于2004年的博士论文《广州湾租借地：法国在东亚的殖民困境》是极其重要的一种。这篇长达数百页的论文指明了该租借地法文档案的收藏地点，其中收藏政府档案的有法国海军部和外交部、南特外交档案中心、埃克斯海外档案中心以及越南国家档案馆第一档案中心等处，收藏私家档案的有法国农业信贷银行历史档案部、巴黎外方传教会（MEP）等处。该论文还详细开列了相关档案的卷宗号码，便于读者按图索骥。同时，该论文充分利用了这些档案，又参考了其他的法文研究成果，较为详细地记载了广州湾租借地的历史，并反映了法国学者对该租借地的认识。

在其他法文书籍中，由法属印度支那总督府主编的《广州湾租借地》值得关注。这本小册子出版于 1906 年，其用途之一是在当年举办的马赛殖民博览会上介绍这一刚被法国占据的区域。该书从历史、地理、气候、物产、居民、风俗、文化、农业、工业、渔业、商业等方面载录了广州湾的情况，并留下了气温、降水等不少以往中国方志未载录的数据，成了第一种较为全面地介绍这一新行政区域的著作。

这套译丛的第五册至第七册大多出自法属印度支那总督府、法国殖民地部等机构历年来有关广州湾租借地基本状况、预算管理等方面的官方报告。其中，给印度支那联邦高级委员会的有关该租借地基本状况的年度报告，自 1910 年起，至 1929 年为止，共有 20 份。这些报告包括政治、行政、财政、经济和社会状况等部分，记录了当地各年度的概况，尤其是行政管理、司法、警察、土著卫队、监狱、财政预算和支出、土地登记管理、公共工程建设、商业活动、教育、公共卫生及救助等各方面的具体情况。其中不少事件在中文史料中尚无记载，有关收入、开支、贸易、人口、教育、刑事和民事案件等的众多数据也是中国学者以往所未见的。这批政府档案提供了很多富有研究价值的原始资料。

显然，在阅读这套译丛后，我们可获得大量的法文史料，能较为全面地认识广州湾租借地的历史，了解法国人研究该租借地的主要成果以及他们的观点，并获知相关法文档案的收藏地点及其卷宗号码。这一译丛确有较高的学术价值。

由于收入译丛的著作、公文等出自不同时期、不同作者之手，因此，他们的立场、观点各不相同。有些著作的观点尽管我们未必完全赞同，但其确实是在尽力还原广州湾租借地的历史真相。例如《白雅特城》等书的作者依据史料，揭露了法国殖民者残杀当地中国居民的暴行。也有的著作鼓吹殖民主义观点，为法国当年的侵略行径辩解。例如，出版于 1931 年的《法国在广州湾》一书，其作者系一名法国殖民军队的军官，他宣扬殖民主义是“行泛爱众之高尚义举”。为此书作序的广州湾租借地行政长官又宣称对方给予该租借地“最无私”的“帮助”，而将中国人民提前收回该租借地的要求说成排斥此种“帮助”的“民族主义”，对法国人“慷慨无私之心”作“不公正的指责”。此类观点的荒谬显而易见，读者不难分辨。

同时，值得指出的是，这些法文著作、公文等的另一个短板是较少甚至完全没有参考中文史料。造成此种格局的原因是多方面的，重要原因之一是这些法国的作者不通中文，未能查阅和利用中文史料，故未能在其著述中反映中国方面的观点。因此，在阅读其中部分内容，诸如法国人占据广州湾租借地的经过等章节之时，我们需要同时查阅当时中国官方的记载以及当地人民如何抗击法军侵略等中文史料，这样才能对这些事件有一个更全面、更精确的认识。

翻译这些法文资料，不是一件容易的工作。首先，当时法国人在记载广州湾的中文地名时系用法文字母来注音的。根据这些字母，除了赤坎、麻斜等重要的地点外，要正确地译出一些较小地方的中文地名并非易事。相关的中国人名也是如此。一些重要人物的姓名不难译出，而其他人名的翻译则颇有难度。其次，只有对广州湾的历史背景有所了解，才能使译文有较高质量。如与法国人订立《广州湾租借地条约》的中方代表苏元春系广西提督，法文中并无对应的官衔，因而按照法文直译，便会译成“大元帅”之类。根据已经完成的部分译稿，可知参加译丛工作的各位翻译都投入了很多时间和精力，做出了很多贡献。特别是翻译《广州湾租借地：法国在东亚的殖民困境》的郭丽娜教授不仅精通法文，而且了解法国人在广东活动的历史背景，并在翻译过程中与原稿作者反复探讨，她的译文不仅文字流畅，内容也相当精准。

直到21世纪初期，因未能掌握法文史料，较之对威海卫租借地等其他列强在华租借地的研究，中国学者对广州湾租借地的研究相对滞后。近几年来，随着对该租借地法文史料的收集、利用增多，特别是此次颇具规模的“法国租借地广州湾学术译丛”的出版，使得对该租借地的研究大有后来居上之势。这一学术译丛的出版，对于推进广州湾租借地的研究，以及推进外国在华租借地史、中法关系史等多方面的研究，都将有十分积极的意义。

费成康

2015年8月31日于上海

总序二

本丛书的策划要追溯至2012年夏天。这年7月，由全国法国文学研究会联合湛江师范学院（今岭南师范学院）在湛江海滨宾馆举办了“中法文学与文化关系暨卢梭诞辰300周年学术研讨会”。这次会议除设置了法国文学传统议题外，还首次将中法文化关系、近代中国法租界和广州湾列为议题，开创了法国文学研究会学术会议议题设置的先例。会上，广西民族大学杨令飞教授、中山大学郭丽娜教授关于广州湾的文章给我们留下了深刻印象。这次会议还吸引了全国一大批著名学者参加，会毕，我们特邀与会者参观了广州湾总公使署、广州湾警察署和维多尔天主教堂等广州湾遗址。

我们清楚地记得，这次会议后，前中国比较文学学会副会长、北京大学教授孟华被广州湾的历史深深吸引，她特地挤出时间造访赤坎的民主路，参观了那里的历史街区和广州湾商会会馆。当时全国法国文学研究会会长、中国社会科学院外国文学研究所吴岳添研究员，著名翻译家罗新璋研究员和史忠义研究员也随同我们赶到现场，此时孟华教授刚刚离开。三位专家的到来让会馆守护人庞春燕女士喜出望外，她细心备下笔墨纸砚，邀请三位专家留下墨宝。三位专家合作署名，轮流写下十个大字——“昔日广州湾，今日湛江城”，赠予广州湾商会会馆。《湛江日报》记者陈凯杰闻讯赶来，就广州湾资源利用和湛江法兰西风情街区建设问题向吴岳添会长做了一个多小时的采访。当他们离开时，庞春燕女士拿出一沓法语书稿送给我们，并呼吁我们对这份文献进行译介。这次经历让我们深深感到，湛江市译自法语的广州湾资料是如此匮乏，以至于在法国人撤离此地半个多世纪之后，人们对于这段历史依然非常陌生，这种情况干扰了湛江市知识分子和普通市民对于湛江市前半部分的历史即广州湾历史的了解与认知，同时也激发了人们对于这段历史的强烈的认知欲望。在湛江文化环境的影响，同时在吴岳添会长的敦促下，我们觉得有必要把这本偶遇的广州湾著作——博南格上尉的《法国在广州湾》的翻译纳入到湛江市的文化建设规划中来。在随后的数月之内，在新获得的200万字法文版广州湾历史文献资源的基础上，我们将这项文化建设规划落实到广州湾学术档案文献的译介工程中。

在湛江市乃至全国范围内，关于广州湾租借地的学术研究成果，以及由法语译入的广州湾历史文献（包括已出版的学术论著和官方档案文献）均较为缺乏，这是事实。准确地说，从广州湾光复至2015年年底，国内并没有出现任何系统的广州湾研究著作（不含资料汇编），而相关法语资料的译介在国内也几乎是一片空白。在这段时间里，广州湾的历史重构、资源应用和研究工作大约经历了三个阶段，而法语译入资料的有无与多寡，则在实际上决定了广州湾学术研究和资源利用的水平与视野，同时也决定了不同历史阶段广州湾历史重构、资源利用和学术研究的特征。我们不妨追溯一下这个过程。

广州湾资源挖掘利用与研究的第一个阶段为20世纪50年代至70年代，该阶段的实质和特色在于寻求历史记忆的恢复和进行初步的历史叙事。这个阶段的记忆恢复和历史叙事（如遂溪、湛江人民反法斗争史料等）以口述史为基本的呈现方式，以反帝反殖为思想脉络，以中华民族的创伤记忆为基本内容，这跟当时我国刚刚摆脱半殖民地历史的国家政治身份、那个时代的特殊意识形态及冷战的政治环境有较大关系。而在这一阶段，除个别调查文章有一定的学术性外，真正的广州湾学术研究几乎还未起步。同时，法语译入的资料在国内还仅仅局限于从法国外交部档案翻译而来的数十个书信片段。

第二个学术研究阶段为20世纪80年代至90年代。该阶段受益于改革开放和理性求实精神，进一步系统整理了抗法斗争史料，推出了系列科研成果，发表了一些长篇学术论文，从学术视角审视了广州湾在各方面的历史发展，内容涉及广州湾的政治经济和社会文化各领域，包括行政管理、军事、建筑业、纺织业、新闻教育、贩毒、娼妓、走私等（成果主要见于湛江市政协文史资料委员会编的《湛江文史》第九辑，1990年），涌现了苏宪章、阮应祺、刘佐泉、谭启浩等一批广州湾学者。而其局限性在于，所用研究资料仅限国内部分，缺乏来自法属印度支那总督府和广州湾公使署的官方文献，资料和观点的权威性不够，某些领域的研究难以走向深入；同时，正是由于法国殖民者所带走的权威资料无法成为可用的学术资源，导致一些研究领域无人涉足。在此阶段，法语译入广州湾资料在国内没有获得任何进展。

第三个阶段为21世纪初开启的广州湾资源利用和学术研究国际化的新阶段。在过去数十年里，广州湾资源除局部（如抗法斗争）被作为爱国主义教育资源之外，多数都处在沉寂与埋没之中，许多物态化的历史遗迹被遗忘，甚至被人为破坏，以致逐年减少。但最近十余年来，在全国进行文化建设和文化开发的大环境下，更多的社会人士和青年学者走进了这个研究领域。在湛江，老一代的广州湾学者如蔡进光、胡贤光、谭启滔、梁政海等仍奋发有为，笔耕不辍，致力于广州湾文化遗产资源的保护与研究。青年学者陈灵教授于数年前给霞山区提供了有关广州湾资源利用的建议报告，举行了数场广州湾图片展，发表了相关文章，对学术研究及政府利用广州湾历史资源都起到了重要的作用。2010年后，湛江师范学院龙鸣教授和景东升博士的法国之行及文化调研为湛江带来了一批来自法国的广州湾资料，他们二人对于这部分资料的整理，以及随后何杰等人围绕日军占领广州湾所做的资料发掘，标志着湛江市的广州湾研究获得了国际视野和新的学术语境。与此同时，湛江市外也陆续有刘利民、郭丽娜等学者投入到与广州湾相关的课题研究中来。不过，在目前情况下国内译自法语的广州湾文献仍然非常有限，如果仅仅满足于这种状况，那么我们的广州湾研究和历史书写也将同样陷入难以走向深入乃至同语反复的窘境。因此，对于国内的广州湾研究来说，本译丛的出版应有利于加快其走向国际化的进程，同时可促进广州湾资源在湛江市的完整开发和产业化应用，或为其提供第一手资源。

2012 年下半年以来，广州湾研究机构在湛江纷纷成立，这一趋势也有效推动了广州湾研究在湛江的发展，同时为本译丛的策划、编译和出版营造了良好的文化氛围。2012 年 7 月，湛江师范学院成立地方文化研究院，内设广州湾研究所、海上丝绸之路研究所等十余个研究分支机构。2013 年年初，湛江市广州湾研究会成立，促使湛江市的广州湾研究与学术活动得以有序和有力地开展。2014 年 7 月，岭南师范学院地方文化研究院与湛江市广州湾研究会在赤坎联合举办了首届“广州湾历史文化论坛”，会议提出应系统发掘、整理和研究广州湾文献，构建“广州湾学”。在这种吁求历史表现和文化重构的大背景下，在一种新的学术热情的感召下，“法国租借地广州湾学术译丛”的组织和译介工作得以顺利进行。至 2015 年年底，丛书译介与整理的初步工作已大致完成。

“法国租借地广州湾学术译丛”主要包括两大基本内容：一是广州湾学术研究成果，包括学术专著和学术文章；二是对广州湾研究至关重要的权威性原始文献，主要包括印度支那总督府及广州湾公使署官方档案文献。学术著作主要有：安托万·瓦尼亚尔的《广州湾租借地：法国在东亚的殖民困境》（未出版，作者直接授权）、伯特兰·马托的《白雅特城》（巴黎：弗朗索瓦·鲍林出版社 2013 年版，作者和出版社授权）、阿尔弗雷德·博南格的《法国在广州湾》（巴黎：贝尔热－勒夫劳出版社 1931 年版）、让－雅克·塔坦－古里耶的《法国在中国的殖民征服》（巴黎：手稿出版社 2012 年版）、查理·洛尔的《我们是否应该把广州湾还给中国》（河内：远东印刷厂 1928 年印刷）、印度支那总督府的《广州湾租借地》（河内－海防：L. 加洛瓦出版社 1906 年版）等。学术文章主要有夏维的《华南广州湾火山口湖（湖光岩）两个新鱼类的描述》（《法国动物学会通报》1935 年）、A. 肖沃的《1923 年广州湾经济状况》（《地理年鉴》1925 年第 34 卷）、莫里斯·利弗上校的《广州湾租借地简史（1889—1945）》（《印度支那记忆全国联合会公报》第25期）等。本丛书中，除了安托万·瓦尼亚尔和伯特兰·马托的著作仍以单行本出版外，其余著作篇幅较短，考虑合并出版。而目前我们搜集到的广州湾档案文献则可分为三类：第一类是广州湾各年度总体情况报告，第二类是广州湾各年度行政管理年鉴，第三类是广州湾各年度经济预算情况。其中，第一类一般为印度支那总督或租借地公使在年度会议上就殖民地的基本发展状况向印度支那联邦高级委员会所做的报告，本译丛主要译介了从1910年到1929年的广州湾租借地基本状况报告（其他资料暂缺失）。第二类一般为广州湾各年度的行政管理资料，包括人口统计、官员任命等基本数据或表格化信息，本丛书主要译介了从1900年到1932年的年鉴资料（其他资料暂缺失）。至于第三类，则主要选取了二十世纪二三十年代的预算管理文献进行译介（其他资料暂缺失或暂未译）。对于上述所涉及但暂时还未纳入本译丛内的官方档案文献，我们今后将予以陆续出版补齐，不留缺憾。

本丛书从策划到完成，历经四年多时间。由于涉及面广泛，再加上跨学科、跨语言作业，难度较大，因此这是一个较为艰难且富有挑战性的过程。广州湾学术文献及档案的译介是一项规模较大的工程，而对于湛江市的历史修复和我国租界史研究而言，它又是一项极为重要的文化学术工程，几乎可以说是进行历史研究和历史叙事的命脉。对于这样一项重要工程，如果缺少来自政府、单位、学界和社会民间任何一方的支持，想把它顺利完成都是不可想象和不太可能的，因此它可以说是各方协同作战取得的成果。

在此，我们首先要感谢湛江市政府、湛江市社会科学界联合会和岭南师范学院创新强校工程对于本丛书的大力支持。如果没有来自湛江市政府和岭南师范学院的资金支持，以及湛江市社会科学界联合会富有远见的课题立项，本译丛实际上是不可能存在的。其次要感谢来自全国学术界和法语界的各位学者同仁和朋友，他们分别是著名清史学者费成康研究员，四川大学宁虹教授，中山大学郭丽娜教授，广西民族大学杨令飞教授和杨宁老师、秦秋福老师，苏州大学陆洵副教授，华东师范大学解华副教授，北京城市学院李嘉懿副教授，湘潭大学杨维春博士，岭南师范学院成雯老师等，他们承担了本译丛多数文献的译介任务。费成康研究员关心本项目多年，他不仅为我们提供了本丛书最厚重的学术专著——安托万・瓦尼亚尔的博士论文《广州湾租借地：法国在东亚的殖民困境》的法语原著，并欣然为本丛书作序，而且多次来湛江参加我们举办的学术活动，对湛江学界不吝指教，堪称湛江学界的良师益友。安托万・瓦尼亚尔的博士论文固然让我们惊喜，但对于我们来说，如何译介、谁来翻译这部体大思精的学术著作的确是一个非常大的考验。然而非常难得的是，郭丽娜教授非常勇敢地把这部著作的翻译任务承担下来，以至于为了完成这一任务，她牺牲了身体健康。当然，每一位译者对我们的帮助都是慷慨无私的，值得我们感谢。另外，广东金融学院的陈灵教授，湛江市的广州湾学者何杰、谭启滔、陈华昆、胡贤光和梁政海等，也为本译丛提供了文章、图片资料、知识信息及其他各类帮助，在此一并表示感谢。

湛江市广州湾历史资源的研究、发掘与应用，是一项值得为之倾心注力的事业，需要更多学者的关心与参与，尤其需要湛江市政府、湛江市社会各界形成共识，做好广州湾文化品牌的顶层设计，加大投入、精心打造，把广州湾资源的保护、应用与开发落到实处。如果能把广州湾的文章做好，湛江市将会转型为一座在国内不可多得的具有近现代史迹特色的历史文化名城。

王钦峰　余伟民
2016 年 4 月 21 日于湛江

献给罗斯

啊，公正、微妙而有力的鸦片！……
你拥有天堂的钥匙！……

——夏尔·波德莱尔《人造天堂》

目　录

前言　梦想的记忆

白雅特要塞兵营（陈灵供图）

在我家附近，一个古董商店要歇业了。商店里的古董重叠堆积，让这个艺术殿堂看上去更像旧货市场的一间杂货铺；在购物网站上，商店的清仓甩卖也在同时进行。在一个货架上，我发现一个满是灰尘的纸箱，里面有一本装满了旧明信片的影集，我被明信片文字说明中那些富有异国情调的名字吸引，于是决定将其购回好好研究一番。这些明信片是法国在中国殖民时期的一些老照片，其中，尤为吸引我的是一张照片上标有的法语名字：白雅特城。这个名字的背后到底有着什么样的故事？我马上坐到电脑前，在网上搜索这个名字，结果却是法国二台一个著名的电视游戏节目。方向错误！当我加上“中国”二字的时候，终于了解到，白雅特城原来是中国境内的一座法国城。我的探寻、我的时间之旅从此开始……

1900 年前后的白雅特港（私人档案）

自 16 世纪起，葡萄牙占领了中国南部澳门半岛的各个港口。1841 年，英国又占领了一片礁石锚地：香港港口。1849 年，清政府允许法国在上海设立自己的租界，又分别于 1860 年、1861 年和 1896 年允许其在天津、广州和汉口设立租界。此后于 1899 年，法国取得了广州湾的租赁权。

广州湾，其含义为“广州的海湾”（Baie de Canton）①，处于印度支那半岛② 和香港之间，面向东京湾，③ 和海南岛隔海相望。这片未知租借地的首府被称为白雅特城，法国政府投入了大量钱财用于这座城市的改造。公使官邸、大教堂、银行、学校、兵营、别墅、林荫大道，那些敢于想象、富于冒险精神的开拓者们在这里描绘着他们的蓝图。年轻

① 需要说明的是，此处的“广州”并非指现今的广东省省会广州市（Canton），而是指三国以后与交州（含越南北部、广西沿海和雷州半岛等地）相对的广州（含两广其他大部分地区），广州湾是位于历史上隶属广州的高凉郡和隶属交州的合浦郡交界处的一个海湾。——编者注

② 印度支那半岛，中南半岛旧称。——译者注

③ 东京湾，北部湾旧称。——编者注

的法兰西共和国[1] 梦想着建造一个可以与香港媲美的港口。

1932 年，法国远东学院[2]研究员、历史学家爱德蒙·卡希诺（Edmond Chassigneux）写道："广州湾有着非常特殊的殖民政策，以至于法国能够在一个动荡不安的国家开拓出这样一片繁荣和健康的生存环境。这片土地处于法属印度支那联邦地理框架之外，就像是这块大租借地的延伸。在这片海域中，它像一块希望之石，其模糊的未来将会突然间呈现出它的价值。今天，它已经成为一席庇护之所；明天，它可能成为法国的财富之源和立足点。"

事实上，当时到底有多少法国人知道白雅特城的存在呢？非常少，仅限于几个知道内情的人。在殖民外衣的掩护下，这片土地实际上以其赌场和鸦片著称。最疯狂的谣言流散在这处充满硫黄味道的微型法国租借地的上空，丑闻控制着这座城市。在这里，一切极端行为都是被容忍的。谣言缔造了它的声望，人们私下议论说，这里的居民将大范围地感染上各种精神疾病。沾染鸦片毒瘾的疯子越来越多，即将泛滥于这座海滨之城。低于海岸线的秘密寺庙将被海水淹没，里面藏有一批几世纪前储存在这里的鸦片，而海盗们也在这里埋藏他们的宝藏。另外，鸦片馆将成为冒险家、作家和拥有各种奇思怪想的人的聚集地。这座"失落之城"还将是那些鼠疫患者、生活中遭受重创的人、间谍，以及失去斗志的士兵们的庇护所……其实，白雅特城还隐藏着其他真正的秘密。这里的法国鸦片商行也是香港黑帮的基地，而正是这些黑帮供应着整个中国和北美的毒品。白雅特城是一个名副其实的小剧场，这里上演着各种战

① 年轻的法兰西共和国，指的是存续于 1870 年至 1940 年间的法兰西第三共和国。——编者注

② 法国远东学院（Ecole Française d'Extrême - Orient，简称 EFEO，又译作法兰西远东学院），是法国的一所专门研究南亚、东南亚和东亚文明的国家学术机构，研究范围涉及历史学、人类学、民俗学、考古学、艺术、文献学等。其前身可追溯至 1898 年法属印度支那殖民地时代。当时为了研究西贡（今胡志明市）一带的风土文化，法属印度支那总督杜美下令创立法属印度支那古迹调查学会（或称印度支那考古调查学会），由法国金石铭文与文艺学院负责学术监督。1900 年该会更名为法国远东学院，并于 1901 年创办《法国远东学院学刊》（*Bulletin de l'Ecole Française d'Extrême - Orient*）。该学院于 1902 年将总部设于河内，20 世纪 50 年代因越南战争爆发而迁至巴黎。——编者注

争的皮影戏：鸦片战争、第一次国共内战、法国亲法西斯与抵抗者之间的战争、解放战争，还有英法殖民帝国之间的激烈竞争。保罗·杜美（Paul Doumer）、安德烈·马尔罗（André Malraux）、雅克·多里奥（Jacques Doriot）、皮埃尔·赖伐尔（Pierre Laval）、胡志明（Ho Chi Minh）、吕西安·博达尔（Lucien Bodard）分别于不同时期在这里发挥过他们的影响力。1945 年 11 月 20 日，戴高乐将军的临时政府委派大使秘书来到中国，永久地降下了中国海上的“三色旗”①。中国政府随即将白雅特城改名为“湛江”。然而，在随后的几年里，许多传教士和修女仍然安居于此地，直至 1949 年 10 月 1 日中华人民共和国成立，毛泽东才彻底地结束了法国人的中国梦。

在其存续的 45 年时间里，白雅特城一直饱受争议。它的不同身份及特质时而接踵而至，时而相互共生：中国政府的耻辱、法国政府的荣耀，神秘之地、动荡之城、海盗栖息之所、宗教盛行之处，奇迹诞生地、收容所、海防线，法国辖地、战略要塞、革命者的避难地、间谍的老巢，烟馆、赌场、妓院汇集之处，禁区、免税区、自由贸易区、辉煌之城、天然海水浴场，传奇故事不胜枚举。出于对这一切的好奇，我决定重建这个神秘的租借地乌托邦。大量的历史资料、书籍和报刊记录着这片被中国疆土包围着的法国领地及其在那个时期所发挥的影响力。所有对白雅特城感兴趣的中国人或是法国人，都将再次开启帝国历史的这一片段，追忆其历史见证和亡魂。白雅特城是一部制造梦想的机器，它的真实历史即将展开。此时，它不再是一个广为流传的传奇故事，而是对于人们曾经的梦想的真实记忆，记叙着法国向全世界销售鸦片的时代。

---

① 三色旗，即法国国旗。——译者注

第一章　走出遗忘

公使署旧址大门（水兵协会罗宾·萨比供图）

1946 年夏天，一位法国人在中国南部的一座城市散步，这座城市几个月前的名字还是白雅特城。这位法国人是法国驻广州领事馆的领事，他在酷暑季节踏上了这座被遗忘城市的发现之旅。自从蒋介石领导的国民党军队占领这里后，阿尔及尔路、比利时路、学堂街或邮局路的路牌就被摘了下来，英国大道、乔治·克列孟梭大道（Boulevard Georges Clémenceau）、霞飞元帅大道（Boulevard Maréchal Joffre）、福煦元帅大道（Boulevard Maréchal Foch），还有贝当元帅大道（Boulevard Maréchal Pétain）这些路名也都被取消了。亨利·瓦勒寡妇（Mme Veuve Henry Vallée）的小酒店和其余租借地时期的别墅就像遭受了强盗掠夺的坟墓一样被洗劫一空，而早先那些休闲公园里的绿树被野蛮砍伐，现在只留下光秃秃的树桩，就连“一战”烈士纪念碑上的高卢雄鸡也不知何时被拿掉了。埋葬着法国逝者的陵园里，坟墓被挖开，裂开了大大的口子。红灯区的各种派对已经结束，那些曾经给这个港口城市带来无数个奢靡之夜的烟馆、赌场和妓院都已经消失得无影无踪。商人、毒品贩子、黑社会、交际花都去了香港。不远处，表面上看起来毫发无损的机场和防御工事，就像被演员们抛弃了的舞台装饰，早已失去了它们的作用。

高级驻扎官官邸（陈灵摄）

在地球的另一端，巴黎，法兰西共和国临时政府主席乔治·皮杜尔（Georges Bidault）写信给他的海外部[①]部长道："白雅特城既不是法国的利益中心，也不是贸易区，更不是政治观察点；它不具备任何在海外设置法国领事馆的必备要素。更需要强调的是，就像您所知道的一样，居住在广州湾的法国人加上政府官员在150人到200人，在我们向中国政府交还主权之后，也就剩下了极少数的几个团体。另外，整体而言，尽管白雅特城在法国的资助下各方面都有所改善，但是它还无法达到我们以其为根据地向中国内陆渗透的要求。"[②]于是，法国最终放弃了白雅特城，而谁又会在乎呢？

但是，被埋葬的遗迹在半个多世纪后被重新发现。2010年春天，法国海军索姆河号（La Somme）补给指挥舰在湛江军港停靠。我知道这座广东省的海滨城市曾经叫白雅特城。水兵协会，一个主要纪念法国阵亡水兵的组织，给我转发了一封在湛江执行公务的海军少将布鲁诺·内力（Bruno Nielly）的邮件。在邮件中，海军少将非常礼貌地向我介绍了他在湛江停留的情况："这座城市面积广阔，几条宽广的林荫大道贯通南北，车辆稀少。虽然车流量不大，但是自行车和摩托车极为常见。就算在这个地级市都可以深刻感受到中国的幅员辽阔，特别是当接见我的当地政府官员说湛江是个很小的城市，它只有770万人口的时候……几年前，我遇到了当时路过这里的指挥中国南海舰队的海军总司令，他知道土伦这个城市，还对我说土伦港和湛江港很相似，我们应该建议两市结成友好城市……但是，只有17万人口的土伦怎能和一个堪比大巴黎的都市建立平衡的合作关系？"

海军少将接着说道："在白雅特城旧址（海军准将德·拉·比道里埃尔将此地命名为白雅特城，疑是为了纪念死于白雅特舰上的海军司令孤拔。当时这艘军舰正停靠在澎湖列岛的马公港），我参观了大教堂、原公使署和港口旧货仓。大教堂现归属于中国基督教爱国会，几千名教

---

① 法国海外部，1946年由法国殖民地部改组而来，职能是管理法国的海外领土。1946年法国的海外部部长为马吕斯·穆岱（Marius Moutet）。——编者注

② 法国外交部外交档案，亚洲—大洋洲，1944—1955年，中国。

徒经常来这里做礼拜。同时，很多人也会选择在这里结婚，但更多的人则是把这里当成了照相的景点！使得教堂附近的广场像是马萨彼耶山洞[①]的朝圣地一般。前公使署仍然完好地保存着，不过现在已经变成了博物馆。我们甚至还可以清晰地看到围墙上镶嵌的铜制高卢雄鸡。

哥特式大教堂（郭丽娜摄）

“港口区还保存着不少以前的货仓，只是现在都废弃了。售卖船上废料和各种用具（锚、锁链、电缆、绳索……）的商人们把这些旧货仓改成了杂货铺，店铺中又高又宽的拱顶依然可见，这种建筑风格至今还可以在法国老式的海军兵工厂里看到。由于没有整体修复，这里的港口区很难像广州或河内的港口那样，让人们感受到法国文化的曾经存在。从当地政府对这个历史事件所持的平静态度来看，这里是永久地归还中国地方政府了。现在需要做的，就是说服湛江市政府拯救这些货仓，将它们恢复原样，但是这很难办到……”

---

① 马萨彼耶山洞（Grotte de Massabielle），位于法国南部靠近西班牙边界的波河（Gave de Pau）岸边的卢尔德市，是全法国最大的天主教朝圣地。——编者注

公使署花园侧景（水兵协会罗宾·萨比供图）

罗宾·萨比（Robin Saby）从 1993 年开始定居中国，并作为合作交流教师在广州中山大学长期教授法语。由于对历史有着浓厚的兴趣，他加入了法国记忆协会和水兵协会，现任水兵协会中国区代表。2010 年 6 月 1 日，罗宾·萨比接待了在原白雅特城停靠的法国水兵。他指出："对于 10 年前或者 15 年前就知道广州的人来说，在湛江漫步给人一种时光旅行的感觉，好似在旧时的白雅特城散步一样。特别是当你走在曾经的白雅特城政治、行政中心区时，两座有着浓郁法国特色的大楼依然完好地耸立在那里，之间仅隔两分钟的步行路程，这两座建筑就是大教堂和公使署。教堂建有一个小花园，将它与十几年前建造的居民区隔开。这些混凝土结构的居民楼大多重视功用，轻视美观，其外表清一色地贴着陶瓷马赛克，这种装饰风格在 20 世纪 90 年代中期的中国城市十分常见。我们可以把这一时期的建筑风格统称为'浴室风格'，这样大家就会对这种单调、统一、消毒式的建筑有了更直观的感受。这些建筑至今仍然在湛江随处可见，这也正说明了这座城市与周边其他城市的经济差距。但是，事物的变化是迅速的，也许几个月后，我们就会在这个古老的街区发现许多新的建筑工地。街区紧邻海岸，法国公使署外观保存完好，面朝沿江的步行街。可以想象一下，风景极为优美，就像21世纪初尼斯海岸线上的‘英国人漫步大道’一样。”罗宾·萨比继续着他的观察：“公使署周边破烂不堪的建筑与此形成了强烈的对比，就连离它最近的警察局竟然也是如此的破烂。警察局所在的建筑是一栋非常高级的大楼（曾经是高级驻扎官的官邸），但是它残损的外观给人以极不舒服的感觉：那象征着亚热带气候的霉菌与苔藓覆盖了整个粗糙的墙面，却从未得到任何修葺。随着时间的流逝，人们在这座建筑的两侧和背面又拼接了几个附属建筑，这种结构的变化使这幢大楼看起来十分怪异。再往前走就是纵横交错的小街道了，其两侧的建筑还都是法国殖民时期建造的。这些建筑普遍是二层左右的低层设计，在中国南方，这类商店和小店铺十分常见。有些带有拱廊的大楼迄今为止都还是商铺，其中有几座大楼设计考究，装饰华丽，见证了它们的首批建造者和拥有者的富有。商铺货品繁杂，有小电子商店、杂货铺、理发店、街边小吃店、建筑材料店等，通常设在一层，而二层则是这些店铺主人的住所。这些随时都有可能倒塌的危险建筑却有着异常活跃的商机，其外部的破败与内部及周边人头攒动的景象形成了绝对鲜明的对比，实属奇特。”

法国人主持建造的货仓（布鲁诺·内力摄）

罗宾·萨比还向我讲述了这里的气候："在酷热的夏季，繁茂的树荫既可以保护这里的居民免受太阳的灼伤，又能带来一丝清凉。绿色、棕色的苔藓留下的圆形污点布满了已经褪色的粗糙墙面，使所有的建筑看上去都是一个样子。这个亚热带地区早在6月就已经进入雨季，湿闷的空气弥漫在空中，加重了那些随处丢弃的食品垃圾的腐烂味道。这种味道是这个地区特有的，到处都是，渗透进各种物件甚至是人们的衣服里。一切仿佛浸在潮湿之中，无处可逃。从渔船和渡轮停靠的港口望去，可以看到其他大大小小的街道交织着遍布这座海拔较低的城市。从码头延伸出去，是一条笔直的路，一直延伸到远处高大的建筑群中。街道两旁的商铺卖的都是一些与海运有关的商品：缆线、船锚等。这些商铺的老板热情周到，离得老远看到外国游客（当然，外国游客也比较少见）就招呼他们进到自己的店铺来。店主们很愿意与造访的法国人聊天，尽管这些店面已经十分破旧，但他们仍然非常自豪地向这些法国人讲述这些房子的由来：这是很久以前他们的同胞在这里建造的。朝天花板望去，可以看见一个大大的石灰拱顶，由此可见这是20世纪30年代的一个大货仓。内里又分为很多格子间，其数量也代表着目前这里商户的数量。从这些商铺出来，站在街角，只能看见旧货仓的屋顶，因为随着时间的流逝，旧货仓的周围又新添了许多建筑。再往前走，就是一个十字路口，那里有一个非常漂亮的艺术装饰（Art Déco）建筑，好似一艘被海底动植物完全覆盖了的俊美的沉船。它还能坚持多久呢？"罗宾·萨比自问道。"这些殖民时期的建筑好似沙子做的城堡，每年雨季时必定会被雨水冲塌。啊！这些人类宝贵的遗产由于没有短期的经济效益而不为当地人所重视。他们更感兴趣的是新建的住宅楼，正好可以满足已经过热的房地产市场的需求。并且，古建筑遗迹本就不受中国传统文化的青睐，这就意味着除了灯塔、公使署和大教堂以外，其他殖民时期的建筑都将很快消失。"

一座废弃的艺术装饰建筑（水兵协会罗宾·萨比供图）

2005 年，中山大学副教授、历史学博士郭丽娜来到湛江，她此行的主要目的是调研广东省内法国人的足迹，为她的博士论文做准备。这位年轻的老师向我讲述了她在湛江的日子：“我是在酷暑季节来到湛江的，到达的那天天气非常闷热。汽车站离市中心非常远，我一下子感觉到了孤独。但是，很快地，我发现这里的人民非常热情和友好。他们比大城市的人更加淳朴、友好、热心且无功利心。整个湛江市由一条又宽又长的主干道分成两个城区。北部是赤坎区（现法文拼写为 Chekam，以前拼写为 Tchékam），南部是霞山区，也就是以前的白雅特城所在地。霞山区聚集了哥特式教堂、原公使署、银行和灯塔，与安静、传统的赤坎区相比，也显得更加热闹、更加现代化和更加年轻。传统与现代的融合使这座城市显得尤为特别。对于法国曾经占有这个地区的史实，年长者对此仍有很深的印象，而年轻人则所知甚少。关于这一段历史，我曾经询问过一些大学生，绝大多数人都不了解，哪怕是法语专业的学生。说实话，这让我非常吃惊。幸亏后来我遇到几个年轻的知识分子，他们对自己家乡的过去、现在和将来十分感兴趣，其中一些也曾经建议市政府重新规划整个城市以便更好地保护这些历史遗迹。但是，自从改革开放以来，湛江人民希望把城市建设成一个国际化的都市，政府却极少投入。面对广州和深圳的飞速发展，湛江的未来仍然处于混沌之中。它唯一的‘优势’，就是作为曾经的法国租借地，吸引了一批像我们这样对此有着浓厚兴趣的研究者。然而，这座城市的淳朴、文化以及地理位置必将吸引越来越多的外国游客或商人。就我个人而言，我认为湛江是一个充满希望的城市。”

2013 年的 1 月，湛江市政府组织了一场关于这座神秘的法国之城的展览，其中展出了一套非常精美的白雅特城时期的明信片，它的拥有者是广州的计算机教师陈灵教授。为了这次展出，他请我也将收藏的照片或者明信片寄给他。他对我说：“我小时候就住在霞山区的逸仙路和东堤路旁，那里当时有好多法国风格的建筑，但是我从未仔细观察过。当我还是个孩子的时候，一位老者就给我讲过在老霞山区东堤路的旁边曾经有一个纪念法国船舰的雕塑，名叫安菲特里特（L'Amphitrite），但是在 20 世纪 50 年代被铲平了。这件事引起了我的兴趣。直到我成为大学教授以后，我才知道湛江曾经被清政府割让给法国 99 年。我在报纸上看到过这样一条消息：1960 年 2 月，20 世纪 20 年代曾在法国留学的周恩来总理来湛江视察时说，‘湛江和巴黎一样，在树林中建有许多漂亮、优雅的房子’。”陈灵教授十分喜欢在这里的旧街道散步，他又补充道：“当今大部分年轻人没有听说过广州湾的历史。尽管如此，白雅特城教堂的大钟依旧整点报时，高卢雄鸡依旧屹立于原来公使署的前方，硇洲岛的灯塔也依旧为过往的船只指明航线。”

今天，在这座文明城市残存的过往历史片段上，一个旧时代城市的影像逐步显现。1944 年，当整个世界都处在苦难中时，贝当元帅（Maréchal Pétain）的印度支那总督德古上将（L'Amiral Decoux）曾经这样描绘白雅特城这块神秘的租借地田园诗般的美好蓝图：“1899 年 11 月 16 日条约指明广州湾租让给法国 99 年，拥有包括赤坎辖区、赤坎城、白雅特城中心、坡头、东海岛以及南三岛的管制权。850 平方公里的土地上生活着 40 万居民。从行政区域上来看，这片土地属于印度支那联邦的前端，是中国广袤的广西省的出海口。[1] 除了对外贸易业务以外，这里的居民还拥有两大财富来源：农业和渔业。他们种植水稻、土豆、甘蔗、椰树；而硇洲岛庆祝渔民出海和归来的各种盛大节日则证明了这里渔业的重要性。与欧洲人的身体素质相比，临海的温和气候对本土人的身体健康更加有益。半个世纪以前，由于海盗的侵扰和走私的盛行，这里和其他太平洋沿海地区一样荒芜。但是法国统治的 45 年来，政府不断平定、整顿这片遥远的土地，最终使其成为各国过往船只经常停靠的安全港口地区。”[2]

布列塔尼风格的灯塔（郭丽娜摄）

今天，白雅特城的记忆仅存在于失效的电报、发霉的明信片、异域风情的邮票或者是近似于过时的亚特兰蒂斯文化旅行游记之中。中国人吸食鸦片的形象也仅存于旧电影或者漫画《丁丁与蓝莲花》（*Tintin et le*

---

① 这种说法有误。在中法租借专约签署以前，广州湾地区隶属广东省，并非广西省。——编者注

② 1944 年 4 月 13 日德古上将致维希政府电报。法国外交部外交档案，1939—1945 年战争，维希。

Lotus bleu）[①] 中。然而，在20世纪前半叶，法国在亚洲殖民地收入的三分之一来自鸦片贸易。这就是为什么到了1946年法国驻广州领事仍然十分牵挂白雅特城，特别是东方汇理银行在此地分行的命运的原因。贩卖鸦片的钱还在那里！140万皮阿斯特[②] 仍然被存放在保险柜里，领事先生当然知道存储在这银行金库里的银币重达7吨。还有传言认为这里也存有金币……当法国领事先生进入银行金库时，他看到了这笔财富被遗忘在一个角落里，平铺在地上，另外还有两千多本法文小说、随笔和字典。在一个书桌上还零散地放着一些那个时期的文件、地图、信件、报纸和照片。

前东方汇理银行正门（陈灵摄）

① 《丁丁与蓝莲花》为欧洲经典连环漫画专辑《丁丁历险记》系列中的第五本，作者和画者均为比利时人埃尔热，于1934年8月9日起在比利时《廿世纪日报》（*Le Petit Vingtième*）连载，每周四刊出，至1935年10月17日共刊出42期。该书完成于1936年，之后出版成画册，其故事的主要发生地为20世纪30年代的中国，"蓝莲花"系当时上海租界一间鸦片馆的名称。——编者注

② 皮阿斯特为法属印度支那货币单位，相当于印度支那元。——编者注

第二章　风雨飘摇的领地

法国海军士兵在白雅特城登陆（巴黎外方传教会图片档案）

对于一个早已不属于法国的城市的历史，应该从哪儿说起呢？我们应该怎样描述这片命运多舛、飘摇不定，只有法国移住民才会称之为“领土”的土地呢？如何评论这个“离奇的国度”？九泉之下为数不多的见证人给后人留下了宝贵的线索。

1701年，一艘隶属于法国皇家中国公司的商船安菲特里特号（L'Amphitrite）驶向广州港。这是一艘十分气派的船舰，配有150名船员以及 30 门大炮。同时，这也是第一艘进入中国海域的法国贸易船只。然而，一场猛烈的风暴阻止了它的前行，使其不得不停靠在当时并未为西方人所知的港湾——广州湾。安菲特里特号上的牧师顾坦桑（Père Coutencin）神父在他的日记中写下了这样一段话："港湾的入口有 10 浔[1]左右的宽度，因此我们可以毫不费力地驶入一片锚地之中……海面如此平静，我们就像是在自己的房间里，丝毫感觉不到晃动，估计只有外面风暴大作时才能感到船身的摇动吧。于是，我们放下桅杆，任凭船只漂泊在海里。大家纷纷靠岸去打猎，餐桌上经常有野猪、鹿、孔雀、松鸡和沙鸡等美味。"[2]船上法国国王的官员们勘察了这片海岸，并绘制了这个地区的地图，而这张地图一直搁置在海军部的众多文件中，长达两个世纪之久。

1896 年，这片土地再次被法国探险家克劳迪厄斯·马特罗列（Claudius Madrolle）发现。"自从 1701 年安菲特里特号经过这里后，几乎再也没有人提起广州湾[3]。如果不是我在海南护卫舰上遇到了两个来自广州湾当地的脚夫，我想我永远都不会了解这个地区了，因为一直身处海外战争的水兵们认为，这片未知的海湾不值得冒险开发……人们不禁想问这样一个问题：为何一片如此宽阔的海湾却少有船只往来？为何关于这片海湾，任何地理或经济方面的信息从未被登载过？"[4]

1898 年 4 月 22 日，远东舰队指挥官吉戈特·德·拉·比道里埃尔（Gigault de la Bédollière）海军准将乘坐让·巴特号（Jean Bart）军舰在海湾靠岸。他在武装护卫队的保护下把一面法国旗帜插在了靠近海头村（Hoitéou）边界的一座废弃的炮台旁，以证明他们获取了领土权。停泊在距离废弃炮台几百米以外的舰队齐发 21 响礼炮，以示敬意。

---

① 即英寻，是一种英美长度单位，1 英寻为 6 英尺，约合 1.828 8 米。——译者注

② 克劳迪厄斯·马特罗列的记述，见《法国亚洲委员会公报》，转引自 1906 年马赛殖民博览会出版物，印度支那总督府编：《广州湾租借地》，河内—海防：路易·加洛瓦出版社，1906 年。

③ 第一批对法国海外商行感兴趣的作者们将此地写做Kouang – Tchéou – Ouan 或者Quang – Tchéou – Wan。最后只有 Kouang – Tchéou – Wan 的拼写方法被保存了下来。

④ 克劳迪厄斯·马特罗列：《中华帝国雷琼道》，巴黎：A. 沙拉梅尔出版社，1900 年。

白雅特港湾与旧炮台

（原载《插图世界》第2228期，1899年12月9日。私人档案）

12天以前，也就是4月10日①，法兰西第三共和国政府从中国获得如下权益："出于对法国政府的友好，中国政府将广州湾租赁与法国99年，允许其在此地建立海军基地，并享有当地煤炭矿藏的开采权。"

袭击号（La Surprise）、云雀号（L'Alouette）和杜居土鲁因号（Le Duguay－Tourin）三艘军舰停泊在海湾并负责守卫这片未知的领土。杜居土鲁因号军舰的福特（Fort）舰长对这片新的法国领土行使行政权。被中国政府遗弃的当地居民好奇地观察着这里的变化，但气氛变得越来越紧张。几天以后，村子里贴出了告示，控告法国人道德败坏、行为粗暴野蛮。好斗的村民手持铁锹、铁铲，用石块投掷法国士兵，还包围了当地驻军。5月13日，一些靠岸打猎的法国军官被以同样的方式羞辱和攻击，不得不立即返回小艇上。于是，法方要求中方道歉；同时，面对中国人的抵抗，法方扣押了17名村民和两头小牛作为警示和罚款。人畜都被带到袭击号战舰上，然后随机选出6名村民对其施以二十杖刑。5月26日，受到侮辱的村民加罪于一队上岸的法国士兵，向他们投掷石子。杜居土鲁因号舰长实施报复行动，向海头村发起攻击，冲突造成50名左右的村民丧生。6月30日，笛卡尔号（Descartes）军舰抵达，菲利贝尔（Philibert）舰长继任了法军的总指挥官。7月12日下午

① 1898年4月10日，清政府在照会中初步同意租借广州湾给法国，但正式签约的时间是1899年11月16日。——编者注

3 点钟，海头村再次被袭击，这次则是一千多名中国抵抗军在竹篱的掩护下发起袭击，防守的法国士兵随即发现了他们并发出了警报。一小队海军陆战队士兵在通往炮台的半路上发射火枪堵截进攻者，与此同时，杜居土鲁因号军舰的机枪和火炮齐射，逼迫中国抵抗军不得不后退。紧接着，两支法国部队乘胜追击，袭击了两个窝藏反法分子的村子，并将它们夷为平地。

7 月 22 日，一部分地方人士参加了归顺仪式，身穿丝质长袍的中国官员和乡绅在法国军官面前俯首称臣。法国人尽情享受着胜利的喜悦，并决定将此地更名为“白雅特城”。白雅特（Bayard）是中世纪法国军队中最负盛名的将领，以此命名主要是为了表达对这位著名的“英勇无畏的骑士”的敬意。

尽管这次胜利具有决定意义，但是中国抵抗军队伍却也在不断壮大。8 月 11 日到 12 日夜间，中国抵抗军发动了一场突然袭击，但由于海滩被法国战舰上的电子灯照得异常明亮，他们很快就暴露了行踪，行动以失败告终。10 月，其他竖起战旗的反法村庄遭到了法军炸弹的袭击；最后，11 个村庄的村长在杜居土鲁因号军舰上签署了投降书。

1899 年 2 月，一位由法国政府委任的军官总结了当时的局势：

“这些建造在被征服的土地上的营房虽然是临时的，代价却不菲。最值得称赞的是，这些营房仅用 25 天就建成了。在雨季，它们不断经受着台风的肆虐，为士兵们提供了一处所谓的‘庇护之所’。在硇洲岛，一支分遣队的指挥官住在一间用帆布遮盖、四处漏风、卫生条件极差的茅舍里，就连岛上最贫穷的苦力都比他的居住条件好。他极为吝啬的上司曾经给他下发过一笔 100 元[①] 的经费，用于建造一个较为舒适并且符合他级别的住所，但是被这位军官拒绝了。

“控制海头的法军碉堡（白雅特要塞）建造在一座小山的顶部，地形极为不利。陡峭的山坡遮挡了哨兵的视线，如果有突袭，不到山顶是不可能发现的，因为这些哨兵们在 50 米左右高的山坡上基本上无法发

---

① 指港币。

现周围的任何动静。在这种紧张的局势下，法国人与当地人的关系倒显得相对太平。但是出于谨慎，士兵被禁止外出，而侦查工作也要由规矩的当地人陪同以便维持秩序。导致这种情况的主要原因是，无论政府官员还是当地乡绅，都认为法国人并不会永久驻扎于此地，也许是我们建造的寒酸住所使他们觉得我们只是暂时停留，上面提及的我所亲历的这些事件，以及我从民间收集到的一些信息都证明了这一点。中国各级官员、队长和副队长，都向我们承诺这个地区的治安，夸口说他们绝不与法国为敌，留在此地主要是为了维护国家主权的完整。他们认为，而且也让别人以为，我们在这个地区所做的侦察、测量工作仅仅是一种简单的考察活动。”①

但是，这400名法国水兵可不认为自己只是简单的考察者。1899年6月，法国租赁地的勘界会谈正式启动，本次会谈中，法方代表为海军准将高礼睿（Courrejolles），而中方代表则是潘大元帅②。高礼睿准将率领由四艘巡洋舰和三艘炮舰组成的护卫舰队出席磋商。6月13日，高礼睿以海陆军统帅的名义宣布自己对这个地区的居民拥有绝对领导权，因为这些居民已经成为法兰西帝国的臣民。他命令手下在各个村庄的墙上贴出告示，内容如下：“我们赋予自己的责任就是保护和提升所管辖的区域的文明程度，这一点政府将继续执行。此举只有一个目的，就是要让臣民幸福。这里的风俗、习惯、税费和信仰将绝对受到尊重。我们承诺不增加人头税，两千年来由中国政府建立起来的税收制度也不会改变。你们的家乡将不再有作恶之人和海盗，在通往和平的道路上，你们的家乡将逐步建成一个有多国船只往来出入的港口；贸易和农业的极大进步将使这个地区迎来到目前为止从未经历的繁荣和富强。有见识、品德高尚的人将会理解和支持我们的和平与良好的愿望，他们也会引导那些无知的人，使他们安居乐业。那些蓄意煽动民众造反、散布谣言、歪曲我们良好愿望，以及挑起事端的人将会被立即逮捕，按照我国法律严惩不

① 法国外交部外交档案，中国，广州湾，1899年。

② 即潘培楷将军。——编者注

贷。”[①] 香港的那些英国绅士们带着有色眼镜观察着这片法国飞地[②] 的崛起。香港《每日新闻》报刊登了一篇文章，内容如下：“自从法国人在1898年向中国政府要求租借广州湾后，这里发生的事情就很少被报道了。如果不是因为那些乘船往返于广东西部海南岛和东京海岸的个别商人，这里所发生的事情是外界无从知晓的。在明朝以前的时期，广州湾是众多海盗船队的藏匿处，他们不仅控制了整个地区，还掌握了海南岛北部航道，以及广州湾和东京之间的所有海岸线。这种情况至今已经持续300年了，这就是在广州湾的法国人将要轻而易举地掌控从广州湾到东京所有海岸线的原因。现在中国人知道了这个地区的真正价值，而在法国向中国提出租借广州湾以前，他们却并未知晓。所以，目前他们能做的只是尽力挽回或者破坏法国对广州湾的统治，以弥补这个致命的错误。”[③]

实际上，当地的中国人一直在抵抗殖民统治。1899年10月9日，Namoun村揭竿而起。[④] 麦特怀（Maitret）舰长也立刻组建了一个特遣队向村子进发。根据海军当局的报告，整个行动共发射了一万一千多枚炮弹，一千多中国村民将八十名法国士兵团团围住。这些法国士兵为了突出重围，不得不射杀了一百多村民，法方则没有任何人员损失。

法国驻北海副领事加斯通·联伯尔（Gaston Liébert）发表声明：“那些切断道路、阻碍海上交通的都是粗俗的海盗、强盗或者当地秘密团体‘国民练勇’（gardes nationaux）招募和领导的成员。他们着装一致，一些人佩戴毛瑟枪，另一些人则手持矛或各种原始兵器。”[⑤]

不久后，中国政府派来了苏大元帅[⑥]代替潘大元帅。这位苏大元帅

---

① 费尔南·高特雷（Fernand Gautret）：《广州湾法国租借地：简介与建议》，1906年。

② 这里所谓的“飞地”（enclave），指的是位于印度支那版图之外的广州湾。——编者注

③ 《法国在广州湾》，见《政治科学年鉴》，菲利克斯·阿尔康（Félix Alcan）出版社，1902年。

④ 在1899年10月9日这一天，湛江人民与法军之间爆发了新埠之战，有新埠、麻章、黄略、福建、东山等村的国民练勇（清代地方武装团练、乡勇等的统称）参加了战斗。此处的Namoun疑为新埠。——编者注

⑤ 法国外交部外交档案，中国。

⑥ 即广西提督、钦差大臣苏元春。——编者注

十分了解法国人，他曾经参加过中国与印度支那领土勘界事宜。这样，两方的磋商重新开始。

莱昂·苏伯曼（Léon Silbermann）下士在其日记中记录有如下文字："广州湾的民众对于苏大元帅的到来表现出出奇的冷漠。为了保证他的安全，他所到之处必须有一个护卫队保护着，每个士兵的枪筒上都插着刺刀。当地颇有影响力的汉人没有一位前来欢迎他，尽管这是中国的风俗。我注意到，当他路过赤坎时，当地人都充满敌意地斜着眼睛看他，怒斥他和蛮夷串通一气：同胞们，请注意他们的用词，蛮夷……"①

赤坎城防御工事（法国农业信贷银行历史档案部藏）

这个地区的汉人首领在各个村子里张贴了告示，悬赏取麦特怀舰长、巴贝（Babey）下士以及张翻译（L' Interprète Cheng）的首级，每个2 000银圆。听命于宏耶（Ronget）少校的中国马仔就被他们抓去斩首了。

在白雅特城做生意的第一个法国商人名叫博戴（Baudet），他是因售卖假酒而发家致富的。他的酒庄主要售卖苦艾酒、皮贡酒，以及味美思酒。一天夜里，小偷们溜进博戴家，把他、他的妻子和十岁的儿子五花大绑，然后将他们储藏的酒全部偷走。博戴在被同胞解救后，控告当地中国政府没能保证他的安全，索要 25 000 法郎的赔偿。至于他是否得到了这笔赔偿，我们不得而知。

---

① 《士兵苏伯曼的战争回忆录》，巴黎：普隆－依希出版公司，1910 年。

此外，侦查巡逻队也不断地受到攻击。白雅特城各地都张贴着告示，上面写着："慈禧太后命令将法国人扔到海里去。"11 月 5 日，博尼菲（Bonifay）上校向动乱的窝点麻章村发起了攻击。

在巴黎，绝大多数记者都是法国海外殖民的狂热拥护者。《小日报》（*Le Petit Journal*）以爱国主义精神如此煽动着民众："很多法国人从来都不知道这个租与法国的港口所处的地理位置。但无论部长有何想法，对于法国而言，这是我们首要的利益，绝不能把广州湾让给其他任何一个大国，特别是带给我们诸多困扰的英国，但凡我们稍有松懈，他们就会接踵而至。"①《晨报》则表现出强硬的姿态："我们在远东地区有一支强有力的海军，足以镇压最卑微、最野蛮的中国土著居民的抵抗。但是，海军部、殖民地部和外交部却达成一致意见，决定再派一支庞大的海军舰队，一次性地镇压违背条约的中国人。"②

11 月 12 日，当越来越多的印度支那战舰上的海军陆战队员在白雅特城登陆时，让·顾伦（Jean Gourlaouen）和约瑟夫·库恩（Joseph Koun）两位海军少尉单独向边界进发。这两个来自布列塔尼的海军探险者有意无意地在边界测量地形时，被当地人抓住并斩首了。国民练勇宣称，当他们找到这两位军官的尸体时，发现他们的胸膛已经被剖开，心脏也被强盗的猎犬掏出来吞食了。于是海军准将高礼睿轰炸了两位军官遇害时所在的那个村子。此外，一艘停靠在白雅特城锚地的中国小炮舰也被法军捕获，船上的所有船员均受到了极度的侮辱——被戴上了枷锁。③ 但是，法国人的复仇并未就此结束，他们于 11 月 16 日实施了一场新的讨伐。马罗（Marot）中校在接到命令后，率领 27 名军官、900 名士兵，也就是 6 个步兵分队向黄略进发。

这些法兵中，服役于海军陆战队的乔治·于班（Georges Hubin）下士给后人留下了一段关于这场突袭的令人震惊的记录。乔治·于班下士永远都不会忘记他乘坐当特尔卡斯托号（D'Entrecasteaux）装甲舰到达

---

① 《广州湾，中国境内的法国港口》，《小日报》，1899 年 11 月 6 日。

② 《法国在中国》，《晨报》，1899 年 11 月 7 日。

③ 枷锁为一种平板刑具，上面凿有三个洞，分别用来禁锢头部和双手。

广州湾入海口时的情景："这是个充满阳光的明亮的早上，景色非常美丽。我们在所有的舰船面前依次通过，辨认出了白雅特舰、帕斯卡尔舰、笛卡尔舰，以及其他几个小炮舰。这四艘漂亮的军舰代表了强大的军事实力，也向世人展示出激怒法国人是绝对不会有好下场的，这一点在不久之后就会向中国人证明。士兵们利用舰队的小艇毫不费力地登陆，在离河五六百米、布满茂密多刺的绿色灌木的细沙上扎营。第二天，大家忙着为第三天的进攻做好准备：武器、军需补给、粮食储备等，因为没人知道将会发生什么事情。在整个事件中，我们将自己置身于广袤中国的三亿人口之中，可能轻而易举就会被淹没、抵消和窒息，这的确是过于冒险了。虽然法军舰队就停在我们附近以供不时之需，但是我们也必须在饱含斗志的同时万分小心……我们的部队行进很慢，但是很有秩序，整个部队排成一列纵队。对方布防着几排中国兵，他们举着大量形状各异、颜色繁多、大小不同，且装饰奇怪的麾旗，十分醒目。"①

广州湾战役

（原载《小巴黎人报》第572期，1900年1月21日。陈灵藏）

① 乔治·于班：《致那些年的生活、战役和战争》（第二卷），1937年。米歇尔·艾尔·巴兹（Michel El Baze）收藏。

乔治 · 于班和他的战友们在枪筒上装上了刺刀：“我们看到黄略就在防御线后方不远的地方，大量的居民从城里涌出，拼命逃离。炮兵对一群群妇女、老人、儿童、牲畜和马车进行可怕的轰炸，炮弹的射程至少是 1 500 米。每一枚落在逃难者中的炮弹都使死伤者堆积如山，引起一片血腥和嚎叫。在我们猛烈的攻击之下，中国民兵的军事防御线彻底瓦解了，士兵们四散逃去，既不敢回头也不敢停留，将黄略完全交给了我们。在最后一次炮轰结束半小时之后，我们进入了黄略，这个平时拥有八万居民的镇子①，现在基本上已经空空如也。我在进城之前，想着自己要在死去的这些中国人中挑选一个漂亮的纪念品：一条蓬松的辫子。为了满足这个需求，我立即开始寻找并且很快找到了自己想要的东西。这个死者的死状非常干净，没有任何扭曲和变形，而且他的辫子正好是我想要的那种。于是，我从口袋里取出我的折叠刀并打开，当我俯下身，打算割下这条盼望已久的辫子时，我突然失去了勇气：我发现了一个可怕的致命的伤口。一个弹片炸开了他的头枕骨，那个张开的血淋淋的口子把我整个人都震慑住了，根本不敢再去碰它。我心里一阵恶心，遗憾地离开了那个死去的人，就此，我也放弃了再去寻找另一条干净辫子的想法。”②

于班下士接着写道：“中校下令进行两个小时的无限制的抢掠。这个命令造就了一群贪财和一心破坏的恶魔。每个房子都被搜刮一番，所有的入口都被枪托砸坏，房间里的东西都被彻底地糟蹋一遍。所有活着的东西都被无情地杀死，但是我必须澄清，这里剩下的所有能动的东西只有动物了——家禽或者猪——因为没有一个活人留在城里。至此，我们终于明白了抵抗是多么激烈和顽强：这种全镇大撤离正是他们所希望的！但是，杀死这么多家禽和猪，那场面也是无法想象的残忍。所有这些都是纯粹的无意义的损失，仅仅因为上面的命令就是摧毁，所以我们

① 黄略镇现在的总人口大约为八万人，故本书此处所引用文献关于在 1899 年黄略镇已有八万居民的说法是不准确的。——编者注

② 乔治 · 于班：《致那些年的生活、战役和战争》（第二卷），1937 年。米歇尔 · 艾尔 · 巴兹收藏。

只能摧毁一切。其中对于每一户的掠夺也是彻底的，这一点从士兵们满足的表情就可以判断出。我自己无法判断这种做法是否正确，因为我什么都没有拿，甚至都没有去屠杀那些猪和家禽。我只是满足于对此情此景的探索、观察、感知、倾听，满足于这种记忆的积攒，总的来讲，就是去思考所有的这些人与事……我又重新回忆起几个小时前发生的那场对于毫无还击之力的、惊恐万分的妇女和儿童的屠杀：炮弹发射手躲在隐蔽处，冷漠地操作着机器，残忍的指挥官仔细地在本子上记录着实验数据和被操纵的发出巨大声响的炮弹机的效果，所有这些都只是为了让下一场袭击变得更加有效。然而，在这些苦涩的思考中，我看见、听见和感受到了周遭景象的悲惨和抢掠的叫喊声，我们的所作所为与野人如出一辙。”①

白雅特城航线图（私人档案）

第二天，士兵们收到了放火烧毁村镇的命令，这座有着千年历史的镇子燃烧了很长时间。在这些醉心于暴行的法国人正打算烧毁另外一座镇子时，他们碰上了一队举着白旗的中国官员。于班下士在他的回忆录

---

① 乔治·于班：《致那些年的生活、战役和战争》（第二卷），1937 年。米歇尔·艾尔·巴兹收藏。

中解释道："毫无疑问，这应该是清政府的代表团。事实也的确如此。开始，为了避免与我们这支青壮年部队起冲突，他们把作战的有利地形让给了我们。接着，中校同意接见这群人，并且十分享受来自这些汉人的恭维。我们当然无法听到，但是，我们完全可以想象到中校的表情以及他所受到的待遇。和平与妥协，这是当前最理智的做法。但是，为什么中国人一开始不愿意这样做呢？自尊心，这是亘古不变的原因。人们只能屈服于武力之下，而不愿听从于理智。无论怎样，我们便驻扎在这次与汉人会面的地方，大量脚力很好的脚夫排着队给我们送来生活必需品，以及食物、水、木材、家禽、猪肉、羊肉、稠稠酒（Choum - choum）①和各种水果，多得用不完，而且保证食品安全、无毒，因为这些食物都是上午遇到的这批中国官员给自己准备的。我们自然接受了这些馈赠，并派出一个护卫队运送给装甲舰上的最高指挥官，他的舰艇停泊在远处的河流里，我们无法看到。一切都再好不过了。"②

对于法国来讲，那天就是辉煌之日。高礼睿海军准将与苏大元帅坐轿前往赤坎城观看阅兵式。整个法国军队身穿白色制服，手持带刺刀的长枪，向苏大元帅展示他们的武器。舰队里所有的高级军官，包括上校、中校和海军陆战队军官都参加了仪式。也就在大屠杀的当晚，苏大元帅与海军准将签订了《法中互订广州湾租借地条约》。这份条约是几个月前由巴黎殖民地部的官员们精心起草的，中国皇帝无权更改，只能认可。条约摘要如下：

---

① 一种米酒。

② 乔治·于班：《致那些年的生活、战役和战争》（第二卷），1937 年。米歇尔·艾尔·巴兹收藏。

《法中互订广州湾租借地条约》[1]

(1899年11月16日)

第一款

因和睦之由，中国将广州湾租与法国，作为建立海军基地及趸煤之所，定期99年，双方一致同意，所租之地不影响中国行使国家主权。

第二款

租让的土地包括用于停船和采煤的安全、供给以及正常发展所需的水域和陆地，此外的领土仍归中国管辖。

(1) 东海全岛。

(2) 硇洲全岛。

硇洲岛与东海岛中间水面，系中国船舶往来要道，将来仍允许其通过租借地或停泊，无须缴纳任何税费。

(3) 其租借地以雷州地带为南面边界，直至通明河；西面以从雷州经新圩至遂溪的官道为界；在北部，边界从志满开始，一直向东北延伸至赤坎，并从赤坎和福建村中间穿过，而赤坎、志满和新圩则划入广州湾境内。黄略、麻章、新埠、福建各村均归中国管辖。……距岸达三海里的海域边界，由吴川县海口外三海里水面起，经过通明河，直至遂溪县。待本条约签订且地图在双方认可下绘制后，最终的边界线会由双方政府指定的官员通过勘测后确立。上述官员必须即刻开始此项工作，不得延误，以免两国发生纷争。

第三款

在99年内所租之地归由法国全权管辖，以免两国争执。此地居民的财产仍由他们自己管理，只要他们遵守法国法律和法规，便可以继续留居于租借地内，受到法国的保护。如有法国需征用之物，则以公平的价格向当地居民购买。

---

① 本条约为本书译者依照法文重新译出，经查其中局部内容与现存中文版本存在冲突之处，尤其是本译稿最后一句话“如有争议，则以法文条约为准”，这句话在中文版本中根本不存在。这说明了本条约的中法两个版本的内容是不同的，再次佐证了大清帝国与列强条约的不平等性。——编者注

第四款

在租借地之内，法国可建炮台、驻扎兵营，并设立防御工事。法国还可以在各岛及沿岸建造灯塔，设立标记、浮桩等，以便行船。概括来讲，就是利用各种方法以及制定各种条例来保证航船的自由和安全。

第五款

租借地内的中国商船可以得到在其他中国开放口岸所得的同样的待遇。……

第六款

如遇引渡之事，则按法中已经签订的条约中的相关条款处理，尤其需要参照中、越（Tonkin）边界条约。

第七款

中国允许法国建造一条铁路及一条陆路电缆，以便连接赤坎附近的广州湾海岸与安铺周围的海岸。途经地段将由法国官员购买，中国地方官员协助，以监督要价合理。建造及开发所需费用均由法方负责。在交付正常使用费后，中国居民可以乘坐火车或发电报。中国官员负责保护其领土内铁路及其物资，但修理及维护费用由法方负担。……

此条约自签订之日起立即生效。在此地由中国皇帝签署，待其由法兰西共和国总统签署后，应尽快相互交换所签文件。

此条约于1899年11月16日在广州湾订立，共八份，法文四份、中文四份。

如有争议，则以法文文本为准。

海军准将、总指挥官、广州湾勘界事宜全权代表　高礼睿

广西提督、广州湾勘界事宜全权代表　苏元春

高礼睿准将与苏大元帅（私人档案）

这个条约的签订影响如此之大，以至于巴黎各大报纸都在头条位置刊登。《画报》刊登了苏大元帅的肖像，并配以如下文字："版画中，苏大元帅坐在帕斯卡尔舰（高礼睿准将的座舰）的舰桥上，身后是他的翻译。苏大元帅身材高大、十分睿智，对他身边的所有人都十分亲切。他今年五十七岁。我们希望他能够像以往那样带着合作的精神推动即将开始的谈判顺利进行，也希望他能尽快终结一年来当地民众与日俱增的敌对态度。"①

顾问工程师乔治·伯特兰（Georges Bertrand）是苏大元帅的发言人，他的广东话和官话都非常流利，并参加了双方的所有会谈，也是他促成了苏大元帅代表清政府签订条约一事。据这位乔治·伯特兰所说，高礼睿准将十分希望尽快起航回国，为了这一天的到来，他会同意以任何代价签订任何条约。

11 月 28 日，莱昂·苏伯曼下士随代表团参加了划定边界及放置界

① 《画报》1899 年第 57 期。

石的仪式。他在日记中写道：“我们在一条河边停下来，双方在那里进行了长时间的协商及争论，最终大元帅亲手将一根长长的木桩钉在了河边，这是他的第一块界标。但是，将军大声宣布：看啊，这是我们在水里的边界。所有人都大笑起来……大元帅的护卫队穿着奇怪的服装，装备德国和比利时五连发步枪。毫无疑问，他们的武器十分漂亮，但是与他们光着的脚丫形成了鲜明的对比。在行过中国的礼数后，代表们每人手里都拿着一张地图立刻开始工作。我们斜着向右前方走，边走边一个接着一个地钉立临时界碑。每埋一块界碑，双方都要争论一番，对所埋之处指手画脚。为了多争取几步的土地，苏大元帅用右胳膊拉我们将军，而我们将军则用左胳膊去拉苏大元帅。这个场面使人想起了一种‘四角游戏’，实在是有趣。划定边界的工作从早上开始，大家步行穿越了很多小河和小溪，到了下午四时，所有人在酷热之下都累得精疲力竭。”①然而事情进展缓慢，就在划界的当天，赤坎镇镇长被人谋杀……最后，划界工作在 12 月底勉强完成，海军终于完成了他们的任务。那么在 20 世纪之初，法国将对这个战利品作何打算呢？

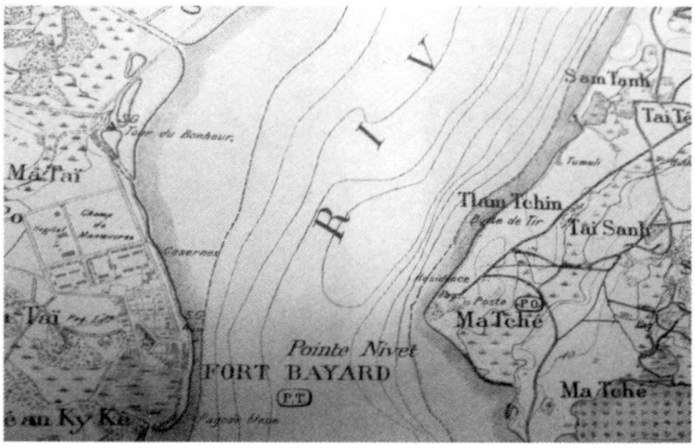

广州湾租借地地图局部

（地图集 24 号，法国殖民地经济事务处，1900 年。法国文献局藏）

---

① 《士兵苏伯曼的战争回忆录》，巴黎：普隆－依希出版公司，1910 年。

从官方文件可以看出，这片租借地的面积达 84 244 公顷，有 17.5 万人口和 962 个村子。它没有统一使用的语言，如果说大多数人都是讲粤语的话，那么在飞地的西部则是以说雷州半岛本地方言为主，而在南部，人们则主要讲海南岛方言。

海军陆战队的博南（Bonnin）上尉设计了一幅租借地的理想图，计划在白雅特城，在通向海湾的河流西岸建造兵工厂、兵营和练兵场；在河东岸一个叫麻斜的地方，建造公使署和官员们的府邸。郎盖（Lancray）上尉毕业于巴黎综合理工学院，他在面向海滩的位置设计建造了公使署大楼和官员的住宅楼。他的建筑风格显示了新古典主义建筑艺术的雄伟壮观，足以震慑当地居民。

根据 1900 年 1 月 5 日法令，印度支那总督对广州湾行使行政管理权，而 27 日和 31 日的决议则确定了这片领土的基本行政框架。租借地的行政管理由总公使负责，而总公使则隶属于印度支那总督。租借地被划分为三个行政区，分别由副公使负责管理。各步兵连队驻扎在白雅特城。警察署由一个领导“土著警卫队”的少校警督负责，分成若干分局分别管辖不同的地区，主要职责是维持各个地区的治安。土著警卫队总人数达 364 人，大多数是来自安南和东京[①] 的华人少数民族，部分人员家眷同行，但没有一个是广州湾本地人。然而，原清政府的行政部门却也保存了下来。身为乡绅委员会成员的各村村长主要负责分配居民的税收，几个村子联合在一起又组成了区，区由公局来管理，公职人员则由乡绅委员会选举产生，并接受法国行政当局的管理。公局的权力很大，同时也作为中间人负责法方权力机构与民众的沟通。公局可支配的财政资源主要来自牛及牛肉的贩卖、赌场的税收，甚至还有对妓女征收的税赋。

法国在中国这块租借地的风物，早在广州湾被殖民化以前就被人们关注了。1900 年 11 月 12 日至 15 日，巴黎举行了世界博览会，共接待了近五千万游客。其中在特罗加德罗花园（Jardins du Trocadero）[②] 的内

① 安南、东京和交趾支那构成了现在的越南。

② 特罗加德罗花园是巴黎市中心的一处著名的公园，位于埃菲尔铁塔之下。——编者注

容丰富的展览中，人们可以参观到殖民地展览，特别是印度支那各种庭院的展览。人们仿照交趾支那堤岸（Cholon）的寺庙，建立了以“风物的殿堂”（Palais des produits）命名的展馆。在这里，充满好奇心的人们惊叹于眼前这些来自交趾支那、安南、东京、老挝、柬埔寨以及新近划归法国的广州湾的各色奇异商品和充满了异域风情的物件，游客的面前摆满了米酒、茶叶、树胶、八角茴香、甘蔗、染色木、丝绸、瓷器等特产。已退休的行政长官查理 · 勒米尔（Charles Lemire）收集亚洲人种志的物件已有多年，他对这片新近归属法国的土地欣喜不已：“这个地方十分适合做海事观察站和贸易港口。作为基地，它符合我们的一切需求。它的港口很像香港……这个刚刚归属我们的港口必须尽快为海路运输的客轮提供补给服务，更应该服务于行驶在海防、香港和北海、海南海面上隶属于马蒂公司（Compagnie Marty）的蒸汽船舶……在广州或者其他有领事馆或者办事处的地方，如果没有法国商场，我们就应该在领事馆周围开办面向公众的免费商品展销会。而法国的销售人员则负责向那些对法国新鲜玩意儿十分好奇的中国人发放带插图的产品说明。这将是吸引民众并让他们了解我们产品的一种有效途径。从 1898 年 10 月以来，那些已经在广州湾驻守了 6 个月的水兵们开始陆续回到他们的船舰上，现在驻守此地的是 500 名海军陆战队员、来自东京的 1 200 名步兵①、一个炮兵连和一个军事电报小组。那些外交文书仅由政府首脑们签订好是不够的，还需后续签订一些更具实际操作性的商业合约，并设立各种商行、商场、银行、企业等。广州湾是一个人口十分密集的地区，为我国同胞在中国大陆开创事业提供了一个新途径。”②

可以想象，这是一块卢梭式的未被开垦的处女地。海军军医十分肯定地说：“广州湾的这些村子都建在树木茂盛的地方，若以居民数量计算，有些已经达到了城市的规模。这些小树林主要以粗大的榕树和菠萝

---

① 实际上，土著警卫队的步兵人数从未超过 400 名。

② 查理 · 勒米尔：《法属印度支那的五个地区和广州湾的建立》，A. 查拉梅勒出版社，1900 年。

树为主，也会有少量的香蕉树、柚子树和橘子树。”①

停泊在白雅特港湾中的帆船

（欧内斯特·多菲斯：《印度支那土著军》，阿维尼翁：D. 塞甘印刷厂，1934 年。法国文献局藏）

租借地宣传海报也不遗余力地进行游说：“所有沿海村子的村民都以捕鱼为生。大多数水手来自东海岛和硇洲岛。外海基本没有暗礁，这种地貌提供了众多安全的隐蔽之所，足以使日常的捕鱼区向更远更广的海域延伸。捕鱼乘坐的工具各式各样，从简陋的木筏到可以抵御大浪的三桅杆帆船。刚刚到达广州湾的人们时常惊讶地发现有人站立在浪尖上左右摇晃：那是站在小筏子上捕鱼的渔民，这种由树桩或者竹桩结实捆绑而成的轻便小舟——如果我们可以这么说的话——在人的重力的作用下被压到海平面以下，从远处看，绝对给人以在水上行走的感觉。有一种独特的捕鱼方式在当地十分流行，就是利用一种可以俯冲到水下的鸬鹚来捕鱼，它们可以将鱼从海中捕捉出来带给它们的主人。而且，主人不用担心它们会把鱼吞到肚子里，因为这些鸟的脖子上扎着绳子。向内陆延伸的港湾水面平静，中国渔民通常在夜晚用鱼叉捕鱼，他们在船头

① 广州湾人种志，法国海军医疗档案，1901 年 4 月。

插上明亮的火把，以便把鱼吸引过来。这片领地上的鱼类品种丰富、数量繁多，有鳐鱼、鲤鱼、鳎鱼、鳗鱼、鲨鱼、羊鱼、鲷鱼、隆头鱼、鲻鱼、鲭鱼以及一种肉质十分鲜嫩的三文鱼。硇洲岛则以龙虾和大虾而闻名……”①

当时的法国驻华领事皮埃尔·朋·安迪（Pierre Bons d'Anty），本来以为自己已经被任命为这个传说中的“埃尔多拉多”（L'Eldorado）② 的行政长官了，他曾经夸耀地说：“尽管它有着悠久的历史，但绝对是一片从未被开垦的处女地。广西这个地区盛产八角茴香、鸦片、稻米等，值得我国商人关注。更不能不提的是，这个地方在因战乱被破坏以前，是以桑蚕业③而闻名的中国境内的富饶土地。中国人已经在这里开采过银矿，虽然因为政令的影响而一度关闭，但是仍然有再开采的价值；深谷地带的洗金作业槽证明，这里也是一片含有金矿的土地；大量的文献和报道都证实有不少的煤层暴露在地面上。”④

白雅特就像是穿长袍的老顽童们设计的一座沙堡，它承载着我的梦想，推动我不断探寻其历史的印记。

---

① 印度支那总督府编：《广州湾租借地》，河内—海防：路易·加洛瓦出版社，1906 年。

② 埃尔多拉多，传说中位于南美洲印加帝国的黄金之国，人类已经失踪的十大文明之一。英国女作家多丽丝·莱辛的短篇小说《黄金之城埃尔多拉多》对其进行了文学想象。——编者注

③ 桑蚕业，即进行桑蚕饲养的产业。

④ 印度支那总督府编：《广州湾租借地》，河内—海防：路易·加洛瓦出版社，1906 年。

第三章　走私团伙

有一些学校和道路是用他的名字来命名的，这个人就是保罗·杜美。1932 年，时任法兰西共和国总统的杜美在巴黎被一名俄罗斯白人刺杀。刺杀事件究竟是法西斯主义者的阴谋，还是共产主义者的阴谋？保罗·杜美究竟是一个可怕的殖民主义者，还是一个伟大的具有远见卓识的人？有谁还记得，作为法属印度支那的一位总督，保罗·杜美曾经亲自到过白雅特城？

1905 年前后在惊湖（湖光岩）度假的法国殖民者（法国旺代省档案馆藏）

在 1900 年 2 月 3 日的那个冬日，雨下个不停。黎明伊始，这个被法国占领的小海湾浓雾笼罩。保罗·杜美时年43岁，由法属印度支那最高军事指挥官博格尼斯－代博尔德（Borgnis－Desbordes）将军陪同，[1] 出席了在白雅特海边举行的阅兵式。杜美高傲地检视着这些土著士兵的奇特制服：他们头戴圆锥形帽子，脚蹬闪亮的军靴，手持带刺刀的步枪，更奇怪的是，这些士兵穿着胸前标有“法国雇佣军”中文字样的蓝色海军制服！

俗称“蓝带兵”的土著警卫队（陈灵藏）

由于制服的颜色，土著警卫队有了个“蓝带兵”（corps bleu）的外号。那些身着刺绣官服的中国官员本以为能看见法国总督身穿华丽服装出现的场面，然而令他们异常失望的是，总督身着黑色礼服，头戴大礼帽，如同任何一个欧洲的小职员。保罗·杜美发表的演讲却让所有人为之动容。他用清晰的语调描绘了这个想象中的大型港口城市的未来："法国海军的一个重要职能部门将在广州湾设立。作为一个贸易港口，广州湾前景光明。以广州湾为中心的道路将延伸到广东、广西内陆乃至西江流域。广州湾应该是周边广大地区的物资集散地，同样，它也将有

---

① 约瑟夫·康拉德小说《黑暗之心》中库尔兹一角的灵感就是来自这位博格尼斯－代博尔德将军。这部发表于1899年的小说被法兰西斯·柯波拉改编为《现代启示录》。博格尼斯－代博尔德于1900年在河内死于痢疾。

助于引进海外商家和促进货物的进口。广州湾不设海关，并给来往商船以完全自由通行的权利，既不收任何关税，也无须办理任何手续。这必将使广州湾成为远东地区主要的仓储基地之一。”①市民和士兵们都为这个新时代的承诺欢呼雀跃。他的视察整整持续了一周。

作家阿尔伯特·德·布沃维勒（Albert de Pouvourville）对保罗·杜美的梦想持怀疑态度，并用博格尼斯-代博尔德将军的一句尖刻的话来支持自己的观点，后者将法国这个新的领地比作一个“养鸭塘”：它的创造者或许忽略了在此地加水，然而水是庇护船队的必要条件。《殖民杂志》是一份颇具影响力的殖民部官方刊物，它的编辑对白雅特城成功的机会同样表示怀疑，他说：“普通民众的思想通常既我行我素又疑虑重重。官员们在他们的心里通常威望低下，普通民众对外国人的偏见也需要很长的时间才能消除。请相信，他们认为我们占领其领土仅是为了从当地获得巨额财政收入，并通过各种手段在当地征兵。在对首次严格土地测量的抵制和逃避中，民众的不信任感变得非常明显。”②

1900年夏天，巴黎《画报》周刊连载了法国外交官方苏雅③在中国的冒险经历，使得这位绰号为“白皮肤洋大人”的古怪领事名声大振。若干年后，方苏雅在回忆录中对白雅特城的建立不抱希望：“这是一个接近干涸的海湾，有一条水流较浅的河注入，河道蜿蜒，急流使船只难以靠岸。海湾紧靠内陆，无任何军事和商业价值，发展前景黯淡。这就是杜美总督打算立即使其成为能与香港抗衡的港口的原因。即使耗资数百万，也无法吸引任何商船前来，然而杜美梦想着在这里建立一个殖民地。”④

阿尔弗雷德·坎宁安（Alfred Cunningham）是一名曾居住在香港的

---

① 《1897—1901年印度支那形势》（保罗·杜美总督报告），河内：P. H. 施耐德印刷厂，1902年。

② 《广州湾租借地简介》，河内，1900年12月18日。见《殖民杂志》，巴黎：阿歇特出版社，1901年。

③ 方苏雅（1857—1935），原名奥古斯特·弗朗索瓦（Auguste François），在中国广西和云南担任外交官十年，1899年12月起任法国驻云南府（今昆明）名誉总领事兼法国驻云南铁路委员会代表，1900年3月兼任法国驻云南蒙自领事。——译者注

④ 方苏雅：《白皮肤洋大人》（*Le mandarin blanc*），巴黎：加尔马恩·莱维出版社，1990年。

英国记者。出于好奇，他想更加深入地了解这片被法国占领的中国地区，于是决定亲自去体验一下。他写道："当我们穿过狭窄、易守难攻的航道，海湾开始变宽，某些航段水面达到六英里。航船必须逆风行驶，船只在到达距离河口十三英里的白雅特城民用港口之前，不得不经常改变方向。水域经常被雾笼罩，这迫使我们不得不一整天止步在海湾入口处。"[①]作为一个内心亲法的人，阿尔弗雷德·坎宁安对他目睹的一切感到惊讶："市政设施或商业港口被完美地规划出来：林荫大道四通八达，城市已配备了灌溉系统，为日后的公共花园和广场预留出空地。工程师在规划时有意将其建成一个魅力、健康之城……广州湾是一个安静优美的滨海小城。我们极有可能在此为海军和印度支那居民建立一个疗养院，而不是之前设想的澳门。"最令记者震惊的是此地竟基本没有中国人！"除了几个从越南东京来的建造房屋的工人、市场上几个零星的男雇工和一些脖子上戴着枷锁的掘路囚犯，我们在市里没有看到任何中国人。"[②]街道上只有老人、妇女和儿童。男人们为了避免被抓做苦力，都躲了起来。最后，这位英国记者讲述了他被法国军方邀请的情况："我们在军官食堂受到了盛情款待，饭桌上的那些军官肯定都是老兵。觥筹交错间，他们滔滔不绝地讲述着来自非洲、阿尔及利亚和马达加斯加的故事。当他们护送我们到河岸时，已到午夜时分，摇曳闪烁的灯火照亮了堤岸。"[③]

这些在中国疆域内建立微缩版法国的首批移民是何许人也？古斯塔夫·阿尔比（Gustave Alby），在离任法属印度支那总督府政治处主任后，担任了新租借地的首任民政官。他时年 45 岁，被看作新租借地的先驱。他不知疲倦地在租借地骑行，仿佛要标记自己的地盘，神情倨傲，头上永远戴着一顶白色的头盔。刚一到任，他就开始监管新租借地

① 阿尔弗雷德·坎宁安著，阿尔芒·勒·麦尔译：《东京与中国南方的法国人》，河内：科雷贝萨克出版社，1903 年。

② 阿尔弗雷德·坎宁安著，阿尔芒·勒·麦尔译：《东京与中国南方的法国人》，河内：科雷贝萨克出版社，1903 年。

③ 阿尔弗雷德·坎宁安著，阿尔芒·勒·麦尔译：《东京与中国南方的法国人》，河内：科雷贝萨克出版社，1903 年。

的工程建设进度。旧炮台被夷为平地，港务督查长办公室、仓库、营房、军医院、军官活动室拔地而起。主街道被命名为阿尔及尔路，12米高的灯塔俯视着河口。值得一提的是，古斯塔夫·阿尔比本人对他设在麻斜的官邸尤其感到骄傲。官邸位于河东岸，面朝海湾，营房位于西岸。但是他不愿与自己所鄙夷的租借地士兵比邻而居，因为现在作为平民的他是来指挥军人的，而不是军人指挥他。这栋白雅特城新主人的官邸，其新古典主义风格的拱廊、柱子、楼梯让人联想到金碧辉煌的欧洲宫殿。据说建筑师在鸦片馆待了一晚之后，构思了这座建筑的设计图，然后又在极其内疚的心情中进行了修改，以至这栋建筑的正面虽然具有一定的欧洲宫殿的印记，但其内部看上去像一个海底洞穴。办公室的湿热让人们无法在里面工作。此外，此地也曾因受到诅咒而闻名，因为官邸所在地曾经是一个古墓，施工时应该还挖出了一些棺材。僧侣们不停地烧着香，以防止那些被殖民者驱散的鬼魂来复仇。

位于麻斜的首座公使署大楼（私人档案）

虽然古斯塔夫·阿尔比对他的政府大楼很满意，但他必须确保同胞的安全。警察局和监狱已被列入了整治方案。步兵连的朗格雷纳（Langrenne）中士曾经是警察局局长。三级警督欧内斯特·多菲斯（Ernest Daufès）的手下是中国民兵，在白雅特城的日子给他留下了深刻的印象，几年之后他讲述了自己的经历，白雅特城平静的表面下暗涌着暴力：“当地劫掠肆虐，外来的强盗频繁劫掠村庄。做土匪和海盗向来是广东沿海很多人的主要营生。新近被我们封锁的这段海岸在这方面更是臭名远扬。对于这样一个流亡之地，我们之前预计，由于本地居民的骚动，每两年需要出兵一次。一支从广州来的正规军很快扫荡全境，执行完几次任务后便回去了。”① 他为殖民行为开脱，声称广州湾仅是个应该被消灭的匪徒老窝。警察从中甄别出了有组织且经验丰富的海盗，他们在大型帆船上活动，这些帆船的船东实力强大，在东京湾抢劫。他写道：“海盗们成群结队，操纵着四五艘单帆小船，混到渔民之中，等待着商船经过。他们先让船只通过，然后瞄准时机将其包围，趁靠岸时将其劫持。通常船只和船员会被释放，而赃物则会被转移到安全的地方。然而，如果有船东或者乘客正好也在船上，他们便会被扣留并监禁，直到收到家属支付的赎金。夜晚，躲藏在岸边阴影处的海盗船，会在过往船只到达他们控制范围内的时刻发动袭击，他们未等熟睡的船员醒来抵抗便已将船只占领。沿岸一个或几个村庄的劫匪通常会聚集在一起，待夜幕降临时驾驶小舢板②出海，掠夺沿岸的其他村庄。”③

法占区的中国如同美国遥远的西部。首席警督爱德华·索瓦勒（Edouard Sauvalle）和警督欧内斯特·多菲斯在海湾的岛屿上相继实施了绥靖政策。他们试图使用一艘海军所属的老旧武装拖船，给商船提供保护，或者可以抓捕那些从事绑架和贩卖女童的海盗。法国军队的最高指挥官是位上校，他认为土著步兵涉嫌参与了这些非法行为。印度支那的土著步兵习惯于擅自离开军营去市里吸食鸦片或者饮稠稠酒。更有甚者，他们有的居然携带枪支弹药出门。毫无疑问，他们将加入该地区猖獗的海盗团伙。负责管理军营和士兵的军官常常因为对部下管理不善而被处以八天禁闭。

12 月 25 日，在一个小教堂里，有几名军官、来自广州的中国商人、一些土著步兵和他们的家眷，参加了在白雅特要塞举行的首次午夜弥撒。大家欢快、深情地唱着赞美诗。55 岁的奥古斯特·范兰（Au-

---

① 欧内斯特·多菲斯：《印度支那土著军》，阿维尼翁：D. 塞甘印刷厂，1934 年。

② 舢板是中国传统的平底船。

③ 欧内斯特·多菲斯：《印度支那土著军》，阿维尼翁：D. 塞甘印刷厂，1934 年。

guste Ferrand）神父以前是法国军队的随军牧师。这位在中国生活了20年的牧师对如此多人的到来感到心满意足。在下士莱昂・苏伯曼的眼中，范兰神父是个军事修士："作为翻译，这位传教士不仅为我们做了很多工作，而且在战争中的表现也非常英勇。在攻克白雅特要塞的战斗中，在毫无任何遮掩的战场上，他几乎无处不在。在枪林弹雨中，他冒着被敌人抓住的危险，带着士兵的水壶寻找饮用水。他背着医疗包，穿梭在战场上，治疗伤员，鼓舞士气，给予他们父爱般的关怀。不得不提一下他的发型，他像中国人一样留着一条一直长到脚踝的长辫子。"①战争结束后，他成了白雅特城的首位牧师。他亲自用竹子和稻草搭建了一处茅屋，屋顶上覆盖着蒲葵叶。这个简陋的房子有两个房间，第一个房间用作礼拜堂，第二个是卧室。在圣诞节的夜晚，法国人来到他的茅屋里，一同品尝一只野雁。

1901年1月，狂风席卷了白雅特城。这次狂风在白雅特历史上留下了深刻的印记。这一地区经常刮起属于自然界和20世纪人类史所能有的各种狂风。

1月8日和9日，保罗・杜美和他的随行顾问们又来到白雅特城，这距离总督上次来这里约有一年时间。保罗・杜美受到了驻军上校的欢迎，并参观了正在兴建的军港。翌日清晨，保罗・杜美去了行政长官古斯塔夫・阿尔比的寓所，走马观花地参观了法国政府管辖下的一系列村庄。此时正值驻军上校和行政长官争权夺利，双方尽量避而不见。但总督对这些竞争并不在乎，他认为应该如何为他的帝国之梦提供保障才是最重要的。为表示诚意，杜美发给每个士兵一份酒，并承诺年底之前会回来监管工程的进度。

在此期间，悲剧发生了。太平兵营的指挥官、队长拉科斯特（Lacoste）在同他的安南妻子用餐时，被一名中国土著兵闯入家中用刺刀杀害，他的妻子也受了重伤。这位名叫阿尼（A－Nhi）的民兵②和他的同

① 《士兵苏伯曼的战争回忆录》，巴黎：普隆－依希出版公司，1910年。

② 1905年，民兵阿尼，中国神秘社会组织三点会头目的儿子，被逮捕并判处死刑。他在海防监狱中自杀。

伙一道洗劫了军官的住处，偷走了武器，抢走了他妻子的珠宝。

暴力总是伴随着白雅特城的日常生活。军士弗朗索瓦·莫拉（François Morlat）在服役期间写的日记，原原本本地记录了1901年2月9日发生的一起骇人听闻的案件。大约在晚上七点钟，在阿尔及尔路，一个六十多人的海盗团伙拿着枪，带着斧头，攻击了一家赌场和警察局！正在喝酒的警察局局长朗格雷纳中士和一名下士立刻予以反击。在此街区居住的一名法国工程师和法国商人拿起了他们的猎枪，从阳台制服了歹徒。这时一队步兵随即赶到，袭击者留下了两具尸体，溃败逃窜。这些尸体上都系着象征中国神秘社会组织——三点会（Sam-Tiem）的红腰带。据莫拉军士回忆，为以儆效尤，尸体被绑在了柱子上，第二天，他们被斧头斩首，头颅被插在长矛上，在白雅特城示众。莫拉军士指出："绥靖政策对广州湾来说是句空话。"[①]人们生活在一个西方式的邪恶世界里。

当法国海军军医来到租借地时，他们惊恐地发现，大部分同胞患的都是慢性病，完全是由吸食鸦片过量和中毒引起的。士兵吸毒更凶，海军陆战队队员潦倒落魄，卫队自暴自弃。当他们发现鸦片给他们带来了危害的时候，新兵已经因为发烧、腹泻和呕吐，导致战斗力明显削弱，更为严重的是鼠疫肆虐。助理军医官布罗凯（Broquet）认为，白雅特城的洋行是腺鼠疫的罪魁祸首。他这样描述："1900年的广州湾，在疫情蔓延之前有老鼠大量死亡，紧接着，其他动物也开始在12月份大批死亡。"[②]人们很明白，动物的突然死亡预示着瘟疫的来临。他们开始祈祷、祭拜佛祖。租借地医生摆出一副居高临下的样子："在我们兵营附近的上蟛蜞村（Sheung-Pang-Hai），显贵们聚集在一起，认为寺庙过于残破，于是请来一名技艺娴熟的木雕工匠雕刻装饰板，由画家镶金。所有居民都尽可能贡献自己微薄的财力。我们从这个贫穷村庄的简陋寺庙

---

① 让-雅克·塔坦-古里耶（Jean-Jacques Tatin-Gourier）：《法国在中国的殖民征服》，巴黎：手稿出版社，2012年。

② 《中国南方鼠疫源头》，巴黎：让·甘什（Jean Gainche）印刷厂，1902年。

中可以看到艺术和品位的瑰丽奇观。”[①]村庄上下被疏散，巷子空空如也。人们离开自己的家园在田野上建茅屋，患病的苦力死在了路上或者寺庙门口。副公使们看到，筋疲力尽、奄奄一息的妇女、儿童躺在了兵营的门前。尸体放在一个筐里，被两个人用竹竿抬走。一个被鼠疫击垮的富有的中国官员家庭向一名法国人询问时辰，目的是了解自己死亡的具体时间，便于以后在同一时刻举行葬礼。

助理军医官艾蒂安·塔迪夫（Etienne Tardif）医生对卫生情况做了小结：“1900 年 12 月，当我们到达租借地最重要的城镇——拥有约四千人口的赤坎时，得知在广州湾，每年春季都会爆发鼠疫，于是我们着手采取措施以消灭疫情。”[②]

医疗队的抗鼠疫血清寥寥无几，首要目标是保护军队：“所有欧洲人的房子大面积用石灰粉刷，房间用来苏水清洁。由于兵营同时与居住区和医生的住所相连，因此被仔细消过毒，所有患者的旧衣物和垃圾被当场焚烧。另外，我们要求公使先生疏散主干道两侧与欧洲人比邻而居的中国人。他答应我们，一旦在这些地方发现一个病例，便采取该措施。没过几天，事情发生了，不管是否情愿，那些与欧洲人相邻的中国人都被驱逐，将在别处建造简易的房屋。”[③]为避免传染，医生和护士穿着护腿，绑着腰带，袖口紧系。塔迪夫医生估计，在 1901 年 1 月至 5 月间，死亡人数达到了 3 000 多，平均每天 25 人。在海头检疫站，首席医生普雷布瓦（Préboist）在 4 月至 5 月共医治了 9 名患鼠疫的法国士兵。他表示：“海头检疫站是一个建在一片天然的沙砾和黏土地上的丑陋不堪的小茅屋，没有地板，4 月 20 日我们给河内卫生署署长写信描述过此情况。检疫站由两个房间构成，一间能容纳 10 个人，用于治疗，一间给医生和护士使用，距离营房和其他居民区 500 米远……毫无疑问，老鼠是鼠疫的传播因素。首批病例报告后不久，我们发现之前在

---

① 《中国南方鼠疫源头》，巴黎：让·甘什印刷厂，1902 年。

② 艾蒂安·塔迪夫：《广州湾瘟疫（1901 年 1 月至 6 月疫情）》，维埃纳：奥格雷和马丁出版社，1902 年。

③ 艾蒂安·塔迪夫：《广州湾瘟疫（1901 年 1 月至 6 月疫情）》，维埃纳：奥格雷和马丁出版社，1902 年。

居住区肆虐的这些啮齿类动物完全消失了。”

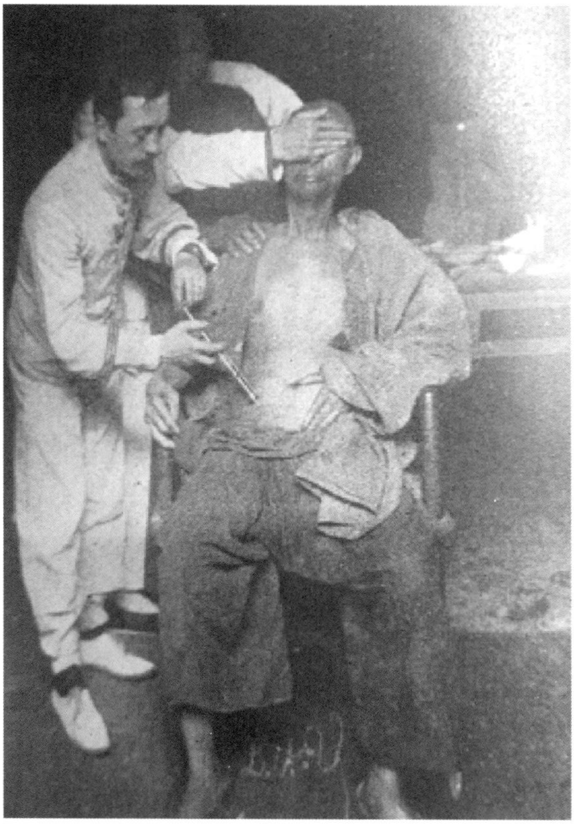

一位租借地医生正在治疗鼠疫患者

［艾蒂安·塔迪夫：《广州湾瘟疫（1901 年 1 月至 6 月疫情）》，维埃纳：奥格雷和马丁出版社，1902 年。法国文献局藏］

布罗凯医生发现，那些住在小船上与世隔绝的最艰苦的居民逃过了一劫，然而陆地上的广州湾人大批死亡。下士莱昂·苏伯曼的记述充满了成见，他觉得突然掉进了苦难的地狱："城市和村庄的脏乱令人厌恶。大多数民居用柴泥建造；很多只是简单用草席遮挡，当有必要时，我们可以替换。小窗户朝向院子，院子是个名符其实的垃圾场，所有的垃圾都扔在那里，无限地堆积起来。居民、鸡、猪、狗和牛都乱七八糟地混杂在屋里。这便是臭气的发源地。鼠疫、霍乱、天花肆虐，时常在人群中造成大量死亡。更加可悲的是，土著人十分迷信那些成群结队向他们贩卖毫无任何功效的低劣药品的巫师。他们深深地蔑视欧洲医生和西药。为了医治发烧，他们咀嚼活蝎子，不换内衣床单；为抵抗结核病和眼疾，他们喝浓缩的儿童尿液；他们还将羚羊筋、磨碎的老虎胡须和爪子以及其他稀奇古怪的原料当作神药。”①

直到20世纪初，白雅特城还没有一名中国人信仰天主教。奥古斯特·范兰神父却满腔热情，构思了一个令人震惊的计划：从1901年1月开始，在白雅特城建一座天主教堂！以在全世界传教为己任的巴黎外方传教会十分关注这片“世界尽头”的土地。范兰神父的功绩引起了天主教组织的注意：“范兰先生为教堂的建造付出的辛劳和做出的牺牲，是我们无法想象的。由于资金匮乏，工程进展缓慢。他不得不多次辞退工人，等资金宽裕一些时，就再雇佣他们。目睹他的困境，租借地所有中法居民开启的募捐通道给他提供了很大支援。为了节约，他自己烧砖、烧石灰，操作娴熟，用最低的财务支出，最大化地诠释了优雅与牢固。因而，尽管1904年8月的那次著名的台风给租借地造成了巨大破坏，却唯独没有对白雅特教堂造成任何影响。废墟之上二十五米高的钟楼顶象征着救赎不可动摇。1902年，虽然尚未完工，但教堂已经封顶，可供使用。行政总公使、上校指挥官、民事和军事当局、移民、所有的法国人，更不用提附近的传教士和中国基督徒，都满怀热情地回应了邀请。所有人都坚持要在那天出席，对善良的范兰先生表示尊重，正如我们对他的尊称。这真是一个胜利的日子。”②

---

① 《士兵苏伯曼的战争回忆录》，巴黎：普隆－依希出版公司，1910年。

② 巴黎外方传教会：《1906年工作报告》，巴黎，1907年。

白雅特城大教堂（私人档案）

法国当局认为，这座曾名为圣维多尔（Saint Victor）的教堂完全可以与广州的圣心大教堂相媲美！不过，白雅特城的天主教传教会却并不满足于建造这么一个壮观的教堂。于是范兰神父着手进行一项大型的福音传教活动，继而建立了一所学校和一所麻风病医院。然而，作为共济会成员和反教权主义者，租借地的总公使古斯塔夫·阿尔比却一贯反对所有的传教计划，导致两人彼此厌恶。范兰神父甚至给杜美总督写了一封言辞激烈的信："可能会出现一个犹太人——因为所有人都坚信阿尔比先生是犹太人——毫无缘由地用邪恶的眼光看待中国人变为基督徒这件事情。"[①]有一天，范兰神父站在教堂的脚手架上，一块木板在脚下折

① 1902 年 2 月 11 日范兰神父给保罗·杜美的信，法国海外档案中心，印度支那总督府档案。

断，他从六米高处跌落，身受重伤，被送到广州，随后在那里去世。[1]

面对天主教传教会表现出的昂扬斗志，法国殖民政府也并非无动于衷。为了改变广州湾与外界隔绝的状态，工程师们建造了邮政与电报大楼。1901 年 12 月 31 日，邮局干事马利亚克（Marliac）在海边负责电报发射塔的安装工程。由于打算去鸦片馆庆祝元旦，他急切地想早点完工。一天下来，正当他疲惫不堪时，突遭枪击。一些躲在破旧船只后面的海盗觊觎着这些物资设备。这个有毒瘾的邮局干事躲避开子弹的射击，然后派一个苦力到兵营求救，土著兵到达后将海盗驱逐。海盗们试图跳海逃走，但大多数溺水身亡，他们被海水包围，在恐慌中被海流卷走。这场杀戮带来的直接结果是，白雅特城终于有了自己的电报局。

大家都说，行政长官古斯塔夫·阿尔比从未气馁。在河内举行博览会之际，这个租借地的首长邮寄了一定数量的土特产——大米、丝绸、糖、盐、烟的样品，也展示了广州湾的一些风景照片。

白雅特城首家邮局（私人档案）

并不是所有的法国人都对此地充满热情。作家让·德拉·叶琳娜

① 霞山天主教堂资料显示，范兰神父于 1904 年因伤到香港休养。——编者注

（Jean de la Jaline）奉劝国人不要亲临此地："如果您希望庆祝圣枝主日[①]的话，就避开广州湾吧。您会浪费几个小时来找入口，迷失在昏暗的迷雾中，因为在一年中，季风覆盖这个海岸长达六个月。您会体会到克里斯托夫·哥伦布和布甘维尔[②]的所有精神状况。"[③]让·德拉·叶琳娜继续描述："空气潮湿、灰暗，寒风搅动浑浊的江水，使您内心一片凄凉……快速乘一艘小船，带您到白雅特城。在宽阔的广场上，数百名苦力在工作。监工们手持棍棒踱来踱去，[④] 仿佛置身于法老时代。一个军事之城，仿佛在一个仙女棒的指挥下拔地而起。那边是步兵营，这边是炮兵区，那边是军官官邸，后面是医院。一切都同时建造起来。"[⑤]

有一艘名为"塞纳河"的神秘汽船，成功地将澳门与广州的商行连接起来。船东是勒梅尔（Lemaire），他建造这艘三百吨的蒸汽船是为了运载乘客和货物。他为什么会有如此大的投资？为什么如此慷慨？是因为白雅特城背后隐藏着一个公开的秘密：贩运鸦片。

此时，从生鸦片的采购与进口，到熟鸦片（方言所说的"大烟土"）的制造与销售，都是由国家垄断的，而且只能在海关与专卖局的许可下销售。在印度或位于中国南部的云南，种植有生鸦片的原材料——罂粟。生鸦片是由罂粟果的汁液制成的，而从生鸦片到熟鸦片的转化则是在提炼厂中进行的。原理如下：在锅中（或者壶中）放入水和生鸦片，用文火加热搅拌，使生鸦片溶解于水。当液体沸腾，蒸发掉三分之一时，过滤液体，直至得到一团蜜糖般微黑颜色的面团状物体。最后分成小球包装。然而，自 1901 年开始，总公使古斯塔夫·阿尔比与一名叫亨利·比利（Henri Piry）的混血商人签署了一个奇怪的合同，

---

① 圣枝主日（Dimanche des Rameaux），也称棕枝主日、基督苦难主日。——编者注

② 布甘维尔（Louis Antoine de Bougainville，1729—1811），法国军人、航海家，曾进行环球探险，所罗门群岛中最大的岛屿布甘维尔岛即以其名字命名。——编者注

③ 让·德拉·叶琳娜：《梦想之路，龙之脚下》，巴黎：阿尔方斯·勒梅尔出版社，1906 年。

④ 殖民者使用棍棒鞭打劳工。

⑤ 让·德拉·叶琳娜：《梦想之路，龙之脚下》，巴黎：阿尔方斯·勒梅尔出版社，1906 年。

内容是“面向海外属地鸦片出口的鸦片提炼厂专营”。换句话说，此人持有租借地鸦片贸易的专属权！这份独家经营合同的有效期为六年。

事实上，这个令人生畏的比利甚至懒得自己建一座鸦片提炼厂。他充当了遍布整个地区的生产商和鸦片馆的中间人。澳门厂商向他支付了数千皮阿斯特，以便于他们进行鸦片走私。在白雅特城，鸦片被装上汽船后在澳门、香港或广州秘密卸货。英国人火冒三丈，港英政府感受到了激烈的竞争，指责法国租借地成为毒品运输的枢纽。这便是首次出现的“法国贩毒网”[①]！

1903年夏，印度支那新总督保罗·鲍（Paul Beau）委托给年轻的外交官侯耀（Raphaël Réau）[②]一个奇怪的任务，后者曾说：“鲍先生让我在香港为广州湾的鸦片专营厂寻找一些中国投资者。此事进展顺利，应该很成功，我应该会对此感到满意。”[③]租借地官方预算有23.2万皮阿斯特的税收总额，其中有超过一半的收入即13.4万皮阿斯特来自鸦片专营。

由鸦片贸易带来繁荣的自由港吸引着所有的走私者。警督艾米勒·多菲斯（Emile Daufès）负责监管过往船只，他记录道：在租借地警察的眼皮底下，那些冒险者、骗子和商贩们络绎不绝地、安全地在码头穿行。

为了取代香港和澳门，建设一条陆地鸦片运输通道势在必行。1899年签署的租借地条约第七条指出：“中国允许法国建造一条铁路。”殖民者和官员借鉴了西伯利亚大铁路和满洲铁路模式！

---

① 这里的“法国贩毒网”（French connection）是一个典故，套用了美国著名战地记者和畅销书作家罗宾·摩尔出版于1969年的纪实小说《法国贩毒网》及由此改编的著名好莱坞同名电影（1971）的名称。——编者注

② 侯耀，法国外交官，曾任法国驻蒙自、汉口等地领事。——编者注

③ 菲利普·马莎：《二十世纪初一位外交官在中国的手札》，巴黎：拉马丹出版社，2011年。

香港的鸦片吸食者（私人档案）

炮兵指挥官科基（Cauquil）和中尉哈伍勒（Raould）负责铁路建设地形的勘察任务。有两条路线被纳入研究之中：一条向北延伸至西江流域，另一条则在越南东京沿岸至广州之间延伸。一个名叫克拉雷·罗贝（Claret Llobet）的人在鸦片贩子比利的帮助下，成立了一家铁路公司。总督特许这个克拉雷·罗贝建设一条由尼维角（Pointe - Nivet）[①]到中法边境的蒸汽有轨电车铁路。尼维角是个濒海之地，古斯塔夫·阿尔比总公使曾在这里狂妄地建造自己的官邸，但以失败告终。只有当殖民者将铁路一直延伸到云南的鸦片生产中心时，这条铁路才有其存在的理由。有关这一点，记者阿尔弗雷德·坎宁安写道，法国人希望建设一条终点站为鸦片生产中心的铁路！但是中法谈判未能达成协议。在任何情况下，两广总督都不希望由贪婪的法国人来垄断铁路利润。中国官员要求在租借地设立海关征税，导致了各项铁路计划最终被放弃。还有租借地的划界问题。我们手里还有凭据吗？事实上，应该保存在北京的广州湾租借档案已经彻底失踪了！再也无法找到原条约的文本。在义和团运动期间，[②]惊慌失措的法国大使馆已将公函和地图付之一炬！

---

① 尼维角，即麻斜嘴。——编者注

② 1900 年，受清政府支持的中国秘密会社义和团对北京使馆区进行了围困，但最终以西方的胜利而告终。

1903年10月23日，在重重障碍中，东山兵营年事已高的队长路易·戈蒂叶（Louis Gauthier）成了英雄。他解救了五个在登船时被黑旗海盗船劫持了的年轻女子。突击中，三点会的四个海盗被击毙，另外五个被俘。警察发现一个满是首饰和珍贵丝绸面料的盒子。后来这些价值1 500皮阿斯特的财物完璧归赵，它的所有者是一个富有的中国官员。

1904年1月，一个名叫林那六（Lam－Nam－Leou）的人手持武器在港口附近实施了盗窃。小偷从法国警督眼皮底下逃走，最终被中国当局抓住。但两广总督拒绝将其引渡，其原因是白雅特城居民仍然属于中国皇民，而非法国公民。

事实上，两三年来，一百多名法国平民和军人被调遣到这里，他们并不习惯生活在如此与世隔绝的地方，极端天气与动荡的政治气氛笼罩着这里。年仅三十多岁的副公使亨利·列若（Henri Liegeot）被鸦片侵蚀得精疲力竭。1904年1月17日，他坚持向其上级古斯塔夫·阿尔比请辞，他说："对赤坎行政官所必备的职责，我望洋兴叹。我已无力处理繁多的工作，同时还要打击恶势力，控制居民不共戴天的敌对情绪。我请您把我调遣到印度支那，担任一个相对清闲的职位，以便我能从几乎把我打垮的疲惫中恢复过来。"① 2月8日，阿尔比向印度支那秘书长提出了这位下属的调动请求："列若先生是一个非常认真、忠于职守的官员，是我们辖区高层中的最优秀人才；我建议授予他荣誉勋章。然人之精力与奉献有限，每天迫不得已对恶贯满盈者进行预审、起诉、审判，却无法得到当地士绅的帮助，而且他们或多或少地与罪犯同流合污，最终使这个最坚毅的灵魂感到厌倦。在过去的两周，他不得不宣判了三例死刑，其他被判苦役刑罚者数量不详。以至于监狱里满是恶棍，应该进行人道处决。除此之外，他还建设了赤坎的公路、码头和街道，负责税务，研究一种新型的以村为单位的税收依据，办理注册等。这一切都超越了他所能承受的范围。" ②

在一个炎热的季节，太平兵营被两百多个海盗袭击。由于法国军人

---

① 法国海外档案中心，印度支那总督府档案。

② 法国海外档案中心，印度支那总督府档案。

经常对被俘的海盗施暴，所以掠夺者这次反过来对这个村庄的法军以牙还牙，实施了同样的暴行：他们的心脏被挖出，器官被狗吃掉。涉嫌同法国人合作的中国官员几乎全被屠杀。鸦片库存完全被掠走。对此，副公使亨利·列若及其下属开始兴师问罪，行动快速并且暴力。当地至少有六名涉嫌协助海盗的乡绅被殴打至死或被射杀。

第二年，暴力加剧蔓延开来。1905 年6 月7 日，赤坎的两个最富有的家庭在一次围捕中被洗劫一空，八个女孩和三个男孩被劫持。7 月 9 日，白雅特城变成了一个前所未有的犯罪场所。伯纳德（Bernard）女士在她的别墅被谋杀，她的丈夫，军需处负责人，被严重刺伤，不久便死亡了。小偷闯入伯纳德夫妇的房子去偷酒和武器，随后在惊恐之中将他们刺死。这个欧洲人社区的不安情绪不断增加，惶恐侵袭着广州湾人。此外，白雅特城中心监狱人满为患，肮脏混乱，极有可能导致无法控制的局面。三百个囚犯拥挤在恶劣的环境中，一半以上的囚犯由于缺乏食物或经常遭受酷刑折磨而很快死亡……对于这些罪犯，列若亲自参与了他们的审讯。他用竹子或者铁镐严刑拷打囚犯，毫不犹豫地在受刑者伤口上撒盐或者洒氨水。

身兼律师、记者和作家的让·阿雅尔贝（Jean Ajalbert）[①] 冒险对这个人间地狱做了调查：“法国船只一旦来过便不会再次驶入：显而易见，日本或印度支那的中途停靠站更具吸引力。这里的军队明显萎靡不振，堪称全法国甚至是全租借地最可怕的流亡地……在荒芜的土地上，它就像一个鼠疫患者集中营一般被孤立。那么，这样的坚持究竟有何好处！几个月间花费了数百万资金；人员纷纷撤离，只剩下了几名公务人员！广州湾，仿佛过眼云烟，我本可以用这区区一页为我们在中国进行的殖民创举加个前言……唉！这就是我不得不书写的血染的广州湾……”[②]

让· 阿雅尔贝很快在一部引起轰动的作品中揭露了白雅特城史无前例的肮脏的审判者的行为，他称之为“列若事件”：“当他要审判某

① “二战”期间，让·阿雅尔贝加入了通敌的合作政府，并为《民族解放》撰写文章，《民族解放》为雅克·多里奥领导的法国人民党旗下的法西斯刊物。

② 让·阿雅尔贝：《印度支那的命运》，巴黎：路易·米肖出版社，1911 年。

人时，是如此开始进行审讯的：受刑者跪在地上，双脚在柱子底部绑定，双手拉到背后，绑在柱子上。受刑者面前，倒插着一把刺刀，刀尖直指受刑者的下颌。几个小时后，受刑者头部因疲惫而倾斜时，便会碰到尖锐的刑具。如果受刑者的回答不能让列若满意，他便会用藤条抽打犯人的头，犯人出于本能，为避开鞭打，头会低向刺刀。棍刑之后便是拳打。当刺刀从头颅穿出，列若说：‘又一个中国人穿在铁钎上了。’他变换着各种酷刑的花样。中国人是闻名的洗衣工，列若说：‘我也是，我要给他们熨烫一下用皮肤做的马甲。’他把烙铁加热变白后，烫在受害人的身上，仿佛绘图文身，然后设法剥掉表面的皮肤，形成褶皱……这些似乎如家常便饭。”

他用其他篇幅对白雅特城的这位“小刽子手”进行了抨击：“列若发明了一种探条，就像可以撑开手套的铁棍。他将这种铁探条放到火上烤，然后挑选一些年轻帅气的犯人使用如此残酷的刑罚，他说，酷刑能使这些什么都不知道的人屈服。受刑而死者的尸体被埋葬在公使署的花园；除去那些被枪决的，有三十多具尸体横七竖八地躺在中国的村子里和土地上……根据确凿的证据，列若被认定为自杀身亡；那些骇人听闻的丑闻于是就被一同掩盖了！面对由于此事泄露而引发的公众情绪，总督府发表了这样一份公告：‘检察机关目前已掌握了确切证据……也将会了解当地媒体机关报道的所有事实……到目前为止，虽然刑讯证据确凿，但是也仅限于在不恰当的时机对犯人执行鞭刑。已故主犯列若先生，赤坎区公使，作为一名出类拔萃的公务员，我们不能仅从他过度劳累、精神压力过大，或者沿袭中国已经使用过的野蛮的镇压方式来解释他的行为！’然而，对于列若在十八个月内处死他所在辖区的居民，他的上司居然对其所犯暴行，以及在花园里埋葬尸体之事一无所知。至少，他们长期同列若的上司交往密切，尽管土著警卫队警督索瓦勒先生向他揭发过此事，也向总督府反馈过，但其上司否认知情。”①

结果，古斯塔夫·阿尔比，这位法国租借地的首任总公使，只得被

---

① 让·阿雅尔贝：《印度支那的命运》，巴黎：路易·米肖出版社，1911 年。

迫辞职。在如此一系列丑闻过后，这片中国境内的法占区，又将托付给谁？

费尔南·高特雷（摄于1905年前后，法国旺代省档案馆藏）

1905年7月，费尔南·高特雷在白雅特城港口登陆。此人相貌威严，高卢式的小胡子透着高傲。他时年四十三岁，有着独特的经历。他在担任旺代省萨布勒－多洛讷（Sables－d'Olonne）的市长时，将这个小渔港变成了大西洋沿岸首屈一指的海滨浴场。法兰西共和国总统菲利·福尔（Félix Faure）甚至专程前来拜访他，对他的创新表示祝贺。[①]

---

① 在此之际，即1897年，菲利·福尔和费尔南·高特雷一同出现在了电影史上最早期的一篇报道里。

在担任旺代省议员后，他成了首个提议给予妇女选举权的议员！但是在厌倦了政治权术，兴趣转移了之后，他选择到海外殖民地发展。他接连担任了越南海防市与河内市市长，后被推荐到白雅特城这块新领地当领导。他被告知到任后首先面临的任务就是恢复安宁与重塑自信。这位前左派议员应允了。他离开妻儿，马上走马上任，刚一上任即为当地自然环境散发的魅力所倾倒。

他写道："白天，当我们进入广州湾，从崎岖不平的地面望去，远方地平线上群峰鳞次栉比，我们被眼前的景色震撼。山峰紫色的轮廓沁染着淡蓝的天空。明媚的阳光透射在清澈透明的空间里，光线下的物体斑驳陆离，令人想起蓝色海岸① 迷人的风光。"②

这个旺代省的流亡者想要建立一个新的摩纳哥吗？他打算在他的办公楼周围修建一个 22 公顷的植物园，在这个茂盛的植物园里种植珍稀香料植物，以美化这块租借地。很快，一个网球场也建成了。在此期间，他的最大烦恼便是地区安全问题。他定会抵御海盗们对于中国海的侵扰。他采取了一种奇特的方式："1905 年 7 月 25 日，为保障土著警卫队顺利征兵，也为了激励民兵的士气，我发起成立了一个童子军排。"③ 他为自己的这个想法而雀跃。这些童子军从服役期间战死的军人的子嗣中选拔。

这位新上任的领导定下了优先要做的事情："为了将海盗从租借地彻底驱除，必须首先将土著军队从一个旅的兵力增加到 480 人。一年或最多 18 个月后，如果付出一定代价进行首次围剿，毕其功于一役，广州湾将会同印度支那其他地区一样安宁。镇压海盗应该不难。此地地势低平空旷，完全没有树木，视野开阔，无须担心埋伏。任何有一定数量成员的犯罪团伙都无法找到藏身之处，如果他们要在村里居民家逗留，

① 这里指法国蓝色海岸地区（Côte d'Azur），该地区是滨海阿尔卑斯省和摩纳哥公国的总称，位于法国东南部边境地带，毗邻意大利。得天独厚的地理位置使这个地区呈现出截然不同的地貌特征，海洋与山脉共存，景致异常独特。——编者注

② 印度支那总督府编：《广州湾租借地》，河内—海防：路易 · 加洛瓦出版社，1906 年。

③ 费尔南 · 高特雷：《广州湾法国租借地：简介与建议》，1906 年。

居民们也会拒绝给他们提供庇护。”①

白雅特城的中国士兵

（摄于 1905 年前后，法国旺代省档案馆藏）

费尔南·高特雷离开萨布勒－多洛讷并非为了避开世人，而是为了改变世界。这位国家行政官员梦想将自己的名字与印度支那的历史联系在一起。为了实现造物主般的幻想，他决定将邪恶势力连根拔起，直接攻击著名的三点会。一天晚上，高特雷在他官邸的阳台上，拟定了一个雄心勃勃的备忘录，几乎囊括了白雅特城所有的恶棍和海盗：“广州湾在中国一直臭名远扬，直到今天，广州和香港的居民都对它不甚了解，害怕来这里……广州湾的所有海盗，不管在陆地还是在海上作案，都是神秘组织三点会的一分子。其头目多是没能在中国政府获得一官半职的落魄文人。在愚昧和迷信的民众眼里，他们享有崇高的威望，他们从不直接参与帮会行动，而只负责发号施令和瓜分绝大部分的战利品。三点会深深扎根于广州湾；在租借地的特定地区，几乎全部人口都属于这个组织。然而，相较于人口数量（19 万居民）而言，三点会成员的数量肯定没有超过2 000人。但是，由于此组织为民众寻找栖身之所和保护

① 费尔南·高特雷：《广州湾法国租借地：简介与建议》，1906 年。

之地提供便利，更由于民众对他们的残酷报复行为心存恐惧，才使得此组织影响力巨大。尽管三点会没有试图带领民众参与反对法国行政当局的运动（只是我们的到来让他们感到不适，因为我们妨碍了他们肆意掠夺），但是如果我们不对这些由来已久的组织进行干预，是很难将消灭海盗之举坚持到底的。

“这一神秘组织的成员通常聚众掠夺，一旦得逞，便化整为零，回到自己的村子安静地待着，外表看起来俨然就是平和的农民。他们使用一些只有他们自己才能明白的语言和符号，在信里使用一些只有行家里手才能明白的文字。”①

1905 年 5 月 16 日，副公使兼法警爱德华·布罗尼（Edourd Broni）成立了一支民兵部队。他向民众张贴了一张红字布告：“为了杜绝辖区内频繁的野蛮盗窃行为，公使允许居民组织团练以便时刻监视海盗的动向。每支团练的头目由一名乡绅、一个下级军官或村长组成，村长负责维持内部秩序，直接向公使负责。团练头目无权擅自惩罚不守法规或者从事其他应受谴责行为的居民，但是，一旦有土著居民扰乱秩序，团练队长必须将其移交公使处理，由公使根据法律施以惩罚。”②费尔南·高特雷对其下属私自采取措施恼羞成怒，他想要成为一个绝对的掌控者，从海外租借地市长化身为一个真正的战争领袖。多亏了土著警卫队，他抓住了很多躲在鸦片馆里的小偷。随后的冬天，他将几千海盗赶到了穷乡僻壤，然后领导一个百十人的纵队对其展开了追击。海军的一艘配备两门多管机关炮的武装拖轮全方位地阻止海盗的撤退，有一百三十名海盗被俘，当局没收了十五支速射步枪、八百发子弹和三个炸药包。海盗的头目们被移交给了中国当局，最终在一个村庄的广场上被斩首。

这次大捷后，费尔南·高特雷变得更加专制。他强制副手和警察遵从他的命令。在一封给朋友的信中，他如此吐露心声：“实际上，格拉齐亚尼（Graziani）轻率，马天尼（Martini）吸食鸦片，布罗威（Pu-

---

① 费尔南·高特雷：《广州湾法国租借地：简介与建议》，1906 年。

② 费尔南·高特雷：《广州湾法国租借地：简介与建议》，1906 年。

rovet）狂妄固执又爱说谎。”[1]总之，没有人能博得他的好感。高特雷也试图控制他人的思想。他禁止公务员去做弥撒，违者将受到斥责！可见这位前左派议员的举止有多么专横。如果说他有意发展工商业的话，那也是为了更好地增强自身的权力。

麻斜法语学校（法国旺代省档案馆藏）

自租借地建立以来，罕有欧洲家庭让其子女在辖区内的三所乡村学校入学。这些学校由一名传教士负责授课。而在法国，议员们刚刚表决通过了一项政教分离的法律，表明法兰西共和国不希望教育被“黑袍”垄断。作为一个反教权主义者，费尔南·高特雷竭尽全力开展公共教育。一名前中学校长很快受命创建一所学校，用于接收法国官员的两个孩子和三十多名中国孩子。高特雷的预设目标是培养一批未来的亲法精英。学校里大部分学生都来自土著步兵和当地的商人家庭。

除了互相搬弄是非、吸食鸦片成瘾或者驱逐海盗外，白雅特城的法国人还做了些什么呢？为了消遣，他们还组织了打猎。移民们在山丘周

① 格拉齐亚尼、马天尼和布罗威均为土著警卫队警督。见 1907 年 8 月 2 日费尔南·高特雷的信件，法国海外档案中心，印度支那总督府档案。

围的稻田里捕捉鹧鸪、鹌鹑，还有野鸭和水鸡，水手们乘着小舢板追逐白鹭和翠鸟。但最流行的消遣便是猎虎了！中国的华南虎确实稀缺，但是在坡头的森林里，仍然能找到一些令人印象深刻的品种。华南虎极美，身上的斑纹比它的表亲孟加拉虎间隔更宽、更大。这些法国殖民者以印度人的猎虎方式，将所有的猎物都集中起来，使这类“食人动物”成为巨大的战利品。公使们可以自诩为印度的土邦主了。

猎虎（法国旺代省档案馆藏）

惊湖（陈灵藏）

每周日，这里的欧洲人都习惯在惊湖[1]岸边组织家庭野餐。惊湖里的山海拔80米，由一座死火山的火山口形成。湖的名字是为纪念参加占领广州湾军事行动的一艘炮舰而得来，[2] 雄伟的步梯一直通向饱经沧桑的佛寺。附近的小洞穴嵌入了火山的侧面，里面有一些和尚在佛像前祈祷。火山口顶部的景色富有梦幻色彩。这幅伟大的天然石版画给这个小小的法国社会带来了自豪：男人们打开红酒恭维女士，全然忘记了自己是在一个神圣之地酗酒和阿谀奉承。

另一个令租借地闻名的娱乐活动是看中国戏。只要巡回演出的演员们一亮相，居民们便赶到村前的空地上。演员布置了一个舞台，家家户户带着椅子，小口地品着滚烫的茶水，花很长的时间看戏。戏曲一般取材于历史，由于女人无权演戏，男人们便反串女角，在演出中随着乐曲的韵律节奏起舞。大多数欧洲人既不理解任何一个词，也不明白任何一个曲段的意思，他们只是欣赏戏服，任凭自己投入到锣鼓的节奏中。

白雅特城的中国演员（私人档案）

---

① 惊湖（Le Lac de la Surprise），今湖光岩。——编者注

② 参加占领海头炮台的炮舰中，有一艘名为“La Surprise”，可译为惊奇号或袭击号。——编者注

最后，在租借地湿热的气候中，士兵们找到了性的快乐和异国爱情的乐趣。时间在这个肉欲的空间戛然而止，抚摸天使般的脸庞，刚刚步入青春期的身体彼此紧拥。在中国街区的赌场里，好色之徒兴奋地收集着各种性爱的体验，仿佛收藏家收集从寺庙中偷走的雕像。

租借地的爱情（法国旺代省档案馆藏）

这里有白雅特城珍贵的见证，有对这个小巴比伦年深日久的爱。一个名叫方同山（Fang - Tong - San）的香港人酷爱摄影，他在白雅特城开了一家照相馆。方同山相信这片法国飞地的未来发展前景，以自己的方式让港城不朽。他常常拍摄近郊和市内景色、渔民的吊脚茅屋、佛教寺庙等古迹，以及所有租借地的建筑。他也没有忘记那些从事底层职业的居民们：流动商贩、理发师、织布工人、铁匠、菜农和渔民们，所有这些人都成为他取景的对象。这些照片被印刷成明信片，在整个印度支那散发。一张裹着小脚的中国农妇的照片更是吸引了那些排斥异国情调的巴黎人。费尔南·高特雷从方同山的照片中汲取灵感，打算写一本关于法国租借地的书。

小脚农妇（私人档案）

1906 年，一场庞大的殖民地展览会在马赛获得了巨大成功。尽管大众对广州湾还不甚了解，但在诸多展馆中，广州湾展馆仍然吸引着游客的好奇心。农业部长吕西安·德克尔（Lucien Decker）在白雅特城两个批发商的协助下负责安排了展览。

乘独轮车旅游的中国少女（私人档案）

展览期间，为满足人们对租借地异国情调的好奇，主办方印制了一个展品目录以利于观展。正如一份报告所记录的：“游客们欣赏着非常有趣的展品，包括一些住宅的复制品，从官员的衙门到渔民的吊脚茅屋；各式各样的渔船模型，从行驶在麻斜河上的三桅帆船到小舢板；以及牛车、手推车、轿子、农耕用具。展览还包括一系列服装、发饰和鞋子。鞋子的尺寸小得出奇，那是为中国女人的畸形小脚而准备的。广州湾展馆还囊括了瓷器、陶器、糖罐、藤柳制品、丝绸、柞蚕丝布料、黄麻布、席子，以及所有本地手工业可生产的产品。在土著的展品中，值得一提的还有樟木佛像、一个和盥洗池连在一起的奇怪小便池，便池的主体和蓄水池由两个美丽的椰子组成。翠鸟羽毛装饰的镶金的首饰也同样引起了人们浓厚的兴趣。人们欣赏着精美的发夹、耳坠、耳环，以及百余件极美的小玩意儿，如同在欣赏白雅特城的辉煌。有很多物品被免费发放。租借地土著居民所需的一系列进口物品补足了展馆，展馆的中间是一个巨大的中国药房，里面展出了软膏、麻醉剂和一些神秘的药品。公众对这个被印度支那展品所湮没的中国小角落表现出了浓厚的兴趣。”①

然而此时，这片飞地远没有兑现明信片上所描绘的那种天堂美景。如同所有的租借地领土一样，在维达尔·白兰士（Vidal - Lablache）② 那些色调均匀、充满视觉陷阱的地图上，无法展现出白雅特城的真实情况。副公使们经常在外交电报和备忘录中指出，黑帮抢劫了一个村子，或是黑旗海盗袭击了一艘帆船。1907 年，在一次对一艘三桅帆船的攻击中，兵营队长莫里斯·卡萨尔（Maurice Casal）被杀，三桅帆船在北港（Pak Kong）③ 港口对小船实施勒索。兼任法官和监狱长的副公使查理·杜蒙特（Charles Dumont）对一个海盗头目进行了斩首。圣诞节前不久，一场不知是否是人为纵火的火灾发生在赤坎城，大部分商场被烧毁，给当地经济带来了巨大灾难。

1908 年春天，至少四个海盗被判死刑，立即执行。殖民地部最终

① 《马赛殖民博览会上的印度支那》，马赛：萨马特出版公司，1907 年。

② 维达尔·白兰士（全名 Paul Vedal de la Blache，1845—1918），法国地理学家，人文地理学法国学派的创始人，著有经典之作《法国地理图示》《人文地理学原理》等。——编者注

③ 北港，位于硇洲岛北端，与东海岛龙海天隔海相望，现为湛江著名渔港之一。——编者注

解雇了三等民政官费尔南 · 高特雷。一些秘密报告揭露了他的过度独裁专制，他的副手们痛恨他，连最具忍耐力的人在这个专横的总公使身边也坚持不了一年。特别是对巴黎方面而言，更具决定性的是，报告显示出他的账目不够完善。甚至于谣言不断，有恶名传出：费尔南 · 高特雷有一群“小脚妻子”，以及享受着鸦片经济带来的丰厚利润。

1906 年马赛殖民博览会广州湾展馆（私人档案）

第四章　1914 年的鸦片园

白雅特城的鸦片馆（私人档案）

由于地处帝国边陲，白雅特城可谓前景黯淡。谁会经常光顾这个处于异国他乡的弹丸之地？1909 年 5 月初，雨季前，印度支那新总督安东尼·科罗布科维斯基（Antony Klobukowski）着手对租借地开展一次访问调查。此时科罗布科维斯基的职业生涯已经达到了顶峰。他出身于波兰贵族家庭，是乔治·克列孟梭（George Clémenceau）[①] 的朋友、共济会会员，是他下令将印度—支那（Indo-Chine）改成了一个单独的词：印度支那（Indochine）。这一项象征性的措施旨在显示印度支那成为一个完整的国家。在广州湾，总督发现，在这个各自为政、一片混乱的城市中，为了争夺地盘，平民和士兵成了两

---

① 乔治·克列孟梭（1841—1929），法国政治家、法兰西第三共和国总理，法国近代史上少数几位最负盛名的政治家之一。当年广州湾法国行政当局曾以他的名字命名赤坎的海边街（今天的民主路）。——编者注

股水火不容的势力。

当时，军营和司令部均设在麻斜河的右岸。就在对面，即麻斜河的左岸，则是公使署和各民政部门所在地。而将所有的职能部门都集中在一起，是有利于节省开支的。为此，科罗布科维斯基下令将位于麻斜的首府迁至白雅特城，于是各政府机关便被安置在军营区。这样，原建于麻斜的法国建筑不得不被拆除，以使得这些建筑的屋顶玻璃和瓦片可以被回收与再利用。囚犯们修复了那些因 1900 年法国舰队的离开而遭遗弃的巨大营房。公务人员、公使、工程师、会计、海关官员都感觉上当受骗了，大部分公职人员便立刻申请调离。只有那些不够调离资格的人留了下来，流连于鸦片馆或赌场消愁解闷。

兵营前的中国农民和白雅特城教堂（私人档案）

根据官方人口普查，新首府居住了“包括 9 名儿童在内的 32 名法国人、7 名安南人，以及 2 334 名中国人”！这是一片荒芜的工地。所需的一切都要从河内运来：家具、红酒、衣服。单调乏味、使人消沉的日子一天天流逝着。海军上尉斯坦尼斯拉斯·米约（Stanislas Millot）为了打发无聊的时光，出版了一部法国人到来之前的广州湾史。[①]“这一地区就像不久以前的中非一样不为欧洲人所知，我觉得可以称自己为探险者”，他写道。这位海军官员在中国的编年史中发现，该地区长久以来一直是一片禁区！17 世纪，为防止海盗入侵广州湾，中国沿南部海岸建立了一道禁区，在沿海地带竖起了

① 斯坦尼斯拉斯·米约凭其汉学研究成就，于 1910 年获得法国汉学界权威奖项儒莲奖（有“汉学界的诺贝尔奖”之称），我国著名哲学家冯友兰、国学大师饶宗颐分别于 1949 年和 1962 年获得该奖项。——编者注

一排排栅栏，不得私自越过，否则处以死刑。[①] 米约生动地再现了当年的场景："目前法租借地的所有领地正好都划在这个禁区内。当年该地区所辖的586个村庄被转移，稻田里有40多万升稻谷不得不被抛弃，成千上万的人们被赶出家园，绝望地在路上呼天抢地。执行督查命令的士兵对居民的苦难毫不动容，他们强占了一切能看得上的东西，扣留了一半运送的粮食，随心所欲地支配着被清空的房屋和屋内的物品……尽管在和政府军的对抗中败北，但海盗永远不会销声匿迹。一本中国书上记载，1805年年初，一个由两百多艘海盗船组成的船队在广州湾海中抛锚。"[②] 但年轻的法国上尉是否察觉到，白雅特城也一直都像一个禁闭之城？

广州湾蓝带兵（土著警卫队）兵营前的法国军官（私人档案）

事实上，中国政府在这个恶魔般的法租借地周围建立了一条海关警戒线。不过这仅仅是一条象征性的警戒线，因为他们只在陆地边界设置了四个海关哨所，主要负责进出口货物的检查和征税，而与此相反的是，海上的边界却没有任何监管！10月中旬，北海港的中国海关专员——一位名叫艾奇逊（Acheson）的英国专员在此短暂停靠，以便正式调查鸦片的走私问题。然而这位英国专员甚至还没有下船，就对那些该死的法国人做出了最终判定。于是港口负责人巴利索尼（Balisoni）登船会见了艾奇逊。巴利索尼接受了这位英国访客的询问，但没有被他吓住。这位法国官员反驳说，鸦片的进口与销售权已被定期承包，作为港口负责人，他只能对每艘船的装卸进行监管。由于英国人充当了中国朝

① 米约此处所述南海禁区及下文的相关史实，均指清朝实行海禁的情景。——编者注
② 《法中友好协会通讯》第6期，保罗·都彭（Paul Dupont）印刷厂，1909年。

廷的顾问，因此他们竭尽所能地阻止法国租借地这一竞争对手的发展。

然而，一切都不能阻止白雅特城成为该地区的首府。从 1910 年 1 月开始，旧营房被改造成了公共建筑。总公使临时迁入了新的官邸，并购置土地以建造国库、法院、中法学校，还重建了一个中心监狱。苦力、商人和军人在阿尔及尔路（Rue d'Alger）、杜居土鲁因路（Rue Dugay - Trouin）、比利时路（Rue de Belgique）、车房路（Rue de la Caravane）、传教路（Rue de la Mission）上穿梭……

新白雅特城外，清廷的统治趋于瓦解。清王朝被民众唾弃，皇帝溥仪只是一个孩子。革命领袖孙中山在知识分子和学生的支持下，为建立共和国鼓动起义。就在那时，中国朝廷指控白雅特城不仅作为鸦片贩卖的中转站，还向周边省份的革命者出售武器。租借地的海岸边，一艘葡萄牙籍货轮将装载的步枪发往香港。法国政府不想制造外交事端，为回应这些指控，广州的清廷海关特使铁士兰（Picard Destelan）[1] 在广州两广总督代表的陪同下，乘坐一艘中国炮舰亲临现场。这位法国人发现，在这块飞地的四周，“负责海关监管的中国官员和他们的属下卷入了一次无耻的敲诈中，[2] 使得海关监管形同虚设……毋庸置疑，这些古怪的官员对鸦片的走私视而不见，从广州湾私运出去的鸦片主要供应高州府和雷州府的消费。我们可以想到，如果藩库受损，他们也毫无损失。海关关长居住在遂溪，离他管辖的海关哨所一百多公里远，而他也从未到过那里；下属为避免其插手走私，定期向其行贿，以满足其靠献金过阔绰日子的欲望”[3]。

1911 年，所有的商行只能为 187 名法国人和 8 名混血人士提供庇护，白雅特城一片冷清萧条。尽管此地移民数量十分稀少，报刊还是对这个偏僻的角落表现出足够的关注，但完全是用于发表恶毒的评论。因此，《殖民生活》报没有放过这块飞地：“我们发现，可悲的是，广州

① 铁士兰，法国人，早年服役于法国远东舰队，参加过马江海战，任蝮蛇号（Vipère）炮舰舰长，后长期任职大清海关，民国时期曾任中国邮政总局总办。——编者注

② 即一种诈骗行为。

③ 法国外交部外交档案，中国。

湾的商业完全掌握在香港、广州和澳门的大公司的中国代表手中。德国、英国和日本商行都是派有信誉的当地人或者奔走四方、酷爱旅行的人作为入驻当地商行的代表。在赤坎，商家出售的商品大部分源自国外。日本人将一些低劣的香水贴上法国香水的标签，中国的铜制烟斗被冠以德国或英国制造之名，服装亦是如此。某个令人尊重的位置可以由印度支那的商人来坐，但是海运邮政部门的人数必须要比商业服务部门的多一倍。”①

批评结束了吗？身为租借地报纸杂志工会主席，布瑟罗（Boussenot）专使更加苛刻。他注意到在白雅特城，“总督府只会派来那些急于摆脱的人任职！广州湾就是一个垃圾场，一切本应该做的都走了样。此外，该地完全未开化，毫无前景，鼠疫每年吞噬着成千上万人的生命”②。之后，布瑟罗专使揭露了一件丑闻：“一天，一位总公使给总督发了一份紧急电报，电报中称遭受到了台风的袭击，急需4 000法郎救灾款。这笔钱到账后……却被用来在香港购买一架小三角钢琴，安放在了自己的客厅里。不久之后，这位公使调任新职，将钢琴连同行李一起都带走了！由于消息获得及时，他的继任者命人将钢琴从即将起锚的邮轮上卸了下来。于是这架我们称之为‘台风钢琴’的乐器再次被移到了客厅里。”③ 此事件在租借地内部引起了很大轰动。

但更严重的是，在最后一次暴动中，中国掀起了反西方全权殖民统治的浪潮。鸦片从未像现在这样，成为憎恶外国统治的象征。1909年，上海国际禁烟大会期间，中国已要求停止在其领土上生产、交易和消费鸦片。此事给广州湾租借地带来的直接影响是，海关部门发现从那时起来自英属印度的鸦片库存大规模地增加了。

一名受雇于英国人的中国海关专员撰写了一份触目惊心的报告：“法国租借地广州湾海湾毗邻港澳，常借此以避税方式进口鸦片。两年前鸦片进口数量为200箱，去年增加到300箱，1911年第一季度就达到

① 《殖民生活》第111期，1911年12月1日。

② 转引自勒内·旺朗德：《中国商行》，巴黎：J. 佩罗奈特出版社，1935年。

③ 转引自勒内·旺朗德：《中国商行》，巴黎：J. 佩罗奈特出版社，1935年。

了 300 箱，造成鸦片进口与日俱增，人们为禁烟所做的努力付诸东流。”[1] 朝廷国势垂危，命令两广总督阻止从白雅特城秘密进口印度鸦片。

54 岁的总公使皮埃尔 · 萨拉贝勒（Pierre Salabelle）是个精明的官员。综合考虑到各种情况，他将鸦片的专营权给了一名叫 Leong - Chak - Sun 的人，此人同意附带在其他行业投资，因为萨拉贝勒打算发展制盐业，生产食盐或养蚕！这位总公使说：“当地政府为促进养蚕，做了最有意义的一项实验。由于初次尝试养蚕工艺，得到的丝虽然粗糙，但是品质良好。作为养蚕的基础，桑叶的产量不足以进一步进行已展开的研究；但实验证明此行业是可发展的。白雅特城将种植桑田，随着生产的进行，将会在土著警卫队营地和村子里推广种植。”[2]

当皮埃尔 · 萨拉贝勒退休之时（因为他已经达到了一等民政官总公使的最高任职年龄限制），养蚕的方法自始至终都没有改变过。

1911 年 10 月 10 日，中国南方爆发了突如其来的起义。军官们占领了离广州不远的武昌总督府，宣告共和国成立，然后起义蔓延至各地，几周之内，中国大部分省份便归附于起义者。同年 12 月 29 日，孙中山成为中华民国临时大总统。

在这个历史上动荡的一年，25 岁的勒内 · 旺朗德（René Vanlande）被分配到白雅特城，担任一个关键职位——邮电局长。这位年轻的官员对一切都感到好奇，便系统地记录下了自己的见闻（白雅特城的气候和与世隔绝的位置有利于殖民文学的写作和各种观察）。在之后的回忆录中，他记录道，当时主干道阿尔及尔路上的居民悬挂着共和国的国旗：“到处都是弯弯曲曲的鞭炮，犹如受伤的小龙。粉尘的气味混杂着商店里浓浓的臭气，商店柜台上有涂着五颜六色的佛塔祭坛，柜台后的广州批发商们透过金丝眼镜上方的缝隙，注视着外面喜庆的场面。”勒内 · 旺朗德也注意到：“阿尔及尔路的革命者对我们的包容精神略有

---

① 法国外交部外交档案，中国。

② 法国殖民地部：《广州湾形势报告》，西贡：马瑟琳 · 瑞商业印刷厂，1911 年。法国国家图书馆藏。

好感。为了感谢我们，他们将法兰西共和国的国旗放到他们的旗帜里。”[①]

革命的第一项举措便是居民剪掉象征旧体制的辫子，甚至连从属于法国行政部门的土著军队士兵也效仿起这些居民来。当他们列队前行时，一些民兵剪掉了辫子，另一些则没有。他们也要求部队指挥官用更现代的鸭舌帽代替圆锥形帽子。

但法国人从未想到赤坎药剂师孙寿屏（Sun – San – Ping）[②] 也会剪掉辫子，一身西式打扮。年轻的邮局官员勒内·旺朗德喜欢公开讨论这件趣事：“我们突然发现博学、平和的孙寿屏不仅是革命党的主要领导人之一，还是孙中山的近亲！他的员工相继在政治上给予他支持，并确保他同广州的联络。至于顾客们，他们被证实在抓药时受到了仔细的盘问。其中几个人是密使，负责在整个广东直至越南东京边界传递情报。”[③] 总公使传唤了这个孙寿屏，禁止他有任何宣传革命的行为，禁止他进口和贩卖军火，否则予以驱逐！

白雅特城主干道阿尔及尔路（私人档案）

---

① 勒内·旺朗德：《中国革命回忆录》，巴黎：J. 佩罗奈特出版社，1928 年。

② 孙寿屏，即孙中山的长兄孙眉（1854—1915）。孙眉字德彰，号寿屏，于辛亥革命前后潜至广州湾，易名黄镇东，组织民军响应武昌起义。——编者注

③ 勒内·旺朗德：《中国革命回忆录》，巴黎：J. 佩罗奈特出版社，1928 年。

1912 年 2 月 12 日，末代皇帝溥仪退位，结束了中国几千年的皇权统治，国家也因此陷入了混乱。军队首领从中央集权的崩溃中获利，成为军阀。中国北方被西方殖民势力控制，与孙中山和国民党领导下的中国南方相对峙。

这一年，一位新公使加斯东 · 卡亚尔（Gaston Caillard）被分配到了白雅特城。广州媒体对此做了报道："新委任的广州湾租借地首席公使卡亚尔先生负责改善租借地的状况，广州湾将会成为中国南方最繁华的港口之一。印度支那总督对其言听计从，道路、站台、商店和宾馆将被逐一建设。惊湖里的湖水将被引入，将装配一台水轮机以安装电力照明系统以及造冰。目前有四艘火轮（蒸汽轮船），每月开行三次航班。西江号（Si Kiang）邮政火轮每月航行两次，时常有德国轮船经停。游客开始对租借地感兴趣。"① 对白雅特城的法国小社会来说，加斯东 · 卡亚尔并非一个名不见经传的人。

1909 年，巴黎报纸报道了他在越南东京猎虎的英勇行为。在荆棘密布的丛林中，老虎的出现让加斯东 · 卡亚尔猝不及防，他终于在关键时刻扣动扳机，把子弹射向老虎的嘴巴！老虎挣脱后逃之夭夭。加斯东 · 卡亚尔时年 46 岁，这一非凡的力量使他声名远播。但是他能够保护白雅特城吗？

加斯东 · 卡亚尔一上任就有意展示自己的魄力。他向广东省的中国巡抚发出警告："近日，一些武装人员在租借地的各个中心镇来来往往。当被询问时，他们都统一回答说对海盗的猖獗表示担忧，于是来这里躲避，又说持枪是为了在租借地保障自身的安全。我更愿意相信，那些在'改良派'名义的掩护下穿梭在广州湾的武装人员都是无业游民和强盗，他们利用当前自由派人士（国民党共和派）发起的运动来谋取私利。我认为，基于我们共同的利益，我们对类似的活动将不再容忍。因此，我很荣幸地告知您，我决心阻止武装人员在我辖区内的任何地点出现，也请您告知民众，所有在租借地被捕的武装人员，他们的武器将被

① 法国外交部外交档案，中国。

没收，并将被驱逐出境。”①

5 月，身穿中国军装的部队包围了白雅特城。他们身穿灰色上衣，头戴竹帽，脚穿凉鞋，佩戴着军刀、步枪以及德国毛瑟枪。这些革命军最终被法军解除了武装。在边境上，这些国民党人士测试着法国人的反应。加斯东·卡亚尔坚持捍卫自己的政治观点，他对法国驻广州领事说：“公局长（区长）②和他的下属们的行为与海盗无异，他们必将受到严厉的惩罚。他们不仅滋扰法租借地边境，还似一群无纪律的匪徒，将所到之处掠夺一空，给居民带来一片凄凉。中国当局任凭谎言散播，称广州湾法国租借地是海盗的来源，那里人身安全得不到保障，贸易不断受到威胁，但事实给出了有力的回应：年初以来（1912 年），商业流通增加了两倍，每天都会有新的机构设立。我们已采取的措施使居民得以安心，他们重拾信心，重新耕种不久之前荒废的大片土地。如果对周边地区实行彻底宽松的管理，将会有更大的发展。我们采取了最严格的措施来保护我们的租借地，甚至通过采取最强有力的手段，来避免产生与一个文明国家不相符的差距。对于这种情况，中国政府不应感到惊讶。”③

报告对租借地的局势表示乐观：“中国革命对租借地的影响微乎其微。自从中国发生了政治事件以来，该地依旧一片安宁，秩序井然。此外，革命开始以来，今年的前几个月，为维持令人向往的安定局面，政府采取了非常谨慎的措施，目的也是防止违法分子和帮会势力渗透，他们神出鬼没，让安静且与世无争的居民不得安宁；为了禁止在租借地任意集会，我们颁布了严格的禁令；任何非法持有武器的人员禁止入境。”④

---

① 1912 年 2 月 8 日加斯东·卡亚尔信件。法国外交部外交档案，中国。

② 这里使用的术语“Le Kong Koc（chef de district）”即“公局长（区长）”，应指租借地以外中国辖区内的县以下乡村权力拥有者。辛亥革命以后，广东省的民间基层权力机构虽表面上分为县、区、乡，但公局实际上仍然存在。——编者注

③ 1912 年 12 月 13 日加斯东·卡亚尔信件。法国外交部外交档案，中国。

④ 法国殖民地部：《1912 年殖民地总体形势》，河内—海防：远东印刷厂，1913 年。法国国家图书馆藏。

然而，加斯东·卡亚尔面临着另一个问题：民众拒绝向殖民政府纳税。白雅特城最重要的财政来源依然是鸦片税和赌场税。为此，卡亚尔在其官邸会见了白雅特城的中国商人，并言辞强硬地说："现在贵国政府的统治尚未稳定，兵匪难辨。我深信，高州和雷州的官员将会向我们寻求庇护。执行法国政府为广州湾制定的法律法规，我丝毫不会打折扣。为了效仿欧洲文明，你们剃发、变装，那么也请效仿我们，以纳税的方式履行自己的责任吧！"① 这里没有被革命波及，广州湾人不得不服从法国的法律。

尽管障碍重重，白雅特城仍然焕发着无与伦比的粗俗与梦幻的吸引力。鸦片和妓院是租借地收入的主要来源。1912 财政年度的预算就很具说服力："广州湾租借地的财政管理账户显示，收入为 341 000 皮阿斯特，支出为 245 318 皮阿斯特，收入超过支出 95 682 皮阿斯特。这种可喜局面很大程度上归功于鸦片专营，原本预计鸦片收入为 45 000 皮阿斯特，最终总收入则为 109 040 皮阿斯特，其中增值的部分来自：一，通过租借地直接专卖进行的鸦片经营，带来了 8 040 皮阿斯特的收入；二，允许包税人按照招标条款规定的每箱 300 至 500 皮阿斯特的课税标准，出售一定箱数的鸦片，供当地消费。"② 加斯东·卡亚尔估计，在租借地有 21 000 名鸦片吸食者，然而需求无止境！到处都能闻到刺鼻的烟味。市场上，摊贩出售着必备的烟具：竹烟袋、烟针、烟灯，甚至将涂满鸦片的甘蔗作为甜点提供给儿童！

在印度支那，当局开始自省。白雅特城的鸦片馆已经声名远播。标志性的谣言在这个人工天堂传播开来：白雅特城的居民在鸦片的毒害下，变得狂躁不安……官员精神错乱、士兵患有迫害妄想狂症、旅客神经衰弱、妻子郁郁寡欢、癫痫病大规模发作……至于那些发疯的中国人，家人将其关在了远离村庄的竹笼子里。租借地医生在报告中正式否认了这个黑色的传说："精神错乱极为罕见。在该地区居住了三十多年

---

① 法国外交部外交档案，中国。

② 广州湾租借地：《1912 财年财政管理账户》，河内—海防：远东印刷厂，1913 年。居雅士图书馆藏。

的传教士称，从未发现一例病患。土著人生活单调平淡，他们中绝大多数为农民，没有业余活动，缺乏进取心与危机感，这一切都说明，疯狂在地球的这个角落是罕见的。”[①]然而医生们承认：“在被遣返回国的精神错乱的欧洲人中，有相当一部分是军人。”[②]

卡巴斯（Cavasse）医生在一篇秘密的论文中宣称，租借地军队中存在诸多的“堕落者”。热带气候的炎热与疲劳，尤其是慢性酗酒和吸毒，导致了军人的疯狂。无论如何，卫生状况都惨不忍睹。鼠疫、霍乱和天花几乎在整个海岸蔓延，罕有村庄没受到波及。1912 年和 1913 年，军医副官正式宣布，有 2 059 人死于鼠疫，1 790 人死于天花，182 人死于霍乱！然而为抗击霍乱，中国人喝热茶，很少喝凉水，当唯一的法国医生了解到这一情况时便放心了。

为了忘却所有这些灾难，人们又聚在一起。每周日，在罗凌（Laurent）神父[③]宽容的目光下，有十几个法国人和他们的妻子或中国妾室围着一桌开胃酒起舞。军医副官不停地跟妻子和孩子们重复着：“你的凉盔！你的凉盔！”阳光如此强烈，他强制所有家庭成员备有一顶租借地的凉盔。

年轻的邮局官员勒内·旺朗德不忘闲暇时在官邸的花园里打网球。之后，他为被德国占领的城市梅斯写了第一本书！由于思念故土，他将书的名字起为《甜蜜的俘虏》，在书的末尾，他在草坪上写下落款“1912 年于广州湾”。

如同他的前辈们，总公使加斯东·卡亚尔表现得越来越像一个无能的国王。他在出行时也学起了前辈，出门改坐轿子，由土著侍卫护送，侍卫们像是咖啡馆的侍者一样被呼来喝去。他令人收拾了马厩，在官邸前建了一个法式花园。有一名看门人和六名警卫听从他的调遣。最终，

---

① H. 雷布尔与 E. 瑞吉医生工作报告，《殖民地精神病患者的救助》，巴黎：马松出版社，1912 年。

② H. 雷布尔与 E. 瑞吉医生工作报告，《殖民地精神病患者的救助》，巴黎：马松出版社，1912 年。

③ 范兰与罗凌均为广州湾早期的法籍神父，其中范兰为白雅特城大教堂首任本堂神父，罗凌为其副手。光绪三十年（1904），罗凌开始主持广州湾教务。——编者注

统率全省的中国上校授予其最高荣誉勋章——金穗勋章！

皮埃尔·克雷默（Pierre Kremer）这几年担任海事海关专员。他“年轻活跃”，工作一丝不苟，全身心地投入到取缔不正当鸦片交易的工作中，为刚诞生的中华民国进行辩护。上司们不理解这种态度，想尽一切办法将其调离。驻广州领事博韦（Beauvais）记录了与这个廉洁的海关官员的会面：“克雷默先生没有跟我隐瞒，他目睹了对土著居民所做的令人发指的行为，据他说，租借地的当局将土著居民的资源搜刮一空。谈话中，他公开支持这些土著居民，获取到一些对抗租借地法国当局的秘密信息，这引起了我们的重视，最后他说正在酝酿一场正义的‘抵制’运动，并以此结束了此次激烈的抨击。他还向我表明，广州湾的鸦片走私都在恶劣的条件下进行，并强调法国当局与鸦片贩子狼狈为奸。多亏了费尽心力设置的情报部门，他才发觉，1912 年共有 575 箱鸦片进入广州湾，而包税人却拒绝向股东缴出 182 725 皮阿斯特，据克雷默先生说，这笔巨款被用于按每箱 283 皮阿斯特的额度贿赂给租借地的高层官员。”① 但是并非所有的事实都可以公布于天下。

后来皮埃尔·克雷默和他的团队被发配到广西最偏远的地区担任一个寂寂无名的职位。白雅特城商人代表 Tchang Min Kuian 对这位廉洁的海关官员的离开表示遗憾。这个爱国的年轻商人年仅 30 岁，他向卡亚尔总公使递交了一份反对课重税的请愿书：“近年来，我们承受了一切令人无法承受的税赋以及附加税，一直都被视为真正的役畜。法国人将租借地视为了他们的殖民地。”② 除此之外，当地人还要忍受着屈辱。为了更好地普查人口，政府强制携带带有手印和照片的身份证件。这前所未闻！而在宗主国法国，直到 1940 年才设立国家身份证。

士兵约瑟（Jocet）再也无法忍受这个令人窒息的封闭环境。他给一位朋友寄去了一张带有白雅特城军官驻地的明信片：“我向你保证，无论如何，四个月后我再也不会继续逗留下去了！有力的握手，你的老

① 法国驻广州领事博韦致法国驻中国公使康悌（Conty）函，1913 年 7 月 24 日。法国外交部外交档案，中国。

② 法国外交部外交档案，中国，广州湾。

朋友，L. 约瑟。”他在明信片背面补充道：“明年快点到来吧，我就可以重回法国了！但愿你能想象到我对租借地感到多厌倦!!”①

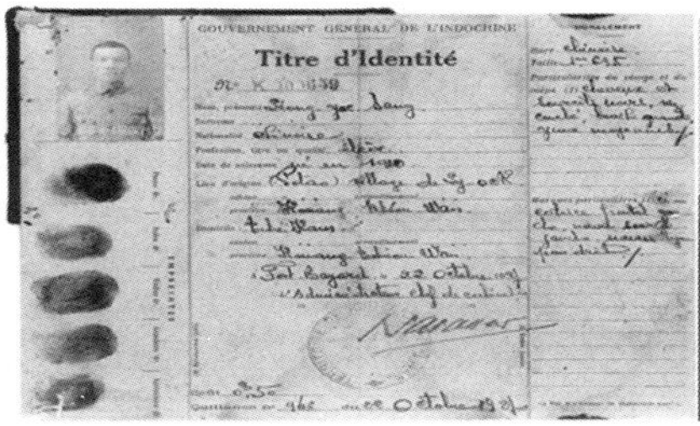

白雅特城身份证（湛江博物馆藏）　白雅特城军官驻地明信片（乔尔·蒙塔古藏）

一天清晨，那艘被我们戏称为“平底锅”的古老邮轮西江号停泊在广州湾。身为教师和作家的费尔南·法让耐（Fernand Farjenel）在船上讲述他的航行：“我们驶入海港，教堂的两座钟楼呈现在眼前。这是个周日，海边几个士兵来看有无信件，这是该地最主要的消遣方式。多么荒凉！除了砖砌的教堂，只有邮局、营房、公使和副公使官邸，仅此而已。当然不包括中国的房子。该城名叫白雅特城，由两名法国警察和一个百人的部队守卫。我们也遇到了中国警卫，他们胸前缝着大大的红色‘大法家兵’字样。生活在这种孤独中的法国人确实值得尊重，如果他们完全沉浸在哀伤的心情中，我们也很容易理解！然而事实并非如此。法国人性格灵活坚韧，我们在这个荒芜之地发现一个巴黎女人，不久之前曾住在柬埔寨，她的房子附近经常有老虎出没。副公使年轻迷人的妻子哥伦巴尼（Colombani）女士不想让丈夫一个人来这个不毛之地，她在这个背井离乡之地负担起两个儿子的教育工作。”② 费尔南·法让耐也对政治背景做了些描写：“我们看到了一艘中国的火轮，它航行时既没有按照规定开启航行灯，又无任何证件，刚刚被法国当局扣留，船上装满了武器弹药，船长被关进监狱。这艘船属于最近被刺杀的雷州知

① 见乔尔·蒙塔古（Joel Montague）收藏的明信片。
② 费尔南·法让耐：《亲历中国革命》，巴黎：普隆－依希出版公司，1914 年。

府。这就是革命导致的恶果，海盗在领地上来来往往，他们自认为是革命者，但是谁分得清呢？……在这几年，这块法国的租借地成了清廷通缉犯的避难所。孙中山的同胞兄弟在这里开了一家药店。[①] 在当地中国官员的掩护下，革命党人可以更从容地制订他们的革命计划。因此，当我们看到一个中国人开膛破肚地死在地上，罪状竟然是未剪掉辫子或者不赞同共和，这不令人感到惊讶吗？在这个时代，这个角落里，我们对中国其他地区的情况一无所知，因为消息传播得太慢了。”[②]

然而 1914 年伴随着一个良好的开端。白雅特城将鸦片视若珍宝，凭借鸦片，它抵抗了香港的霸权，一度挫败了其他帝国的野心。高卢雄鸡威胁着英国雄狮无所不在的利益。此外，英国领事馆在信件和官方声明中不断抱怨：“国王陛下的政府知悉，对广州湾熟鸦片的生产、销售垄断以及对生鸦片的销售垄断已于 1913 年 12 月 31 日期满，年度报告中称垄断所得为45 000港币。1912 年广州湾进口鸦片 570 箱，同年租借地内实际消耗鸦片 56 箱。事实摆在眼前。据推测，租借地进口的三分之二的熟鸦片都以走私方式流入中国，拥有鸦片专卖权的鸦片厂熬制了大批生鸦片，再由港澳走私到美国。”[③]

英国大使似乎对鸦片交易的内幕了如指掌。1914 年 2 月 27 日，印度支那总督颁布一项法令，规定废除包税体制，正式恢复专卖局这一公共机构的进口垄断权。殖民地部部长理所当然地否认了阴险狡诈的英国人的指控：“在港口和陆地边界没有提交任何出口申报；在租借地的任何角落都没有报告走私案例。很难判断我们的租借地，更确切地说是其邻国之一，是否是一个向中国和美利坚合众国提供鸦片的仓库。”[④] 加斯东 · 卡亚尔决心嘲讽英国人。专卖局将购买生鸦片的许可证授予两个法国移民和一个二十多人的中国商团，同时改造一百多个当地现有的鸦片馆，并向其供应鸦片。与以往一样，大部分合法的精制鸦片将秘密流

① 事实上，这位白雅特城的药剂师是孙中山的胞兄（孙眉——编者注），两位革命者同在香港皇仁书院学习。

② 费尔南 · 法让耐：《亲历中国革命》，巴黎：普隆 – 依希出版公司，1914 年。

③ 1914 年 2 月 14 日英国大使信件。法国外交部外交档案，中国，鸦片，1914—1917 年。

④ 1915 年 5 月 4 日法国殖民部部长信件。法国外交部外交档案，中国，鸦片，1914—1917 年。

入整个中国南方！

然而，1914 年 8 月 3 日，一场灾难在欧洲降临。德国向法国宣战。第一次世界大战中牺牲的士兵比以往任何战争冲突都要多。世界成了火与血的地狱，白雅特城成了一个远离喧嚣的避难所。法国驻广州领事在一篇名为“广州湾事态”的笔记中总结了形势：“从白雅特城创建以来，广州湾法国政府处境艰难，因为租借地处于极度恐慌和陷阱中。首先，民众对政府持怀疑态度，他们没有很好地被安置，尤其是政府没有告知他们到底如何去做，他们害怕海盗的暴行或报复。其次，一支存在多年的海盗团伙为壮大自身的利益，不惜残害沿海的村庄和居民。法国不得不承担警察的角色，这项工作变得艰难而棘手，然而政府本没有在它想保护的人们那里得到任何配合，并且他们也没有在政府与海盗之间保持中立，政府是有权要求他们这样做的……中国革命，南方省份梦想有一个更为激进的解放心态，中央集权的弱化使所有阴谋家和罪犯更加肆无忌惮，这些因素使任务变得尤其复杂，但是这些事件并没有使白雅特城的居民数减少。在过去几年的乱世中，许多人都来投靠我们，汇集到我们的旗下。这些人既不是革命者，即后来中华民国的支持者，也不是保守派，而是那些不分政党、逃离各种残暴行为的人们，他们希望得到人身、财产安全和我们的庇护。”①

从此之后，白雅特城就成了印度支那革命者的后方基地。事实上，十年来，越南民族主义者习惯到中国南方避难。他们为了脱离法国殖民当局的统治，不断开展宣扬民族独立的游行，而这些运动受到了当局的血腥镇压。1915 年 1 月，公使加斯东 · 卡亚尔将一位名叫梁立南（Luong - Lap - Nam）的“越南光复会”主要领导人关进监狱。越南民族独立主义者在该地躲藏，而法国驻香港领事则破例要求既不许对此人拍照片也不许提取手印，使抓捕工作秘密进行。梁立南于是被移送至越南东京军事法庭受审，并被判处终身服苦役。这莫非是巧合吗？一个月后，加斯东 · 卡亚尔被解职，河内政府不再支持他。他被指控贪污，也

---

① 参见雨果 · 让德迪亚奴（Hugues Jean de Dianoux）：《广州湾：1899 至 1945 年法国从中国获得的租借地》，见法国海外科学院报告《世界与文化》，1982 年 5 月 21 日。

许是伪造了账目，导致毒品走私猖獗……几年之后，卡亚尔心酸地吐露了自己的感受：“比起广州湾的租借地身份，它更像一个大卖场（grand comptoir commercial），收入很快就超过了初期的建设费用。该地一年中，大部分时间都是狂风与台风肆虐，海域上的火轮与中国帆船如此之多，只要保证船只顺利锚泊就可抵御风浪。最后，重要的是，如尽快创建通信通道乃至铁路网，打通与内地各个方面的联系，将会使中国内地的所有产品汇集到新的港口。这个计划并没有像原初预计的那样得以顺利实现，原因是还处在摸索阶段，以及租借地历任的各级官员缺乏领导能力，他们在印度支那没有得到所需的各种协助，并对这里非常不满，只是希望尽快离任。”①

同时，1915 年的年度报告与巴黎保持一致，不接受任何失败主义：“去年 8 月以来，日本加入了席卷欧洲各大国家的悲剧性事件，他们在几个月内远征胶州湾（Kiao－Tchéou）②，而此事并没有在广州湾租借地产生明显的政治反响。占人口绝大多数的农民和渔民，似乎对战争并不了解；况且，他们在任何情况下都是无动于衷的。”③ 报告中没有提到加斯东 · 卡亚尔的免职，但是承认了“去年租借地内发生的某些事件加速了行政和司法调查的展开”。它还明确指出：“这些事件和调查在我们租借地内外所有中国人的心目中产生了最恶劣的影响，因为它们反映了我们对前途的不确定与犹豫。因此人们会说，并且不断重复说，我们无力克服在这个国家遇到的障碍，我们考虑放弃它。重要的是，要阻止这些损害我们威望的传闻和倾向出现。”④

新任公使阿尔伯特 · 加尼叶（Albert Garnier）想要证明自身的强大。他向黑旗海盗的神秘头目陈振彪（Shan－Hing－Piou）发起挑战，后者统领着一支几百人的队伍，长久以来勒索穿越法国租借地海域的商船。海盗强制那些可怜的、不幸落入其魔掌的船员，每艘帆船必须支付

---

① 加斯东 · 卡亚尔：《印度支那，地理，历史与开发：广州湾》，巴黎：我们的殖民地出版社，1922 年。

② 1914 年，日本向德国宣战，占领了德国租借地胶州湾。

③ 印度支那总督府委员会：《广州湾租借地形势报告》，1915 年。法国国家图书馆藏。

④ 印度支那总督府委员会：《广州湾租借地形势报告》，1915 年。法国国家图书馆藏。

十港币赎金，并且掠夺和焚烧渔民的村庄。在他的一个藏身地点，人们发现了燃烧弹和几捆银票，这些都是战利品。行政官员和土著警卫队中的腐败军官同流合污，而陈振彪正是利用了这一点，因此，白雅特城和赤坎的街道都不是绝对安全的地方。在此以前，总公使一直掌握着司法权，但 1915 年 8 月 21 日颁布的法令最终将权力赋予了独立的大法官。在白雅特城法庭记录在案的 144 起海盗案件中，有 106 起属于武装抢劫案，22 起为谋杀案，16 起属于绑架妇女儿童案。实际犯罪活动可能还要多得多，但受害者大都敢怒而不敢言。

阿尔伯特·加尼叶和他的追随者发现敌人无处不在。白雅特城成立了一个情报机关，安全部门的长官由前中央监狱书记官兼警督的弗朗索瓦·利奥纳多（François Léonardou）担任。他建立了一个人体识别系统，定期对囚犯进行拍照及编目，每个居民都要登记在案。一个偏执狂的警察形象在报告中表露无遗："在过去的一年中（1914 年 8 月至 1915 年 8 月），法国在远东的对手，一方面是德国官员，另一方面是到中国避难的安南革命者。如果他们认为可以凭借法国忙于欧洲战争，或者凭借租借地部队的某些官员以至土著警卫队士兵的智慧就可以破坏我们的统治，那么我们不得不承认，这一切都是徒劳的，对他们的企图我们已经有所准备。一年来，他们似乎已经放弃了在广州湾建立一个反法策源地的念头。"①

1916 年，海盗头目陈振彪在白雅特城法庭被缺席审判，他后来在中国军队组织的一次伏击中被击毙。但是很快，人们开始谈论一个新盗匪的出现，此人名为妃三（By – Xa），因残酷嗜杀而闻名，使全省笼罩在恐怖中，原来陈振彪只是改变了外貌、修改了身份又重新出现而已。对安全部门而言，他就是一个幽灵。警官勒内·格弗里（René Gaffori）及其民兵将其一直追捕到一个设有防御工事的寺庙里，有二十名海盗被制服，但妃三成功地从屋顶逃走了。

很快，1917 年 5 月，弗里德里克·维奥拉（Frédéric Vialla）接替

① 印度支那总督府意见，《广州湾领地形势报告》，1916 年。法国国家图书馆藏。

了阿尔伯特·加尼叶的职务，成了租借地的总公使。他为白雅特城恶劣的办公条件而忧心忡忡，那是一座位于比利时路的阁楼，时刻有倒塌的危险，房基面临完全坍塌的威胁，墙上出现了很多裂缝。房屋最初的建筑师是一个年深日久的瘾君子。谨小慎微的弗里德里克·维奥拉主张将办公室集中到海边的一栋别墅里，他赞赏别墅的舒适性。办公室中的安南工作人员包括一个管家、一个厨师、一个马夫、一名秘书和几个土著步兵。在城里，一个无线电报站刚刚开工，其机房令人印象深刻。在市场的广场周围、军事医院和中心监狱之间开辟了一些道路，路边有园林工人在做绿化，尤其是种植了像日本丁香、八角茴香和黄槿这些抗台风的植物。然而，由于战争，[①] 大多数工地尚未完工，士兵和公务员就接到了调动令。欧洲人和印度支那人不得不重返河内，再被派往宗主国。人员短缺的情况令总公使感到深深的担忧。

当很多公职人员取道离开广州湾之时，另一批法国人上岸了。重重的箱子在麻斜河边被卸下来，箱子里装着相机、放映机和胶片。一个法国人围着这些在白雅特城并不常见的器物忙碌着，这个人名叫勒内·特塔尔（René Tetart），是印度支那摄影兼电影工作负责人。他和其他两名摄影师的作品在整个印度支那进行了巡回展映。他们借助竹竿，在露天广场安装了一个至少十米高的幕布，邀请广州湾居民观看帝国参战的报道。白雅特城的中国人能够看到法国的影像，尚属首次。银幕旁是法国国防部的募捐宣传。

在这个乱世中，另一个人物进入了公众的视线。白雅特城教堂迎来了一位新神父——埃蒂安·谢兰（Etienne Cellard）。他的前任费迪南·罗凌（Ferdinand Laurent）打算离开白雅特教区，因为他受够了当局的反教权主义极端思想。两位传教士于是在镜头前相互道别。47 岁的谢兰神父酝酿着一项革新计划，他要在这个索多姆和戈摩尔之城[②]围绕着学校和诊所开辟一个传播福音的据点。

---

① 指第一次世界大战。——编者注

② 索多姆（Sodome）和戈摩尔（Gomorrhe），均为《圣经·旧约》中的淫荡堕落之城。——编者注

罗凌神父与谢兰神父在白雅特城握别
（巴黎外方传教会图片档案）

公共教育依然处于初级阶段，没有任何教学计划。白雅特城的军事医院被严格限制在为欧洲人和租借地第九团十二连的士兵提供医疗救治。在赤坎营业的一家本地小诊所只能接收二十多个患者，并由一个河内医科学校毕业的中国医生坐诊。

1918 年，世界冲突没有停止，首席警督欧内斯特· 多菲斯目睹了中国的分裂。他在本子上记录了对此事的见证："前几个月，中国君主主义者与共和主义者在与我们西部边界相邻的区域展开了激烈的交火。被洗劫的村民带着他们所能挽救的牲畜和一点财产投靠我们。五千多人牵着一千两百头牛在通明（Teo – Mane）的街道上安顿下来，这个地区在租借地的西南角，离被包围的县仅仅十公里。太平区的所有居民点都挤满了惊恐的人群。雷州多数大型的批发商已经在太平本地找到了避难之处，处于我们警卫队的保护下。警卫队当时有二十五名士兵，由格弗里警官指挥。在漫长的三个月里，我们的士兵必须安抚这些可怜的人们，为保证边界的安全，三四名士兵日夜巡逻。"①

而土著军人担任卫兵角色。总公使弗里德里克·维奥拉竭尽全力建立土地税册，此任务犹如天方夜谭。土地测量员无法精确丈量耕地及住房面积，官吏拒绝向他出示房产证明。更糟糕的是，在白雅特城中心，值钱的土地都掌握在欧洲人私人手中。土地测量员在报告中揭露了一起无耻的不正当交易事件："所有有升值空间的公有土地都被个别无良知之人非法占有，而这些人在交易时使用的都是伪造证件。"② 一切都是白费力气。这位过于勤勉热诚的官员反而被移民指责为"新手"，并迅

① 欧内斯特·多菲斯：《印度支那土著军》，阿维尼翁：D. 塞甘印刷厂，1934 年。
② 印度支那总督府委员会：《广州湾租借地形势报告》，1916 年。法国国家图书馆藏。

速被送回到交趾支那。

印度支那的主人们牢牢抓住他们的世外桃源，并继续否认现实："租借地是一个流亡之地，这种传说已被大肆传播。为了阻止这个致命的传说，我们必须大声说，这不是真相，这片土地气候宜人，有着美好的事业需要完成，一旦我们想要关注他们，人民便准备热爱我们。广州湾是个我们在那里为伟大的进步与文明事业而默默工作的一隅之地，如果有不足之处，也有其历史原因，今后将不会再次出现。"① 在那迷人的租借地别墅的影子下，弗里德里克·维奥拉远离"一战"，心花怒放。鸦片浪潮席卷欧美，其衍生物吗啡和海洛因，不仅缓和了狰狞面孔下的痛苦，也为西方将要面临的文明的深层危机提供了一个出路。白雅特城的鸦片将满足这一不断增长的、令人眩晕的需求。

---

① 印度支那总督府委员会：《广州湾租借地形势报告》，1918 年。法国国家图书馆藏。

第五章 法国之龙

防御工事上的传教士（巴黎外方传教会图片档案）

租借地步兵上尉约瑟夫-安东尼·马西米（Joseph-Antoine Massimi）绝对不想回忆起14日的大屠杀。这个小个子男人以前有着浓密的毛发，待人温和谦逊。他朝着白雅特城的方向逆流而上，似乎为这里所吸引。他很快便担任了步兵连的连长，但上层领导对他的草率、空想感到惋惜。马西米上尉读过关于租借地的出版物。他喜欢写作。在一个小本子上，他将这片海湾比作一位睡美人："这个小地方有着美丽的海岸线。"他强调："商业城市秀丽如画，不过，虽然此地富有，但腹地的一切显得毫无生气，是因为缺少赏心悦目的树林，抑或是地上植物的匮乏滋生了这凄凉？我们不得而知，但如此景象很快在脑海浮现：广州湾陆地上一无所有，海湾的诗情画意就是一切。"面对海港的美景，一位商人在梦中看到一个大型港口，港上一片繁忙。好像不少人做过这样的梦。广州湾却像一个面色苍白、不能孕育的女子，没有肥沃的土壤滋养，注定是个不毛之地。①

然而，白雅特城不再是那个经历过战前人口大迁移的荒凉之城。世界大战再次打乱了现有的版图，有两百名欧洲移民逃离了战壕的屠杀，来到这里落脚。

1919 年 1 月底，弗雷德里克·维奥拉向租借地的凡尔赛宫② 请辞。他的后继者是让 - 费利克斯·克劳泰默（Jean - Félix Krautheimer），此人倾向于和妻儿一道，搬迁至白雅特城那个新古典主义官邸里。这位新公使一心想要融入民众中去，努力地营造一种与土著融洽相处的表象。

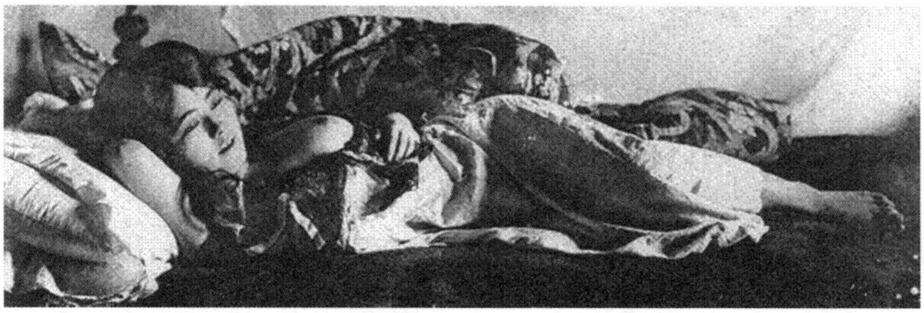

有烟瘾的东京女人（私人档案）

新公使全家都参加了中国的春节活动，并赞叹不已。春节是农历新年，预示着春天的来临。这一天，一条数米长的彩色帆布龙在赤坎的街道上舞动着行进，舞龙人手持舞龙装备，随着锣钹声起舞。孩子们欢天喜地地放鞭炮，士兵们利用节日机会喝得昏天黑地。白雅特城的领导人这样讲述他的印象："胜利与和平成为庆祝活动的理由，人人参与其中，促进了经济的繁荣，却没人考虑中国的特殊情况。"③ 这个租借地官员确信，法国的胜利为国家带来的威望将使他能够更好地树立自己的权威。

---

① 1923 年，马西米上尉出版了一本名为《广州湾法国租借地》的小册子。1930 年，这位步兵军官成为越南东京地区安沛卫戍部队队长。在此地发生了一起可怕的反殖民主义叛乱之后，马西米被解职。

② 租借地的凡尔赛宫（Versailles Colonial），指的是位于白雅特城的总公使署。——编者注

③ 印度支那总督府委员会：《广州湾租借地形势报告》，1919 年。法国国家图书馆藏。

事实上，第一次世界大战的第二天，法国就成了一片废墟。战争共造成法国136.4万人死亡，74万人受伤致残。法兰西共和国只得向租借地求助，请求协助防御。印度支那提供了43 400名战士，同时为扭转法国工厂的不利局面，又提供了48 900名劳工。广州湾也为法国贡献出了自己的力量。为此，教堂附近刚刚建立了一座纪念碑，以纪念这次世界大战中的广州湾牺牲者。纪念碑为石制圆柱状，顶部立有一只高卢雄鸡，底座上雕刻着26个人名：土著警卫队的7名警督和19名警卫。

指挥土著警卫队的警督让·巴蒂斯特·马贝蒂（Jean Baptiste Malberti）自认为是圣乔治骑士团成员。他的对手（dragon personnel）[①]恰好是那个可怕的海盗妃三。一天晚上，妃三的一帮手下闯进了白雅特城的一名鸦片商人家里，将这名商人拘禁起来，在他身上浇满汽油，逼其说出鸦片的储藏地，随后夺走了鸦片。为确保顺利逃走，海盗们甚至向只有一步之遥的警局开了枪。警督马贝蒂为此意志消沉，最终选择去鸦片馆过毒瘾。

另一场更恐怖的灾害在这个小小的法国租借地蔓延开来。自由港总是受到流行病的威胁，军医副官已经不堪重负，只供欧洲人就医的军事医院也无法容纳所有的病人，因此又不得不考虑为中国人建立一所民用医院。4月至6月间，瘟疫的源头霍乱、天花和流感卷土重来，人们还感染了诸如痢疾和脑型疟疾等热带病。在第一季度，由于妓女遭到了梅毒的侵袭，赌场和妓院被迫关闭。墙上贴满了布告，当局下令灭鼠并用开水浇烫其尸体，对被感染的场所也须进行消毒并隔离患者。

1920年年初，印度支那摄影、电影代表团负责人勒内·特塔尔又回到了白雅特城。他在越南放映员的陪同下，露天放映了新的影片。这不再是那些支持战争的报道，而是表现越南东京和中国云南美好生活的影片。白雅特城的中国人从中看到了邻居和自己的影像。

租借地影院带来了美好的愿景，受其鼓舞，法国当局表现出了坚定的乐观态度：“广州湾就像沙漠中的绿洲，稍有危险，方圆四十公里内

---

① 龙（dragon）在西方象征凶恶、凶残之物，这里指法国“龙骑士”的对手，广州湾的海盗。——编者注

的民众便聚集在这里。白雅特城，尤其是赤坎，成了难民集中之地，有时形形色色的难民人头攒动。此外，由于在此地寻得了安宁，他们越来越想在此定居。”① 事实上，中国完全陷入了无政府状态。军阀在各省独裁统治，他们需要兵力来抢占地盘，海盗向出价最高者出售他们的服务。共和政府在广州招募雇佣兵，于是妃三便化身为共和国的杰出军官，打着“解放祖国”的幌子，带领军队不断地在广州湾发起袭击。相反，另一位名叫妃肥（By - Poui）的海盗头目则依附于陈炯明将军，与孙中山抗衡。这个妃肥在赤坎附近避风头，将租借地之外的中国村庄洗劫一空。一年后，妃肥被他的一个手下出卖并杀害。

在赤坎的边防哨所，让·克劳泰默总公使调动了手下所有的印度支那步兵，成功地解除了一支无首领的四百余人的黑旗海盗武装。任何武装团队都应被捕，于是无情的镇压开始了。中心监狱关押了 381 名犯人，为了减少囚犯数量，一项终身流放政策被落实，被判处苦役的 128 人登上了印度支那的蒸汽船。目标是：圭亚那！

此后，雇佣兵和鸦片成为白雅特城的经济模式。追捕海盗的亲法将军加斯东·黄强（Gaston Wang - Kiang）② 在一本军事杂志上这样描述：“赤坎大约只有两百家商号，但是妓女多达数百人。赌博设施和鸦片吸食者比比皆是，他们藏污纳垢，比澳门租借地要糟糕一百倍。非常奇怪的是，文明开化的法国人对租借地的这些陋习熟视无睹。”③

1921 年 6 月的头几天，白雅特城的公使兼市长将办公室迁至比利时路的一座新楼中。这是一座白色和赭石色相间的建筑，底层由火山石地基加高，一层被一个宽阔的露台围绕，房顶覆盖着中式瓦片，悬挂着时钟，三色旗在楼顶飘扬。这栋旨在追随先锋派风格的建筑实际上是东西方艺术结合的产物。法国官员们到此居住属于躲避 1914 年至 1918 年第一次世界大战的后续性事件。

---

① 印度支那总督府委员会：《广州湾租借地形势报告》，1920 年。法国国家图书馆藏。

② 加斯东·黄强（1887—1974），国民党中将黄强的法文名字，曾前往法国里昂大学和英国学习，民国十年（1921）任粤军第七路军司令，驻雷州半岛打击海盗。——编者注

③ 文章发表于 1921 年 12 月 15 日《大公报》，法国南特外交档案中心藏。

广州湾总公使署旧址

（欧仁·泰斯通摄，见欧仁·泰斯通、莫里斯·佩尔什马：《现代印度支那》，法国书店出版社，1931 年。法国文献局藏）

1921 年 7 月 23 日，中国共产党第一次会议在上海法租界中心的一所女子学校①召开。包括毛泽东在内的 13 个参与者秘密投身于一项计划，旨在推翻资本主义，建立无产阶级政权。莫斯科派出的共产国际代表与中国革命者建立了联系。与此同时，罗马批准新设立粤西和海南宗座代牧区，主教座堂驻地为白雅特城。此举出于两个原因：此处为远东唯一的世外桃源，且与印度支那、香港和广州的海上通信似乎更为方便。新教区覆盖地域面积 7 万平方公里，有 13 名法国神父和 5 名中国神父。450 万居民中有11 000名天主教徒。

1922 年，一次有关太平洋问题的国际会议在华盛顿召开。值此会议召开之际，中国代表团正式提出要求列强归还其在中国的租借领土问题。2 月，率领法国代表团参会的殖民地部部长阿尔伯特·萨罗（Albert Sarraut）表达了他的看法："尽管归还广州湾对我方并不构成真正的损失，但目前我方并不主张这样做：这不会提高我们的威望，最好是等待时机成熟后再将其归还。中国方面除了声称做出了无私奉献，并要严格限制在华外国人的行为外，在租借领土归还问题上再没有任何其他举动。"② 外交不能急于求成。

保罗·亚历克西斯·布兰查德·德·拉布罗斯（Paul Alexis Blanchard de la Brosse）身形消瘦、举止优雅、衣着考究。1922 年 3 月，这

① 中国共产党第一次全国代表大会于 7 月 23 日晚在上海法租界望志路 106 号正式开幕，而女子学校只为与会代表提供了住处。——编者注

② 法国外交部外交档案，中国。

位50岁的布列塔尼贵族来到白雅特城，担任总公使一职。此人的职业生涯像谜一般，他曾经是位移民教师，到任前为印度支那首个情报部门——政治事务处处长。阿尔伯特·萨罗是他的靠山，身处保护伞之下的他还曾效力于一个名为CAI的秘密警察部门（土著管理和援助部门）。为向他致敬，白雅特城举行了一系列的欢迎仪式。租借地所有上流社会的人们均受邀来到福煦元帅大道，参观新落成的土著医院。医院由一座能容纳12张床的大房子和一间小屋组成，小屋有6套专供女士使用的卧具。医务人员腼腆地向本地居民介绍医院的情况。该医院由法国医生亨利·加尔贝里克（Henri Calbairac）和越南医生宗清简（Ton－Thanh－Gian）管理，前者也是租借地主治医生和欧洲人专用的军事医院负责人。一位中国助产护士负责接生。在赤坎那家简易医院坐诊的则是法籍中国医生皮埃尔·王（Pierre Wong）。紧接着，位于学堂街的阿尔伯特·萨罗中学落成，[①] 建成了教室、宿舍和食堂。学校教学计划分为法语教学、法国—安南语教学和汉语教学三个部分。校长莱昂·卡雷（Léon Carré）的妻子以及8名当地人担任学校教员，校长对此颇为自豪。他们负责管理一百多名中国显贵们的孩子、三十多名越南儿童，以及如同往常一样，3个法国孩子。

贝当元帅大道（陈灵藏）

总公使布兰查德·德·拉布罗斯正式致力于唤醒这座沉睡的城市。他为官邸配备了一个大型的图书馆。市政工程业已竣工。挖了下水道，安装了路灯，沿道路种植了树木，建成了贝当元帅大道。7月1日周六，拉布罗斯隆重邀请了俄永垂（Gauthier）

① 即湛江本地文献所称的安碧沙罗学校。——编者注

主教莅临，反教权主义时代已经一去不复返了。圣维多尔天主教堂成了该地区的主教座堂。在军乐和鞭炮声的伴随下——中国人热衷于放鞭炮——主教步入了教区主教府。教堂内部装饰以战旗、徽章、国旗和花环，法国、中国和越南的达官显贵们出席了这场庄严的大型弥撒。布兰查德·德·拉布罗斯是个虔诚的天主教徒，他希望通过向人们传播上帝的福音来增强法国在中国的影响力，这比鸦片更具进步意义。

印度支那总督弗朗索瓦·鲍杜安（François Baudoin）为白雅特城的命运担忧。他给殖民地部部长阿尔伯特·萨罗去信说，广州组织了反法示威游行："一些年轻人乘车招摇过市，散发着这样一些印有煽动民族情绪内容的传单：广州湾地处港澳以西，缅甸和越南东京以东，是中国的南大门与广东的商业活动中心，是进入川滇的必经之地，从各方面来看，举足轻重，关乎大局，被清政府租借给法国人。自法国占领以来，法当局对居民征收苛捐杂税，没有表现出应有的仁慈。他们进口残害人民的鸦片，令广州湾及周边地区的居民精神萎靡，深受其害。中国人民应当尽其所能，加快收回广州湾的进度。"[①] 为此，总督弗朗索瓦·鲍杜安莅临并参观了白雅特城，试图证明他依然大权在握。一场盛大的欢迎仪式随之准备就绪，三色旗在城市街道的两侧飘扬，宴会在公使署的接待大厅举行，7 月 20 日的一张照片将这一切都定格了下来。总督府在报告里这样吹嘘道："在广州湾租借地的管理方面，法国对世界、中国以及它本身做出了道德上的承诺，即将广州湾打造成榜样……中国南方形势十分严峻，当务之急是要保证租借地的财产安全，维护社会安定。租借地也是一个和平生活与安定工作的避风港，它虽受海盗侵袭之害，但当地居民已将目光转向这里，对他们来说，这里过去是，现在更是一个不容侵犯的避难所。"[②]

---

① 1922 年 6 月 22 日印度支那总督给殖民地部部长的信。法国外交部外交档案，中国。

② 印度支那总督府委员会：《广州湾租借地形势报告》，1922 年。法国国家图书馆藏。

1922 年广州湾商会接待弗朗索瓦 · 鲍杜安总督（私人档案）

在得到上级授权后，布兰查德 · 德 · 拉布罗斯试图“平定”这块飞地。他中止了同黑帮的谈判，后者当机立断，命令手持步枪的妇女突击队实施了扫荡，她们是真正的现代亚马孙女战士。[①] 为了更好地推行绥靖政策，法国人部署了两艘废弃的警船和一艘陈旧的小艇“海盗号”。布兰查德 · 德 · 拉布罗斯又从印度支那总督（Gougal）[②] 那里，得到一艘名为“嘲鸫号”的炮舰，船体涂装成了白色，有两个黄色的烟囱，令炮舰的外观看起来像一艘陈旧的游艇。尽管有了这支小舰队，但他与四处流窜的敌人的冲突和交火更频繁了，焚烧、抢劫、绑架、勒索和谋杀都已司空见惯。一次，在突击搜查藏匿在一个废弃房屋中的海盗时，副官兼警督格弗里身负重伤。在这次剿匪行动中，白雅特城法庭在几个月内累计逮捕了 457 名黑帮成员。布兰查德 · 德 · 拉布罗斯意识到，如果想巩固政权，与中国的显贵精英们达成合作刻不容缓。于是他改变了策略，加大了巡视力度并敦促士绅们自行抓捕罪犯。他结交了一

---

① 亚马孙女战士族，希腊神话传说中与希腊英雄战斗的女权至上的女性族群，发源于小亚细亚黑海沿岸特尔摩冬地区的峡谷和森林中，打仗时手持新月图案的盾牌，挥舞着长矛、弓箭和战斧。伟大诗人荷马用了很多笔墨去形容亚马孙女战士的英姿，令她们的故事流芳百世。——编者注

② Gougal 为 Gouverneur Général de l'Indochine（印度支那“总督”二字）的缩写。

个名叫陈学谈（Tsany Hoc – Tam）的鸦片商。

陈学谈出身于一个旧式家庭。他身材高大，体形壮硕，身穿一件灰色丝质长袍，头戴一顶黑色毡帽。他的座驾是一台福特牌轿车，两位持枪的保镖倚靠在车的两翼。陈学谈早已享有相当高的威望了，他不仅建立了鸦片公司，拥有了自己的船队，而且在租借地最繁荣的城市赤坎担任公局长，凭此身份，他拥有了执法权，且广州湾商会授权他成立一支拥有 120 人的商团民兵队伍。1922 年 10 月 25 日，这位中国士绅被拉布罗斯授意担任与租借地接壤的遂溪县县长。①

赤坎和遂溪把持着租借地进出口贸易的门户，而陈学谈则是白雅特城棋盘上不可或缺的人物。为了换取法国的保护，他承诺消灭阻碍海上贸易的海盗。他邀请海盗头目和碍眼的不法商人赴宴，席间未经审判就将他们就地割喉或者枪杀。

年末，殖民地部部长阿尔伯特·萨罗要求布兰查德·德·拉布罗斯返回巴黎担任他的办公厅主任。而白雅特城的新主子也同样曾在租借地警察部门——那个奇怪的 CAI 担任局长一职，此人就是让·克劳泰默，这位正在同家人度假的总公使将在圣诞节前后到这块鸦片泛滥的租借地重新履职。

但是，在 1900 年以后的短暂繁荣之后，这个法国占领下的中国地区该怎么办？值得一提的是，“一战”以后，租借地的移民们不再争相开发这片乐土，但一个名叫查理·洛尔（Charles Laure）的人除外。此人时年 60 岁，对租借地了如指掌。1914 年，他已经担任过总公使的商务助理，战后，他收购了首府边界的大部分土地。这位大地主体格粗壮，满面红光，举手投足宛如一个殖民老爷。这位农场主掌控了稻田、花生田以及甘蔗种植园，尝试种植棉花和橡胶，甚至在惊湖的斜坡处种植了一片松树林。他似乎野心勃勃，但村民们并不愿为其效劳。查理·洛尔专制、残暴，他总是呵斥租借地官员以及那些游手好闲、吸食鸦片的移、殖民后裔。他声称全心全意为白雅特城着想，但无人领情。

---

① 授意，作者原文为“任命”（fut nommé），但广州湾总公使并无权任命中国遂溪县县长。——编者注

1923 年，在同议员的对话中，他言辞激烈："当我们第一次抵达广州湾的海港时，眼前一片荒凉，满目疮痍，令人不禁骇然：荒芜的海滩，干旱的沙丘，海陆地势平坦，毫无起伏，缺乏植被覆盖。栏杆摇摇欲坠，使得前往港湾困难重重，为画面又增添了几分凄凉。船长们进入海湾时小心翼翼、心存顾虑。如果他们没有面对海域复杂地貌的经验的话，许多人会犹豫不前的。但是近年来，租借地政府出于当地经济利益考虑，点亮了信标和浮标，从此海员不再畏惧进入海港，最初的恐惧不复存在。罕有印度支那人取道广州湾（更确切地说是取道首府白雅特城）去香港。他们只是在邮轮短暂停靠之时模糊地瞥见这个城市，留下季节性印象。台风摧毁了影响市容的破房子，加之新建了码头，从前颓圮可怜的城市如今焕然一新。宗主国有多少法国人了解广州湾呢？自占领这里以来，在法国有多少关于它的宣传呢？对它的冷漠抑或无知，造成了这片土地的停滞不前。一些人对其知之甚少，另一些人则恶意中伤，白雅特城臭名昭著，派到那里的官员都被认为失了宠。在不经调查研究的情况下，对 1900 年以来的历任公使进行指责原则上是不公正的。大家的不理解对这里的发展毫无益处，如果没有任何明确、一致的计划，所有人都只会按照自己的喜好、品味和个人意愿行事。"①

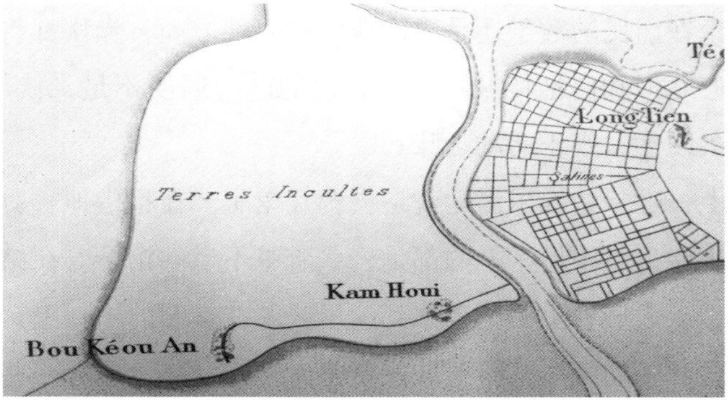

广州湾租借地地图局部

（地图集 24 号，印度支那经济事务处，1900 年。法国文献局藏）

① 查理·洛尔：《应该将广州湾归还给中国吗?》，河内：远东印刷厂，1923 年。

接着，查理·洛尔对广州湾做了详尽的描述："在我们占领之前，这是个混乱、荒凉、不断遭受烧杀抢掠的地方。尽管其发展缺乏一个完整的规划，但是如今从外部看来，这个地方已经是努力、意志和智慧的见证。近十年来，这里修建了一系列公共工程：规划城市、铺设公共道路、修筑美观舒适的建筑、建设可通行车辆的道路并进行维护，设施完备的城区建成了令人向往的林荫大道，开展公共教育和卫生事业，所有这些都使得白雅特城成了一个干净整洁、被美丽街道完美勾勒的小城。但是这个城市还缺少必要的活力，就像一个家庭缺少一种欢乐的氛围。城市照明不足，个人仍然使用煤油照明；井水疑似有问题，但事实上，经过过滤后已可供给居民使用；交通仍不完善；当地商业得不到任何金融支持；每 14 天才能与东京联系一次，毫无娱乐活动可言。毋庸置疑，这样一个地区由于缺乏一位推动者而陷入了凄凉。中国人单独居住，与租借地的欧洲人无任何往来，如果说中国人能够在同胞中找到些乐子的话，欧洲人则不然，他们的人数很少，而且大部分是全家人一起生活。作为租借地最大、商业最繁荣的城市，赤坎的发展日新月异。新开辟的宽阔道路已部分竣工，为赤坎未来的发展奠定了基础……一时间，各项工程建设让民众对法国政府有了一定的信任，如果继续保持这样的发展势头，无论在居民的数量还是在商业的重要性方面，赤坎都将成为一个重要的中心。但和白雅特城一样，赤坎的电力照明不足，饮用水缺乏，公共交通欠发达，娱乐活动乏味。"①

事实上，唯一的娱乐活动就是去鸦片馆了。在租借地，鸦片馆几乎遍布大街小巷，其中最常见的都是一些肮脏不堪的馆子。在结束一天的劳累之后，工人们和手工艺人来到这里，躺在破旧的木板上，周围弥漫着令人昏昏欲睡的气体，希望放松自己，忘却疲惫。也有一些专供欧洲人和中国官员享用的雅致的鸦片馆。对查理·洛尔来说，为了夺取鸦片贩卖权，他可以不择手段。在一些腐败捕头的支持下，他强迫一些批发商向其出售鸦片牌照。天主教教会通讯员理查（Richard）神父披露了

---

① 查理·洛尔：《应该将广州湾归还给中国吗?》，河内：远东印刷厂，1923 年。

赤坎码头一景（法国农业信贷银行历史档案部藏）

此事，他说："鸦片贸易（走私）占贸易总量的比例很高。商人雇佣了成千上万的苦力，取道广西或东京，去云南寻找这种珍贵毒品。极有可能雇佣的是正式工人：所有的壮丁都被'招募'来寻找鸦片。我说'招募'，是因为网罗了所有的人，包括各级头目，一路军旗开道，步枪保驾护航。每名苦力每趟可获得50皮阿斯特，伙食和其他费用另算。他们将鸦片用军用帆船整船运回，似乎可以供应整个中国沿海地区，一直到北京。这给那些声称鸦片祸患在中国逐渐减少的人当头一棒！"①

7月20日在波旁宫，左翼众议员马吕斯·穆岱向阿尔伯特·萨罗提出质询："我曾向外交事务委员会和议会指出关于广州湾鸦片贸易中的各种丑闻，至今已经快9年了。除了将租借地变为一个鸦片走私中心外，我们几乎一无所获，在官方特许权对这个孤岛的垄断下，我们对走私或多或少存在着包容，这种走私同时也具有相当的隐蔽性。我请求在广州湾开展一项调查。"② 在白雅特城码头的一个存放鸦片的仓库里，当时正（公开地）存放着500吨生鸦片和4吨精制鸦片。生鸦片由专卖局整箱地卖给批发商。他们需支付1万皮阿斯特的押金以获得一个免费牌照！然后这些批发商再将鸦片卖给零售商。除了将生鸦片加工成可吸食的鸦片之外，零售商们不再受其他特殊规定的约束。那些精制的、可吸食的鸦片来自西贡的加工厂，由专卖局直接销售给消费者。法国政府因此获利颇丰。

这些批发商是何来头？零售商又是谁？在无常号（L'Inconstant）炮

① 巴黎外方传教会公报，1923年。
② 法国外交部外交档案，印度支那。

舰上执行水道测量任务的海军少尉亨利·巴朗德（Henri Ballande）提供了些许信息："两名持有许可证的法国人居住在白雅特城，一位名叫博戴（Baudet），是一家寒酸酒店的老板，另一位则有点个性，他与妻妾和很多混血孩子远离同胞居住，过着中国式的日子。"① 这位"怪咖"是谁呢？亨利·巴朗德所说的定然非移民查理·洛尔莫属了。除了这两位法国人，城里还有65名持有牌照的中国鸦片商，他们大多是傀儡，但除了一位名叫陈学谈的船商之外，此人拥有很高威望，实力非凡。值得一提的是，拥有鸦片经营权，同时也意味着拥有风险，因为大批拥有牌照的商人被谋杀。陈学谈意在消灭一切竞争对手，并声称自己是黑帮背后的当家人。法国人博戴为保全生命，按每年5万法郎的价格把鸦片牌照卖掉。

对那些违反潜规则的人来说，此地危机四伏。道路上，男男女女的尸体被竹子刺穿，死因一目了然。传教士们陈述道："在这个天高皇帝远的地方，有人打着抢劫的幌子制造所谓的政治骚乱或在政治的掩盖下从事抢劫；海盗会变成士兵抑或士兵再次成为海盗，如此周而复始。"② 他们同样详细地描述说抢劫团伙可以多达千人。他们占据有堡垒保护的营地和废弃的碉堡，同妓女和女海盗混居在一起。法国水兵在海上开炮驱逐他们。在白雅特城，海盗妃三绑架了一个富商的小妾，并要求支付赎金。中心监狱里，正在为池塘排水的4个囚犯砍死看守越狱。逃犯藏在距离白雅特城两公里外的高草丛中，这里隐蔽性差，条件恶劣，他们很快就被发现并处决了。按惯例，宪兵将死者暴尸于城中心，直到白雅特城的居民们忍受不了尸体的腐臭为止。租借地就是以这种方式来震慑市民的。

---

① 亨利·巴朗德：《海军少尉在中国》，巴黎：法兰西帝国出版社，1977年。

② 巴黎外方传教会公报，1923年。

白雅特城的码头与防波堤
（法国农业信贷银行历史档案部藏）

1924 年，租借地配备了一架空军飞机，这是一架双翼飞机。这架破旧飞机的任务就是定位海盗窝点以及投放炸弹。但中国用来消灭海盗的办法更为传统，举个例子，中国将领 Long – Si – Suu 在白雅特海湾南部邀请一伙海盗参加一个盛大的宴会。在一个怡人的夜晚，宾客们如约而至。Long – Si – Suu 的邀请慷慨大方，桌上摆满了费尽周折得来的食物和一切能激起海盗们贪欲的东西。金灿灿的烤鸭旁摆着一堆皮蛋和鱼翅，酒瓶堆在一起：劣酒、白兰地、香槟和香港清酒，这些酒都是偷盗时偶然所得或征兵征物得来的。所有人都胡乱地夹着菜，好像是害怕菜肴被人抢走或昙花一现似的。宴会的主人坐在一张大扶手椅上，穿着一件饰有红色徽章的皮衣，这枚徽章已经毫无价值了。他狼吞虎咽地用着餐，那张被鸦片、酗酒侵蚀的脸孔暗藏着杀机，在宴会临近尾声时，将军手下的士兵将宴席包围。将军命令海盗交出武器并交代战利品、银圆和鸦片的下落。收缴的财物，估值约有 15 万皮阿斯特。随后那些叫花子一般的匪徒都被释放，唯有海盗头头们继续任其摆布，他们要么选择被活活烧死，要么选择用赎金赎身。海盗总归是海盗，盗不离手，但地头蛇 Long – Si – Suu 却深得法国人青睐。这位军阀希望在白雅特城雁过留声，于是命人在市中心为小妾们建了一座别墅，为名不符实的参谋部建了一些房子。接下来的一个月，其他海盗又在租借地附近的村庄绑架了15名左右的居民，不过公使以区区200皮阿斯特赎回了人质，此举提高了他在民众中的威信。

与此同时，在巴黎，政府认为有必要在白雅特城设立一家银行。事实上，印度支那最负盛名的银行目前正派西贡分行的行长前往广州湾参观考察，此人名叫格勒纳（Grenard），而这家银行曾经受国家之命垄断皮阿斯特的发行。银行家格勒纳热情洋溢地说：“印度支那专卖局在租借地大量售卖鸦片，不管年景好坏，每年收入都有500万银圆，占印度支那总销量的三分之一。”① 东方汇理银行不能错过如此良机，众议员皮埃尔·泰亭哲（Pierre Taittinger）也持同样的观点，② 他同样对广州湾的生意兴趣盎然。皮埃尔·泰亭哲并非寻常之辈，他是香槟酒业的巨头和报业大亨，曾创建极右翼联盟——青年爱国党。作为殖民地委员会的副主席，他曾撰写一系列文章来捍卫法国租借地的声誉。他说：“关于广州湾丑闻的传言其实与事实完全不符……在广州湾，我们的主要官员、警督和印度支那主要警卫虽然受到环境的影响，但一直富有正义感与人情味儿，严谨而有威严。他们从大局利益出发，保卫那些托付给他们的生命，同时也具备最起码的谨慎态度。有人指责他们是严刑逼供者，但事实上他们从未做过那些行为。他们的行为和英勇值得一切人赞颂，但不幸的是，总有人诋毁他们。”③ 众议员皮埃尔·泰亭哲向来拥护帝国主义，他如此声称：“只有当国家安定下来，不稳定因素都得到控制，其殖民化和开发才能真正实现。”④

1925年，广州湾遭遇了一场大旱。白雅特城的本堂神父谢兰忧心忡忡：“不幸的是，干旱持续摧残着这一地区，两个月以来没有一滴降雨。某些作物，尤其是大多数民众赖以生存的番薯产量锐减。一些地区

---

① 法国农业信贷银行历史档案部，东方汇理银行档案。

② 1940年，皮埃尔·泰亭哲投票支持贝当元帅获得全部权力。贝当在德国占领期担任维希法国内阁总理，在解放时期被剥夺了公民权。

③ 皮埃尔·泰亭哲：《广州湾租借地及其经济前景，海盗的镇压》，见《殖民年鉴》，巴黎，1924年4月29日。

④ 皮埃尔·泰亭哲：《广州湾租借地及其经济前景，海盗的镇压》，见《殖民年鉴》，巴黎，1924年4月29日。

的苦难尤其严重，据说有的父母为了换来几斤干瘪的番薯抛弃自己的女儿。但愿这种说法过分夸大了事实，但愿饥荒没有达到如此严重的程度！”①

被用作东方汇理银行的别墅
（法国农业信贷银行历史档案部藏）

1925 年 2 月 23 日，当民众的生命遭遇饥荒的威胁时，毒贩和海关人员则聚焦于东方汇理银行广州湾分行的成立上。办公室和保险库被临时安置在一座别墅里，这是那家实力雄厚的银行在印度支那成立的最后一个分行，它肩负着为鸦片商放贷的重要任务。具有讽刺意味的是，在同一时刻，国际联盟（SDN）在日内瓦召开了一个旨在终止鸦片贸易的会议。国际联盟这样揭露了白雅特城与时代背道而驰的行径：“西贡每年向白雅特城交付的鸦片数量为印度支那年鸦片总消费量的三分之一。然而，广州湾人口只有印度支那人口的百分之一！”②

鸦片调查委员会负责人、英国外交官约翰·乔丹（John Jordan）先生说得更深入：“香港的人口多于广州湾，但是前者的毒品消费只有后者的二分之一。那么如此大量的鸦片是经何处运送到租借地的？我要告诉你们的是：鸦片在香港被非法出口了！”③ 法国人力图混淆视听，声称这些涌入白雅特城的鸦片是从中国内地走私而来的，但是英国人揭穿了法国人自己组织的非法买卖。在搜查中，香港警察发现了一位中国商人的秘密账目，这位商人向美国西雅图的同胞走私鸦片。他们掌握的材料确切地证明，在白雅特城银行的同意和协助下，商人们所购的生鸦片

① 巴黎外方传教会公报，1925 年。

② 亨利·巴朗德搜集到的评论，见亨利·巴朗德：《海军少尉在中国》，巴黎：法兰西帝国出版社，1977 年。

③ 亨利·巴朗德搜集到的评论，见亨利·巴朗德：《海军少尉在中国》，巴黎：法兰西帝国出版社，1977 年。

源自印度，尤其是贝拿勒斯，而不是中国。经由白雅特城大量涌入中国香港、上海和美国的毒品正是来自法国！这片法国飞地顿时声名狼藉。

租借地的形势继续恶化，仍然没有被“平定”。春天，黑旗海盗的首领再次进入人们的视线。妃三和他的600名手下隐藏在惊湖的山洞里。警督拉加德（Lagarde）携带六十多名民兵受命驱逐他们。首次进攻迫使海盗们为获得保护而躲进了旧县村（Tho - Han）附近的掩体。法军动用大炮进行轰击，于是海盗们试图从枪林弹雨中逃跑，但指挥雷州驻军的龙将军毫不留情地切断了他们的退路。海盗们再次被抓，统统被处决，清理战场时一共发现了100具尸体，缴获了86支自动武器和大量烟枪，数目多得令人惊讶，并且旁边的烟灯依然在燃烧。最大的惊喜莫过于还逮捕了二十多名携带手枪的妇女，但是妃三失踪了。难道海盗们在国民党军队里有同谋？几个月后，有报告指出，这位白雅特城法国人的头号公敌在澳门过着平静的日子。

此时的中国北方，仍然处在军阀割据的局面，北京中央政府完全没有能力加以控制。中华民国的开国元勋孙中山先生于3月因癌症去世。去世之前，他意识到不能仅凭一己之力统一中国，遂与年轻的中国共产党结成联盟。一些中国的学生和官员们被派往莫斯科接受培训。在广州，38岁的将军蒋介石按照苏联红军的模式领导军队，坐上了与共产党联盟的国民党的头把交椅。之后蒋介石投入到了统一国家的战斗中。

在这个复杂的东方国家，法国试图插手中国内政。巴黎方面由于惧怕红色力量扩大，无耻地支持北方军阀来对抗蒋介石。布里索 - 戴马伊埃（Brissaud - Desmaillet）① 将军是一名熟谙中国军队的专家，他向内阁总理提出了一项秘密而又谵妄的攻击计划。他考虑将白雅特城作为法国远征军的“大本营”，以便“根除广州的布尔什维克主义”。他计划在白雅特城建立一所军校，一个由法国武器装备起来的“中国外籍军团”将从这个法国鸦片集散地出发进攻广州，成千上万的士兵、坦克甚至飞机将集结在一起。布里索 - 戴马伊埃将军强调：“在我看来，我们

---

① 布里索 - 戴马伊埃，曾任法国驻华外交武官，对中国军队较为了解。——编者注

应该学会冒险，共产党‘侵蚀’着省会地区，并使该地区经济瘫痪，在广东，只要是思维正常的人都要摆脱这种共产主义所带来的困扰。”[①]但巴黎方面最终放弃了这项登陆计划。

谢兰神父回忆起：“大约在1925年深秋，扎根于广州的俄国共产主义浪潮在我们教区风起云涌。自此，广州湾领地犹如一个被海浪四面拍击的小岛。事实上，中国的布尔什维克主义者在俄国顾问的陪同下，没有任何直接攻击租借地的行为，而是通过散发传单、组织演讲、制造舆论，成功地营造了一种人心惶惶的氛围。法国加强了驻军，一艘炮舰在白雅特城港口抛锚停泊。这些预防措施使法国公民得以安心，但险些在中国居民中造成恐慌。大量曾来此躲避海盗的难民又离开了租借地，不过，这与政治毫不相干。在此之际，我注意到在新入教信徒中，有部分信仰不坚定的迹象，为使他们警醒，我把他们开除出教会了。这就是我在今年没有举行过一次成人洗礼的原因。我最大的担忧之一就是人才的缺乏：缺乏传道者、学校教师乃至修女；如果我这里有两三个欧洲修女，那样该多好，我可以在这里或者赤坎传教，那里的异教徒也需要上帝的福音。最令我焦虑的是白雅特城教堂的状态，教堂已经面临着坍塌的危险，必须及时彻底地修缮。”[②] 12月1日，教会编年史这样记载：“所有地区，除了广州湾，都掌握在共产党手中。”[③]

印度支那总督亚历山大·瓦雷纳（Alexendre Varenne）再次急遣保罗·亚历克西斯·布兰查德·德·拉布罗斯来到白雅特城。[④] 此次，这位印度支那秘密警察部门头目来到广州湾，目的是履行其高级驻扎官职能，他的官邸及附属建筑为高级驻扎官官邸。[⑤] 此后，这位高级官员与港英总督平起平坐。这个法国避难所似乎对它的占有者拥有一种可以让

① 1925年9月29日布里索－戴马伊埃将军发表的秘密报告。法国外交部外交档案，中国。

② 巴黎外方传教会1926年工作报告，1927年。

③ 巴黎外方传教会公报，1926年。

④ 此次为拉布罗斯第二次来到白雅特城担任广州湾总公使或高级驻扎官。——编者注

⑤ 现位于霞山总公使署遗址对面的广州湾警察署遗址，原名为高级驻扎官酒店（L’Hôtel du Résident supérieur）。——编者注

统治者平添魅力的力量。黎明时分，微风吹拂海面，保罗·亚历克西斯·布兰查德·德·拉布罗斯喜欢举目远眺。这位驻扎官兼白雅特市市长决心推动这个偏远角落的发展，于是给总督写了一份报告，道出了肺腑之言："我们远东伟大租借地的首席执政官，为繁重的工作耗尽心力，无暇对租借地的事务表现出足够的兴趣。对他而言，租借地太小了，尽管其经济和政治地位如此重要。同样，除了杜美、鲍和科罗布科维斯基总督当政期间外，租借地几乎总是被遗忘于殖民地的角落。在财政方面，租借地的独立预算被取消，被印度支那总预算的附属预算取代，如此一来，租借地的管理者根本无法为重大工程储备资金，他们也不得不受控于印度支那财政署，无权评定贷款的合法性。我们也注意到，一些必要的开支经常被傲慢地拒绝，而一些高额的非必要的费用反而被批准了。能够给租借地的一般预算带来盈余，或在坏年景时弥补赤字的重要资源都被取消了。尽管印度支那视租借地为穷亲戚，但不能忘记，如果保留其自治权，如今它应当会是法国最富有的租借地。我还必须说，印度支那通常将一些败类赶到广州湾，这些人大大损坏了租借地的发展，败坏了我们在中国的名誉。由于没有将法国的真实面貌呈现出来，我们在法国在中国南方的影响力方面犯下了不可估量的错误。"①

1926 年 1 月，俄国人来到了白雅特城！东方汇理银行分行行长亨利·比诺迪（Henri Bignotti）给巴黎发了封电报："雷州市区已被红色武装'占领'了十几天，俄国布尔什维克军队的首领在此地隆重地庆祝了圣诞节。俄国首领在一次讲话中提到,② 广州湾租借地犹如中国病人肋部的溃疡。"③ 银行家比诺迪腰上总是别着一支手枪，他害怕"红色"的到来将会使"棕色仙女"④ 的贸易中断。尤其在这几个疯狂的年头，人们对鸦片的需求从未如此强烈。

---

① 法国外交部外交档案，印度支那。

② 这里提到的俄国首领，实为第一次国共合作时期支持蒋介石统一广东和东征北伐的苏联军事顾问（如罗加觉夫、切列潘诺夫等）。但国内并无充分文献证据能够证明苏联军事顾问随军到过雷州。——编者注

③ 法国农业信贷银行历史档案部，东方汇理银行档案。

④ "棕色仙女"，意指鸦片。——译者注

5月9日发生了一件新鲜事。一支拥有18艘帆船的中国海军船队出现在白雅特港湾前。高级驻扎官保罗·布兰查德·德·拉布罗斯大惊失色，并没有派遣麦里休士号（La Malicieuse）炮舰去监视这些奇怪的演习。随着大约1 200人的中国军队在赤坎稍远处登陆，法国土著警卫队在城市四周各就各位，双方怒目而视，夜晚的空气中充斥着紧张、怪异的气氛。然而自第二天始，广州的军队便离开了租借地。那么，得到共产党支持的蒋介石曾经计划过入侵白雅特城吗？6月，据《广州报》[①]报道，在一次冲突中被俘的国民革命军士兵可能在广州湾的Kung - Chow岛避难，[②] 当时自认为会遭到攻击的法国人朝国民革命军开火了，这次冲突可能造成了五十多人受伤，几人被杀。随后国民党的两位代表来到岛上，抗议"法国帝国主义者的野蛮行径"。依然是6月，广州国民政府抱怨北方的反革命暴乱者在租借地集结，并在此聚敛钱财，购买弹药，于是广州方面要求法国领事将煽动敌对行为的叛徒们送交中华民国。另一方面，国民党宣传办公室主任——一个叫黄少谷（Wai - Yuk）的人——秘密登陆白雅特城，以此来监视政治难民，以及加强蒋介石国民党势力的渗透。据安全部门透露，这位黄少谷与法国共产党领袖，尤其是共产党议员交往密切……

1926年年末，保罗·布兰查德·德·拉布罗斯升职为伟大的交趾支那统督。[③] 在乘坐河内号蒸汽船离开租借地之前，他命人安装了电话，尤其还启动了发电站的建设。白雅特城和赤坎的居民最终享受到了现代化的照明设施。

1927年，来自巴黎近郊圣丹尼斯的共产党代表雅克·多里奥在一个国民党代表团的陪伴下，下榻广州。斯大林亲自下令派遣一个"国际工人代表团"来到这里。印度支那新总督皮埃尔·巴斯杰（Pierre Pasquier）密切监视着多里奥的行踪。这个共产党领导身着广州军人的制

---

① 《广州报》（*Canton Gazette*），疑为《广州民国日报》。——编者注

② 经查广州湾海域中并无与Kung - Chow同音或谐音的岛屿。——编者注

③ 1929年，西贡考古博物馆改名为布兰查德·德·拉布罗斯博物馆（今为越南历史博物馆）。1944年解放时，布兰查德·德·拉布罗斯被短暂监禁在巴黎费雷纳（Fresnes）监狱，法国航空董事会指控他在担任印度支那总督府委员期间向德国提供飞机。

赤坎街道上的轿子
（印度支那总督府照片，见《法军在印度支那》，法国国家印刷厂，1931 年。法国文献局藏）

服，由手持手枪的士兵护送。他参加了反对英、法、美帝国主义的政治会议。他遇到一位名叫阮爱国的人，即后来的胡志明，并致力于帮助身在法国和中国的越南革命者。4 月，在多里奥的鼓动下，广州的红色报刊发起了一场反法运动：“自 1898 年法国帝国主义在雷州府登陆强占广州湾以来，他们即刻在思想与经济领域实施入侵。目前他们的活动更具迷惑性与暴力性。他们为境内的匪徒供应武器，以此破坏地区和平，因而几年来，原雷州府所辖的租借地屡遭匪徒蹂躏。乡间横七竖八地散落着遇难者惨白的遗骸，房屋被遗弃，市场一片荒凉，这便是给予法帝国主义崇拜者的奖赏……法帝国主义者不仅仅满足于从思想上和经济上实行控制，为了迅速毁灭我们的国家，他们还在广州湾开设鸦片馆、赌场以及公共商行，以诱惑无知的人民。”① 与此同时，蒋介石中断了与共产党的政治合作，在当地帮会的支持下，他占领并控制了上海。国民党军队枪决了成千上万疑似共产党的工人。蒋介石自封为中华民国中央政府主席，迁都南京。蒋介石实行的白色恐怖统治造成了成千上万的人遇难。在广州，共产党人士举行起义，但反抗以失败告终。雅克·多里奥离开广州后，又先后到了符拉迪沃斯托克和莫斯科。他离开后，由法共领袖署名的越语宣传册在白雅特城四周散发。此宣传册重拾由广州发出的“号召安南青年革命”② 的口号：“亲爱的同志们，我作为国际工人代表团成员来到中国，受命给受压迫的中国人民，给反帝反资本主义的英勇战士，带来欧美无产阶级革命者兄弟般的问候与鼓励。我们的任务还包括研究中国人民的生存状

① 《国华报》（*Kouo Hua - Pao*），1927 年 4 月 25 日。法国外交部外交档案，中国。
② 在殖民地时期，越南人被法国人称作安南人。

况。我希望借此机会向印度支那的革命青年和受法帝国主义压迫的百万印度支那人致意。”[①]

面对革命的狂热，白雅特城以名誉担保不做出反应，如同它对世界的嘈杂充耳不闻一样。有250名左右的法国人在目前这个拥有8 000名居民的小首府离群索居地生活着。其中的400名安南人和土著步兵确实没有被多里奥的宣传迷惑。[②] 一群“漂泊者”在白雅特城寻求避难，以便逃离镇压、摆脱贫困。被国民党追捕的共产党人士以及保皇派的将军们藏身于这里的寺庙中。还有变身为富商的旧贵族阶级成员也来到这里。汽车涌入了码头或克列孟梭大道、霞飞元帅大道和贝当元帅大道……在贝当元帅大道沿途，最后的几片沼泽地已被排干，为城区新建和土地销售预留了空地。135栋房子都按照同样的模式建造起来，底层是商店，楼上为住户。保罗·杜美码头旁，船坞的数目也在迅速增加。标准石油公司和亚细亚石油公司的油库整齐排列，向全境供应着石油。一座建筑傲然矗立在克列孟梭大道旁，这便是银行，其新古典主义风格令人震撼，正面柱廊的顶部刻有金色的“东方汇理银行”字样。[③] 顾客们跨过由两根柱子并列环绕的门口后，进入一个宽敞的大厅，柜台美不胜收，保险库内有通往地下室的楼梯，地下室里堆积着购买鸦片的货款。银行行长神采飞扬地强调：“或许鸦片的交易量从未有如此之大，它也从未引起过如此之多的投机活动。”[④]

1927年10月10日，为庆祝中华民国诞生纪念日，六万多名游客涌入赌馆、鸦片馆、妓院及其他娱乐场所。这个乌烟瘴气的白雅特城犹如一个大妓院。

然而，在灰泥粉刷的张扬的官邸中，公使和市长们闭门享乐，他们对恢复秩序仍然束手无策。首先，岛上的人与黑帮串通一气，逃避处罚，频繁地从事武器与鸦片的贩卖活动，竞争也相当残酷。法国当局对

---

① 1927年7月18日外交部驻云南使节信函。法国外交部外交档案，中国。

② 雅克·多里奥于1934年被开除出共产党，继之于1936年创立法国人民党，即法国第一大法西斯党。“二战”期间，他成为德国法西斯的重要帮凶之一，绰号“法国希特勒”。

③ 此建筑如今尚存。

④ 法国农业信贷银行历史档案部，东方汇理银行档案。

于监管一个如此犬牙交错的海岸无能为力，无法遏制走私的蔓延。其次，财政部门注意到有假币大量流通，尤其是面值 5 皮阿斯特和 100 皮阿斯特的假币大量地流入租借地。且印度支那皮阿斯特、港币和广州铜钱之间兑换困难，因此需要认真考虑是否应该为白雅特城提供一种新的流通货币。

社会混乱的迹象也显现出来：中心监狱已经人满为患。1927 年，该监狱的囚犯已经达到了 464 名。这是一所真正的苦役犯监狱，大部分在押人员为中国人，他们被法院重判，必须服苦役。囚犯们被使唤去粉碎用来修路或者扩建港口的石头。当局滥用定罪权，以便获得任人剥削的劳动力。

由于囚犯刑期太长，出现监舍不足的问题，因此一队 66 人的囚犯被发派到印度支那的保罗·孔德雷岛（Poulo – Condore）① 的一所阴森的苦役监狱中。囚犯中有一个名叫Phong – Yak – Kouai 的人。在他的犯罪记录中，刑警这样记录："喜剧演员，1900 年出生于广州湾坡头镇富屋尾村（Phong – Ok – Mée），父亲不详，母亲陈氏（Tsang – Schie），因加入犯罪团伙、持有武器、团伙抢劫、盗窃和敲诈勒索，于 1926 年 5 月 2 日被白雅特城混合法庭判处有期徒刑 10 年。"② 这位年轻的演员后来成功地从这所可怕的苦役监狱中逃走。他很有可能是一个流动剧团的一员，那是一些在乡下传播革命思想的演员，他们往往以演出为借口来批判腐朽的旧王朝和嘲笑"恶魔般的外国人"。

1928 年，法国海军重新将海军中尉亨利·巴朗德派遣到白雅特城，旨在重新绘制法国租借地地图。停靠在白雅特城的海军舰艇并不总是受到欢迎，因为目前在职的官员们都变得尖酸刻薄与压抑，担心这些同胞的到来会扰乱了他们的生活习惯。亨利·巴朗德冒险登陆一些小岛，进行地形测量活动，堪称一次探险家在敌对环境中的冒险之旅。他与眼镜蛇面对面，还碰上了被士兵杀死的两具老虎尸体。作为濒临灭绝的物种，被杀的猛兽大概是租借地最后的两只老虎了。出乎亨利·巴朗德意料的

---

① 保罗·孔德雷岛，现称昆岛。——译者注

② 《第 121 号交趾支那刑警公告》，1931 年 9 月 26 日。法国国家图书馆藏。

硇洲岛灯塔（陈灵藏）

是，他在硇洲岛竟然认识了一对科西嘉夫妇——阿格斯蒂尼（Agostini）夫妇，其中丈夫是灯塔的守卫，负责维护信号台和电台。硇洲岛灯塔的四周有围墙包围，犹如一个要塞。与广州湾首府的法国人截然不同的是，这对完全与世隔绝的夫妇对同胞的到来表现出极大的热情，专门为他打开了一瓶茴香酒，并邀请他共进晚餐。当亨利·巴朗德再次离开之时，阿格斯蒂尼夫人的眼泪夺眶而出，要丈夫为他准备一支鸦片枪，聊以安慰。

此时蒋介石控制了国家的大部分地区，到处围剿共产党员。1929年8月，白雅特城警方逮捕了一个名叫谭平山（Tchang Ping - Sam）[①]的人，指控其从事抢劫活动。这位“前土匪和众所周知的共产党分子”涉嫌在1927年共产党起义期间参与了广州的纵火及抢劫案。[②] 为此，国民党将军加斯东·黄强要求广州湾当局引渡他，但高级驻扎官阿希莱·西尔维斯特（Achille Silvestre）拒绝了这一要求。白雅特城，如同白雅特骑士一样，因“大无畏和无可责难”而得名。

此外，该城还有一张王牌：劳动力取之不尽，用之不竭。船只将租借地雇佣的苦力运送到新赫布里底群岛的矿山或种植园工作！澳大利亚媒体揭露了这一丑闻，透露说这些苦力被强迫依附于他们的雇主，是真正的奴隶。运送苦力的船只被称为“活墓穴”。另外800名苦力被招募来建设刚果的铁路，即著名的刚果大洋铁路[③]！是殖民地部部长安德烈·马其诺（André Maginot）——后来的马其诺防线之父——将中国人流放到

---

① 谭平山（1886—1956），又名谭彦祥、谭鸣谦、谭聘三，广东高明人，曾任雷州中学校长，中国共产党的早期领导人之一。——编者注

② 1927年的共产党暴动被称为“广州公社起义”。

③ 大洋铁路是刚果全国仅有的一条铁路，也是非洲最早的铁路之一，刚果大洋铁路在1934年由法国殖民者建成，长502公里。——编者注

刚果的。[①]

最终，鸦片之港白雅特城也成了奴隶市场。

白雅特城的苦役犯

（欧仁·泰斯通摄，见欧仁·泰斯通、莫里斯·佩尔什马：《现代印度支那》，法国书店出版社，1931 年。法国文献局藏）

① 安德烈·纪德（André Gide）和阿尔伯特·伦敦（Albert Londres）曾经揭露刚果大洋铁路建设的恶劣工作条件。如今在刚果还可看到一个中国小墓地。中国企业也派驻到刚果，从那里进口珍稀木材和矿石。

第六章　伟大的疯狂

广州湾商会会址（陈灵藏）

勒内·旺朗德曾是一名不折不扣的殖民主义者。在被世界大战折磨得精疲力竭后，这位高级军官开始热衷于撰写游记。他关于摩洛哥、突尼斯、黎巴嫩、叙利亚的著述，是殖民时期法国荣耀的纸上纪念碑。不过，他最钟爱的描写对象还是中国。20 世纪 30 年代，勒内·旺朗德又回到了这片租借地。他对这片飞地非常熟悉，因为在 1912 年，年轻的他曾在这里担任邮电局长。在蒸汽火轮的船桥上，他用望远镜凝视着海天相接处。“现在，我们绕过了雷州湾，再次见到这海岸、岛屿、伸到海湾里的暗礁、大河，以及立即进入眼帘的坐落在江边的白雅特城、稀疏树荫下的白色与玫瑰色相间的房屋。一个多么奇特的地方！……在这片混乱的、失控的土地上，到处是陷阱和阴险的通道，中国人用一些恐怖的名字指代它们：危险之门、利剑之门[1] ……这就是圆形的硇洲岛，地势较高，围墙环抱着一座灯塔。在被海水侵蚀的峭壁和斜坡上，荆棘比沙砾更讨人厌。在暴风雨来临前暗黑的乌云下，沙滩泛着苍白之色，仿佛幽灵一般……我们曾在这座灯塔里度过一个狂热的圣诞之夜，那是在两次追击海盗期间。更远处是东海岛，形状不规则，海拔较低，多沙，有些地方被塑造得就像撒哈拉沙漠上的沙丘一般。一座稍微湿润些的山丘，在众多的土丘中孤单得有些古怪，中国人称之为'植物繁茂的丘陵'，我们的水手将之命名为雅克林山（Mont Jacquelin）[2] 。前方向北，就是植物更加茂盛的白鹭岛(Aigrette)，此岛地势更加起伏不平，而且被一些巨大的断层截断，为了消灭海盗们在森林中的藏身之地，朝廷已下令将岛上的树木砍光，从此以后，岛屿的顶部逐渐被削平并产生裂缝，上面的土石任由风吹日晒和雨水侵蚀。"[3]

带有走廊和拱门的殖民建筑（陈灵藏）

勒内·旺朗德再次回到了他阔别已久的城市："那边有两座塔楼映现在一片屋顶和树枝之中，那是白雅特城教堂的钟楼。站在塔楼上，我举起望远镜……发生什么了？我认不出这座空旷、分散的小城市的轮廓了，这不是我们以前从热带丛林或海上归来时常常举目远眺望见的那座城市了……那些将教堂和传教士住地隔开、将阁楼和花园隔开的空地哪儿去了？……出现了新的街区！……不错，有人跟我说过，'您会认不出白雅特城的。道路已经铺上了柏油，处处都通了路，有了

① 在硇洲岛，相关的名字有沟口、长孔、贼洞等。——编者注

② 雅克林山，一座位于东海岛龙海天以西、后坡村以北各一公里处的山丘，今名龙水岭。——编者注

③ 勒内·旺朗德：《中国洋行》，巴黎：J. 陪路尼特出版公司，1935 年。

电、汽车、公交车和电影院'！但看到未曾改变的岛屿、航道和大海，我已然忘记了他们告诉我的这些。”①

事实上，到1930年时，白雅特城的法国人再次减少了。1929年，尚有255名法国人留在白雅特城，而在此时仅有85名了！这座港口城市的幻景正在消失，大多数法国人更愿意回到印度支那。随着时光的流逝，这里的环境愈加艰难。除了鸦片，别无其他生计可言。然而，还有一些有着顽强意志的人坚守在白雅特城，他们对公共工程有着狂热的迷恋。这10年间，英国大道又延长了500米，到处修建了人行道。码头和海堤被电灯照亮。边境线附近修建了一座小型机场，因为在河内和广州之间需要使用军用飞机进行侦查。还出现了百余辆汽车，其中有20辆是法国牌子的：雷诺、雪铁龙、标致；另外一些则闪耀着美国牌子的光芒：福特、雪佛兰，甚至有一辆林肯鱼雷（Lincoln Torpédo）②。有一些公共汽车已经开始服务于公共交通了，甚至还有5个信箱被安置在了不同的街区。在白雅特城，进步在悄然进行，尽管贫穷的法国白人对此兴味索然！在阿尔伯特·萨罗学校的60名学生里，只有7个是法国孩子，因为当时法国的家庭数量十分有限。一位越南老师为土著士兵提供夜校教学。白雅特城由此颇具殖民小城的特色，天热时让人昏昏欲睡，傍晚时雨声又将之唤醒。

一些法国人一大早就起床，那是为了掩饰即将到来的一整天的无所事事，其他人则更喜欢躺在床上打发时间，努力地再次入睡。周末仿佛无休无止。总公使等待着来自遥远的殖民地首都的指令；商人们的经济活动在复苏；海军们在服从着命令；越南的步兵正在轮岗。“在这个不冷不热的时候，人们携家人散步，就像在河内或者西贡。网球场，俱乐

---

① 勒内·旺朗德：《中国洋行》，巴黎：J. 陪路尼特出版公司，1935年。

② 在漫画《丁丁历险记》的《法老的雪茄》中，艾尔吉也画了一辆林肯鱼雷汽车。

部，[①] 时尚的男孩们站在绿廊下的桌子旁，"[②] 作家勒内·旺朗德补充道。再次回到这片租借地，他与故友勒内·格弗里重逢，25 年来，后者一直是铺仔邮局的挂名局长！这位年轻时的朋友此时已经"驼背、单薄、疲惫，目光茫然、黯淡无光"。[③] 然而，他却从未想过去别的地方。两位殖民者带着怀旧之情回忆起"那些疲惫不堪的或骑马或步行巡逻的日子，那些追击海盗的日子"[④]。

在中国人的观念里，时间不是线性的，而是周期性的，是一个永恒的轮回。总公使阿希莱·西尔维斯特也梦想复兴这座小小的城市国家。他希望将白雅特城打造成海滨浴场疗养地，吸引印度支那最富有的人群前来度假，还希望沿着细腻的沙滩，建起一条堤坝。这个现代化的疗养地就像棋盘上已经布好的完美棋局一般：阿希莱·西尔维斯特坐在他位于比利时路的办公室里；土著警卫队驻扎在兵器广场（Place d'Arme）；医院和监狱位于福煦元帅大街；宪兵队驻扎在卢万街（Rue de Louvain）；兵营设在沃邦路（Avenue Vauban）；学校位于学堂街；邮局宾馆和电台均规划在邮局路上；在稍远一点的地方，有一家电厂为殖民者的别墅提供制冰所需的电力。

在河内，印度支那总督府对阿希莱·西尔维斯特的梦想并不感兴趣，但对同时代的小说家欧仁·普加尔尼斯科尔（Eugène Pujarniscle）在其最后一本书中描写的白雅特城的糟糕形象感到愤怒。就职于公共教育署的普加尔尼斯科尔刚刚发表了一本名为《和尚和强盗》（*Le Bonze et le Pirate*）的小说，或者更确切地说是一份反殖民的传单。这部小说讲述了冒险家马克思米朗·勒克拉威在白雅特城吸食精制鸦片的苦难经历。小说的主人公从租借地将珍贵木材椰树出口到河内："真正使其升

---

① 法国俱乐部（位于今霞山区文化馆位置，原建筑已拆除）是一栋单层金字铁架红砖挂瓦屋顶的法式建筑，有宽阔的露台和两个大的活动厅，中有一个客厅及廊房，后有球场，专供公使署官员和法国人玩乐。民国时期改为航政局。新中国成立后，先后改为湛江市文教局、体委、文教办和戊戌抗法纪念馆办公用地。——编者注

② 勒内·旺朗德：《中国洋行》，巴黎：J. 陪路尼特出版公司，1935 年。

③ 勒内·旺朗德：《中国洋行》，巴黎：J. 陪路尼特出版公司，1935 年。

④ 勒内·旺朗德：《中国洋行》，巴黎：J. 陪路尼特出版公司，1935 年。

值的，是某些被掏空的树段，里面填塞着上好的鸦片，这些鸦片通过各种各样的途径，最后转弯抹角地来到我这里，却一点也不失广州湾租借地的芬芳……我的鸦片品质可与专卖局的媲美，但是给政府送货上门的价格便宜两倍，这是对消费者最大的让利了。”①

1930 年 1 月，日内瓦的专家委员会来到了租借地。委员会受国际联盟委托，就法国监管下的鸦片问题进行深度调查。白雅特城的法国小社会并不满意巴黎对其事务进行的干预。于是奇迹发生了，一场狂风暴雨突如其来，委员会成员在白雅特城仅仅过了一夜，调查被推迟了。为表现出对委员会的配合，自 1930 年 1 月起，印度支那总督就鸦片制造设定了更为严格的限制。从此，提纯罂粟花的 65 家制造商，不得不向专卖局重新提出申请，以获得珍贵的许可证。由此，鸦片价格涨了，但是质量下降了。于是，与印度的鸦片进出口贸易都被官方禁止。于是，鸦片必须放置在贴有简明标签的盒子里。……查理·洛尔，租借地唯一的上校，要求严控此事。他杀了反对这些反贸易措施的中国商人。不过，洛尔 67 岁时就暴亡了，谣传是被毒杀……这位大嘴上校不会承认他众多的混血孩子，他的田产和所有的财产都被拍卖了。船商陈学谈暗中将查理·洛尔的土地和鸦片许可证买了下来。面对新措施，大部分持有鸦片许可证的制造商逐渐放弃了这部分业务，他们害怕被暗杀。只有 3 个人还在继续，并垄断了鸦片市场，其中就有陈学谈，他讲究策略，并加入了香港黑社会。

阿希莱·西尔维斯特十分清楚，尽管采取了反鸦片措施，这座城市依然是毒品的中转站，充斥着各种犯罪行径。他向总督府请求增加警力：“这些措施建立了政府的威信，但是仍不足以遏制使用鸦片的热情，尤其是这一问题还涉及重要的利益。尽管各方尤其是国际联盟中的中国代表团提供了帮助，但是在罂粟种植猖獗的地区，有利可图的鸦片贸易从未停止。他们用最巧妙的办法，将违法走私的责任推到他人身上。基于此，为了避免租借地的鸦片走私再次猖獗，在重要区域成立走私监察

---

① 欧仁·普加尔尼斯科尔：《和尚和强盗》，G. 格雷出版公司，1929 年。

处就显得十分必要。专卖局唯一一处负责金融和保管业务的法国事务所无法独自承担起众多职能——鸦片蒸馏加工、检查众多零售商、遏制在此地有得天独厚地理条件的走私行为。反走私机构应当下设两个科室，加配当地雇员，使其具备24小时在所辖水域迅速转移和展开行动的能力，赋予其进入从赤坎到硇洲岛一带遍布广州湾各处的各种各样可疑的走私窝点的权力。”①

而现实是，法国当局坐视不管，广州湾仍以骇人的非法毒品贸易为经济支柱生存着。高级官员、政客、唯利是图的商人、银行家、当地巨头纷纷从这条腐败的违法交易链中牟取暴利。

然而，卑鄙的广州湾卖场之外，广袤的中国大地也陷入了混乱之中。军阀、国民党和共产党相互厮杀。1930年2月，胡志明在香港成立了越南共产党。与此同时，在越南东京的中心，200名印度支那步兵发动起义，攻下了安沛卫戍部队驻地。许多法国军官和士官命丧此劫。爱德蒙·盖恩萨（Edmond Gainza）上尉② 本该到白雅特城履职，幸运地躲过了反叛者的屠杀。2月10日，在河内，越南人向安全局局长家和警察分局投下了炸弹，橡胶种植园区也发生了起义，随后的镇压十分残暴。10月20日，“越南共产党”更名为“印度支那共产党”，红色革命志在蔓延、点燃整个半岛！但飓风眼总是平静的。暴动的火焰似乎在白雅特城潮湿的夜晚熄灭了，世界突然间在鸦片的青烟和年轻妓女的笑声中太平了。

租借地的几个小头头自视为备受中国欢迎的保护者：“自1929年7月至1930年6月，广州湾租借地非常平静的政治局势从未被打破，尽管这一年大部分时间都有斗争。这些斗争使得租借地周围的县区，时而是广州国民政府当权，时而是广西派系的反叛部队首领③ 当权。……不

---

① 《1929—1930年广州湾行政、经济和财政状况报告》，河内：远东印刷厂，1930年。法国文献局藏。

② 爱德蒙·盖恩萨上尉被认为是法国浪漫派小说家皮埃尔·洛蒂（Pierre Loti）的私生子。当时没有预料到反殖民暴乱会发生的安沛市市长是约瑟夫-安东尼·马西米，此人曾于20世纪20年代在白雅特城担任卫戍部队指挥官。

③ 指广西南部的共产党武装。

过，交战方倒是没有任何意图越过我们的边境，即使在斗争中他们被带到临近赤坎的地方。如此谨慎，是否因为租借地不能容忍任何暴行，采取了大量安保措施？不得而知。更有可能的是，这些人今日成者为王，明日败者为寇，所以轻易不想去冒犯法国保护下保持中立的租借地。他们凭借经验就知道，在落败时可以到此暂避，安全地生活在中立方的保护下，法国政府一定会保障其安全的。甚至，有时在公开场合可以看到胜方和败方和睦相处，政治论战变成了较为平和的讨论。其间，时有暂时当权的一方向当地政府提出强烈请求，逮捕和押送战败后逃难到此和犯下罪恶行径的人。这些请求都旨在希望得到法国政府通过巧妙而谨慎的行动表现出来的支持，但是最终都以被拒绝告终了。拒绝无疑是很有礼貌的，但是足够坚定地向其展示了决心，即不论哪个派别的人，只要来到这里诚恳地请求我们的保护，并且不以任何行为实质性地扰乱公共秩序，都会受到我们不可侵犯的庇护。在这一时期，很多人受益于这一中立地位，对这一显著自由开明的政策报以感激。”[1]那么，白雅特城是中国的瑞士吗？

11 月，安全局取缔了一处国民党秘密委员会。广州的学生们发起了一场旨在收回租借地的请愿。高级驻扎官阿希莱·西尔维斯特没收了传单，将主要发动者驱逐出境。阿希莱·西尔维斯特在一份秘密文件中写道：“这些拥有新思想的热情传道者带着两三个激奋的女人，她们公开传播女权主义思想。她们宣称要响应孙中山的号召，致力于中国女性的解放事业。我们掌握了她们请愿的誓言及指令模式，里面规定了隆重完成这一请愿活动所需遵循的方式。虽然这并无实质性的影响，但是她们从此开始了在这片租借地上开辟宣传阵地的实践。”[2]在白雅特城，一些妓女为改变性奴隶的现状而战斗着。自此，这所港口城市的中国女人，就像大城市的大部分女性一样，剪了头发，穿上西式服装。歧视女性的守旧派殖民作家勒内·旺朗德对此评头论足：“这是时代变革的标

---

① 《1929—1930 年广州湾行政、经济和财政状况报告》，河内：远东印刷厂，1930 年。法国文献局藏。

② 摘录自 1930 年 11 月的月份政治报告。法国外交部外交档案，中国。

志，风俗混杂的标志，一位身着长裤和紧身短上衣的中国老妪，在身着浅色紧身衣、长筒丝袜、高跟鞋和梳着尼农发型（齐肩小卷发）的女儿的扶持下用残缺不全的肢体蹒跚着。”①在东海岛和硇洲岛，一个共产党支部正在发展。冷静的殖民官员依旧坚信：“租借地的人们与新闻运动和外界发生的事儿只有一丝瓜葛，那就是他们的买卖做得如何，货币危机和经济萧条带来的破坏让他们头疼不已。”②

让这位高级驻扎官大为不快的是，一家德国公司落户在了他的地盘的中央。事实上，这家德国化肥公司是在利用这片飞地做实验！在法国人眼里，后果将是灾难性的。人们说，中国农民有点手笨，德国化肥也许会烧毁庄稼而不是改良它。不管是不是谣言，人们都十分气愤，因为全家都可能会被毒死。

1931 年 1 月，南京国民政府加强了领土周边的海关管理。为了巩固边疆，中国政府试图向法国施压，使其离开广州湾。这是否就是封锁的开始？租借地军队指挥官阿尔弗雷德·博南格（Alfred Bonningue）上尉着实担心他珍视的租借地的命运。他回到巴黎，发表了著作《法国在广州湾》。作为一部宣传作品，这是唯一一部关于租借地的书。阿尔弗雷德·博南格上尉太爱鸦片了，他幻想着：“1899 年 11 月 16 日，广州湾成了我们的租借地，租期 99 年。因此，我们对这块领地的特权理应延续到 1998 年 11 月 16 日，即 67 年后。”阿尔弗雷德·博南格竭力说明这块飞地的战略重要性：“在中国政府眼里，我们在广州湾既是一种保障，也是一种投资。保障，是因为自从中国革命爆发以来，内战连年不断，从芒街到香港，不管是与广州政府、南京政府，还是北京政府相对抗的反对派，都缺乏一个海上庇护地，需要像白雅特城这样的能够为他们提供生活必需品、武器和弹药的基地。西部的下龙湾、中部的广州湾、东部的澳门和香港，皆因其中立立场而成为当时国民政府在华南的三大安全支柱。投资，是因为印度支那政府坚持每年注资 40 万皮阿斯

---

① 勒内·旺朗德：《中国洋行》，巴黎：J. 陪路尼特出版公司，1935 年。

② 《1930—1931 年广州湾行政、经济和财政状况报告》，河内：远东印刷厂，1931 年。法国文献局藏。

特，用于开发和建设租借地，由此带来的经济发展不仅有利于我们管理下的中国人民，也有益于辖区外与我们打交道的中国人。按照法国的观点，广州湾值得我们关注是由于以下两个重要原因：首先，该地是南太平洋边上的一个落脚点，曾被誉为将来某天可以主宰全球命运的地方，我们的船队在这里可与美洲、欧洲国家和日本等海洋大国往来；其次，该地位于广东省侧翼，印度支那前方卫兵对此地的占领有利于对中国广州至越南东京边境地区进行各种陆上和海上观测。因此，必须提供最强大的保障来守卫我们美丽的租借地。”①

在巴黎，就像博南格所描述的那样，殖民“帝国”非常得宠。1931 年 5 月，著名的巴黎世界博览会在万森纳森林开幕。六个月里，有 3 000 万游客参观了吴哥窟的高仿真复制品。在这座蔚为壮观的宫殿周围，是交趾支那、安南、东京、柬埔寨和老挝的亭台楼阁。而广州湾，则以玄妙的“衙门”形象展现出来，“衙门”是汉人传统的官邸。

自 1931 年 9 月起，远东地区的政治局势日趋紧张。日本占领了位于中国东北的满洲地区。日本人坚信，上帝在世界的中心创造了他们的群岛，就是为了让他们统治全世界。亚洲被点燃了，白雅特城四处都是间谍……第二办事处、军情局对过境白雅特城的游客展开了调查。第二办事处主任在邮局宾馆发了一份关于沃尔夫冈 · 卞沙（Wolgang Panzer）博士详细情况的秘密电报。据电报描述，这位沃尔夫冈 · 卞沙曾是哲学博士、广州中山大学的地理老师。电报给出了一些描述：“说一口标准的法语，曾任德国军官，曾在法国边境活动并受伤，战后暂居蓝色海岸和图卢兹，曾声称来中国旅游。”②这位卞沙博士是间谍吗？调查没有进行下去，事情无果而终。

与此同时，《时代周刊》的一位记者——亨利 · 张普利（Henry Champly）也滞留在租借地。亨利 · 张普利曾做过关于贩卖白人女郎情

---

① 阿尔弗雷德 · 博南格：《法国在广州湾》，巴黎：贝尔热 – 勒夫劳出版社，1931 年。

② 法国外交部外交档案，中国。

邮局宾馆（陈灵藏）

况的调查[①]……他乘坐的火轮船曾在赤坎中途停靠。“这座法属的中国边境城市让我很好奇”，亨利·张普利如是说，“首先，在上层人士、市长维西尔斯（Vayssieres）先生的主政下，它的城市化业绩非凡。霍乱得到了控制，街上没有任何垃圾……在那里，我们的租借地像在别处一样，取得了不错的成绩。”[②]

船上那位多次在该地区航行的火轮船船长这样回答记者：“太对了。从另一种意义上讲，赤坎的赌场、番摊、打花会、中国式轮盘赌，可与澳门的赌场相媲美。这里有许多中式餐馆、广式风格的高级歌女。这就是广东的将军们都来此挥霍他们的战利品的原因。即便他们战败了，他们也将这里当作休养生息的地方……”[③] 亨利·张普利回道：“我知道。我在法属租借地的市政府见过一张名单，列有前任公使、旅长、区长、总管以及其他稍逊的中国达官贵人的名字，他们在我们勇敢的卫兵保护下安于一隅，并不缺钱。我曾穿梭于黑夜的赤坎，虽然是随意的走马观花，但已经足以让我想象到它的灯红酒绿了。例如，总有人跟我指交际花们……”[④] 这位海军军官打断他道：“这是个固定的群体。有很多优雅的女人！她们已经像欧洲人那样打扮和化妆了。还有很多漂亮的混血儿，或者纯种的白人，法国女人或澳大利亚女人，我们把多少女人带到了白雅特城，然后又繁衍！曾经，一位前法国国会议员隐居在这里，从事鸦片种植，同他的中国朋友们胡吃海喝……他既粗暴又慷慨，是一位

① 1932 年 4 月，亨利·张普利遇见了他的同事阿尔伯特·伦敦，后者鼓励亨利·张普利报道有关贩卖白人女郎的事件。

② 亨利·张普利：《上海之路》，朱尔斯·塔朗迪耶出版社，1933 年。

③ 亨利·张普利：《上海之路》，朱尔斯·塔朗迪耶出版社，1933 年。

④ 亨利·张普利：《上海之路》，朱尔斯·塔朗迪耶出版社，1933 年。

大殖民主，也是位蓄着大胡子的可敬的长者。”① 随后，亨利·张普利听到了著名的费尔南·高特雷的坏名声。费尔南·高特雷曾于1908年担任白雅特城的公使，② 进步主义者高特雷是位蓝胡子③，拥有多位小娇妻……

法国的占领真的是贩卖白人女郎的转折点吗？事实上，由于经常被暴风雨侵袭，生意的进展并不顺利。时间的流逝让人难以忍受。台风总是造成损失，每年都要重新修整被破坏了的道路和桥梁。除了鸦片，其他经济活动都停滞了，城市化计划由于缺乏资金而被迫放弃了。区域内的治理也延期进行，待日后好转再议。在赤坎，只有一个行业还算兴旺：鞭炮制造。租借地的手工业主雇佣着多达一万两千余名男女工人。

年轻的中国歌女

（法国旺代省档案馆藏）

如果不小心，貌似没有攻击性的鞭炮可能会变为可怕的炸弹。殖民政府却一直在玩火，在年度报告中还表现出如此满意：“自1931年7月至1932年6月，广州湾地区一直处于平静的政治环境中，十分有利于经济活动。我们与相邻的中国政府相处十分讲礼节，甚至可以说是热情友好的。中日矛盾激起了强烈的民族情绪，但租借地毗邻地区并未发生像往年那样的灾难性掠夺和党派斗争。在满洲发生的事情没有蔓延开来，人们对北方地区的变化很漠然，仅仅做出了一些表面的反应：形式上的抵制，张贴反日告示，几个不安分的学生还组织了游行。尽管学生们十分激愤，却没有激起民众运动。1931年10月10日中华民国的纪念声明也

① 亨利·张普利：《上海之路》，朱尔斯·塔朗迪耶出版社，1933年。

② 高特雷实际上是广州湾的总公使。作者有时以白雅特城代指广州湾。——编者注

③ 蓝胡子（Barbe bleue），也作青须公，是法国民间传说中连续杀害自己六任妻子的人。他家道富有，长着难看的蓝色胡须，后人用其指代花花公子、乱娶妻妾的人和虐待老婆的男人。——译者注

在静默中度过，与以往并无两样……战事引发的人力需求越来越大，激发了大量的抵抗。士兵的招募更多是依靠强制而非自愿，并导致逾3 000人移居租借地，以逃避士兵招募。许多征兵的人都曾试图在租借地征兵，但都被逮捕并驱逐出去了。总之，尽管边境地区对外高度开放，但是租借地的公共秩序从未遭到破坏。”①

1932 年 1 月 18 日，印度支那总督皮埃尔·巴斯杰登上无常号炮舰，在到达香港之前在白雅特城做了停留。总督的巡行打破了下属们单调无聊的日常生活。当地媒体报道了将军的到访，但忽略了总督的头衔。“上周日，在驻扎官官邸举办了官方晚宴，出席者有高级驻扎官② 和 S 女士、将军、卫戍部队军官、土著警卫队官员及其夫人们。在一场简短的讲话中，高级驻扎官先生着重介绍了法国在这个外国小角落里完成的杰作，以及下一步的计划。将军则首先对白雅特城、高级驻扎官先生及其夫人的热情接待表示了感谢。然后，将军用简短的几句话表达了他的惊讶：他原本以为这里只是一个小驿站，但在他登陆广州湾后，竟吃惊地发现这座城市还有着漂亮的大街、非常发达的商业活动。而赤坎更是为将军准备了盛大的欢迎仪式，几乎到处都是凯旋门。广州湾商会在商会会馆接待了他。将军穿越了这座桃色城市的一条条商业小街，它让我们的客人感到惊奇。在这里，满目都是和平与宁静，而周围则充斥着内战的低吟、死亡和废墟。”③

事实上，据巴斯杰总督自己说，他此行的目的本是“肃清印度支那的无政府主义者和共产主义者”。就在皮埃尔·巴斯杰视察前的几天，苏联人在 1932 年 1 月 11 日的《真理报》上读到这样一则报道：“印度支那即将迎来一位新的绥靖主义者：目前的暴君总督巴斯杰。尽管他残暴镇压当地民众，空袭炸毁了上百个村庄，不断增派法国援军，但仍没

---

① 《1931—1932 年广州湾行政、经济和财政状况报告》，河内：G. 杜邦印刷公司，1932 年。法国文献局藏。

② 这里的高级驻扎官（Résident Supérieur）即总公使或首席执政官。——编者注

③ 勒内·旺朗德：《中国洋行》，巴黎：J. 陪路尼特出版公司，1935 年。

能扼杀反抗帝国压迫、殖民资产阶级、官吏和地头蛇的革命运动。”①

1932 年 5 月，有两起惨剧登上了报纸的头版。在巴黎，共和国总统、白雅特城的缔造者保罗・杜美被一个自称法西斯主义者的俄国人暗杀了。另一则新闻则令记者和忠实的读者们更为震惊：著名记者阿尔伯特・伦敦在乔治・菲利普号游轮上发生的一场火灾中离奇死亡，他当时正乘坐这艘游轮由上海驶往马赛。阿尔伯特・伦敦完成了一项关于“狂热的中国”的调查，引起了强烈轰动。他的调查材料在大火中被烧毁，而他本人则在火灾中失踪。他是否也是死于谋杀呢？保罗・杜美的遇害和阿尔伯特・伦敦的离奇死亡难道仅仅是一个巧合吗？②

白雅特城的失望情绪在不断累积。在东海岛这个较大的岛屿上，爆发了一场瘟疫。这个难以接近的地方，是海盗们和走私犯的藏身之地。皮埃尔・黄医生乘小船来到岛上。在海上，可以望见雅克林山的山峰，这是租借地的最高点。黄医生看起来颇受尊敬，因为他是中国人、广州湾本地人。法籍、毕业于河内医科学院的黄医生，在三个星期内接种了 6 596 支疫苗。他的任务很艰巨，因为村民们到处散播说，这种疫苗会让女人失去生育能力，日本间谍和法国人同谋实施了一项使人们不能生育的阴谋……老鸨们也将前来治疗患性病妓女的医生拒之门外。

此时，炎热已经不那么可怕了，小说家勒内・茹格莱（René Jouglet）来到了广州湾商行。他周游世界，目的是让自己的想象力保持生命力。在这里，这位小说家很惊奇地遇到了知名鸟类学家、租借地的新长官皮埃尔・贾布宜（Pierre Jabouille）：“我在白雅特城与长官度过了一晚。贾布宜先生出版了一部关于此地区鸟类的高水平著作，里面的插

---

① 《真理报》（*Pravda*）上的文章，转引自米歇尔・卡恩：《绿宝石的悲剧》，巴黎：罗什出版社，2007 年。根据《绿宝石的悲剧》，1934 年，皮埃尔・巴斯杰总督死于飞机爆炸。无从得知这是一场意外还是谋杀。

② 1932 年 5 月 26 日，东方汇理银行（或译印度支那银行）召开董事会：“总经理向董事会指出，很庆幸，除了船上的 228 公斤黄金丢失了之外，乔治・菲利普号的悲剧没有给银行带来其他严重的后果。船上的银行职员都安然无恙。”为何船上会有黄金？它们是从哪里来的？东方汇理银行总经理没有提及阿尔伯特・伦敦的死亡悲剧。这位银行总经理名叫保罗・博杜安（Paul Baudouin），1940 年，他成了贝当政府的外交部部长，并签署了犹太人法律地位条例。

图吸引了我。他带我参观了诗意盎然的惊湖，以及赤坎，一个中国城市，也是一个商业和娱乐之城，刚好有几个倒霉的盗匪被抓起来。”[①]事实上，1931 年巴黎举行世界博览会时，皮埃尔·贾布宜已经发表了关于印度支那鸟类研究的四卷本的里程碑式著作。这位肥硕的自然学家喜欢分类、编书成册。他的好友皮埃尔·肖沃（Pierre Chevey），是著名的鱼类学家[②]，于5 月份带着他的渔船实验室来到了白雅特城。皮埃尔·贾布宜邀请了他的同事来此进行一场奇妙的探索。因为之前有渔民说曾在惊湖里见过龙！为此两位兴奋的自然学家用卡车把一艘捕鲸船拖运到了惊湖。事实证明，将两桅的船拖了数千米，不仅是一项巧妙之举，更是技术上的壮举。警察局局长甚至觉得贾布宜疯了。搜寻并没有任何结果，也没有发现任何龙或者大型鱼类的踪迹。然而，他们在湖底取得了丰富的生物样本，包括龟类、甲壳类以及一些不知名的鱼类。皮埃尔·肖沃提议将其中的一种鱼类以同伴贾布宜的名字命名。这一名为贾布宜条鰶（Hemiculter Jabouille）的新鱼类丰富了印度支那海洋学会的名册。

7 月，形势迫使皮埃尔·贾布宜放弃他的探寻龙之旅。广州的学生们与白雅特城的官员们召开了会议。官员希望居民们参加周边县长的选举。学生们希望借此机会，促成法国租借地重新回归广东。安全局立即驱逐了爱国学生。

紧接着的一个月，人们得知，海盗Koc－Tsao 被中国士兵抓起来了。河内的报告对此予以确认：“一个强大的60 人的犯罪团伙被彻底摧毁了。他们凶残骇人、武器装备先进（有自动化武器、榴弹……）。有极个别犯罪分子早前逃出了边境，但在随后的几个月里被抓获，并得到了应有的惩罚。”[③] 勒内·茹格莱为这位避居在租借地小岛上的海盗勾勒出一幅生动的画像：“他住在村里，抢劫、杀人、偷窃、袭击小船。他

① 勒内·茹格莱：《航迹》，巴黎：格拉塞出版社，1935 年。

② 鱼类学是一门研究鱼类的自然科学。

③ 《1932—1933 年广州湾行政、经济和财政状况报告》，河内：G. 杜邦印刷公司，1933 年。法国文献局藏。

仿佛生性就是残暴的，却毫不吝啬他的战利品，并将它们分发给别人，这为他赢得了许多好感和同谋。事实上，他人也从不敢抱怨，因为强制不容争辩，他就是这里的霸主。若是他觉得村里有哪位显贵对他的行为不悦，他便将之杀掉……他回到白雅特城，仿佛这是他一生所迷恋的地方。难道是因为爱上了一个女人吗？在这点上，这位大盗似乎颇有情场高手般的情感。"[①] 最终，Koc - Tsao——这位非同凡响的草寇罗宾汉——在一个烟馆被捕，并于8月31日被斩首，时年34岁。

9月中旬，一场史无前例的台风席卷了这一地区。大量的建筑物被摧毁，受灾者数以万计。"白雅特城呈现出一幅悲惨景象，让人联想起被正面轰炸的森林"，东方汇理银行行长如是说道。[②] 行政长官皮埃尔·贾布宜也十分沮丧，因为暴风雨摧毁了仅存的一张野鸭、白鹭和翠鸟分布图。这位鸟类学家和博物学家怀着极其失落的心情离开了这个可恶的地方，他仅仅在这个被摧毁了的"大鸟笼"任职了9个月时间……

自1933年1月起，更加务实的新公使保尔·德拉马尔（Paul Delamare）试图重新将局面掌控在手中。新一批越南士兵被派往租借地边境驻守。年轻的士兵们取代了腐败的管理机构，后者对所有的走私行为视而不见到了过分的地步。而且香港的英国人无法接受白雅特城在鸦片贸易中扮演的可恶角色，因为租借地周围的大部分海关专员都是英国人，他们说服中国政府增加海关关口，边境形势顿时紧张起来。法国驻中国公使奥古斯特·韦礼德（Auguste Wilden）敲响了警钟："这些条款和威胁给广州湾带来了巨大动荡。事实上，边境的麻烦事不断，还有大量的间谍扰乱我们的秩序，他们与租借地公使对抗。"[③]

---

① 勒内·茹格莱：《航迹》，巴黎：格拉塞出版社，1935年。勒内·茹格莱的作品一直受海盗冒险行为的影响，1936年，他的小说《迷失的城市》描述的是海盗藏宝的历史，这部小说取得了巨大成功。

② 法国农业信贷银行历史档案部，东方汇理银行档案。

③ 1933年3月7日奥古斯特·韦礼德给让-保罗·邦库尔的信。法国外交部外交档案，中国。

土著警卫队与官员们

（欧内斯特・多菲斯：《印度支那土著军》，阿维尼翁：D. 塞甘印刷厂，1934 年。法国文献局藏）

当时，世界经济危机已经蔓延到了法国租借地。海上贸易已濒于危险的边缘，商店和货栈一家接一家地歇业。1933 年的年度预算报表提到，“赤坎，曾是过境中国人经常光顾的快乐之城，现在被老主顾们抛弃了”，“赌场没有了收入”。“妓女税”都降低了！在 4 月 11 日的一张明信片上，一位军人写道：“白雅特城越来越糟糕了。食物定量配给，福尔马林处理……这一切使得这里变成了让人厌烦的地方。我受够了。”① 6 月，一场严重的旱灾烤干了稻田。令人窒息的气候让一切变得虚弱：植物、动物、人。德拉马尔在破旧的官邸里记录下了这一可怕的景象：“1932 年 7 月至 1933 年 6 月，广州湾租借地的政治局势仍旧令人满意。这得益于与当地政府和邻近的中国政权尤其是广东南路绥靖公署② 的友好合作关系，安全形势一直很好……国家的灾难在南部地区尤甚，再加上经济的萧条，都降低了广东中部个别人发动的政治阴谋的吸引力。这些人策划

① 该明信片为作者私人特藏品。

② 当时的广东南路绥靖公署驻地位于租借地东边的梅菉市（今吴川市）。——编者注

了反对南京政府[1]的活动，但对我们的侨民来说不值一视。同样的原因，重大事件、节日仪式的庆祝也没有亮点……严格的监控措施使得共产主义在租借地没有得到宣传，而中部省份的红军正在利用日本侵略引发的恐慌在广东扩大影响力。”[2]

12 月 1 日，在巴黎德鲁昂饭店，32 岁的安德烈 · 马尔罗以小说《人的命运》一书获得了龚古尔文学奖。[3] 评奖委员会讲到，马尔罗的三部关于亚洲的小说《胜利者》《王家之路》和《人的命运》都得到了他们的青睐。百代（Pathé）定期新闻电影录下了这位获奖者的感言。安德烈 · 马尔罗手里拿着一根烟，说：“通常一位作家获得文学奖后，都会解释为什么一部作品需要以及如何取悦于读者。而我不想说那些模棱两可的话。我只想表达我心里想的东西，展示人性中伟大的一面：我曾经遇到过的那些飞蛾扑火的中国共产主义者，他们被压迫、谋杀，被敌人以各种方式摧毁；我为这些死者而写作。如有谁将政治热情置于追随伟大之上，不论是何种政治热情，都已经背离了这部书。这部书不是为了这样的人而作的。”将年轻的马尔罗推荐给让 · 阿雅尔贝的是加斯东－伽利马出版社。[4] 让 · 阿雅尔贝不仅是一位印度支那专家，还是龚古尔学院非常有影响的一位成员，正是得益于他，安德烈 · 马尔罗获得了龚古尔文学奖。让 · 阿雅尔贝也是第一位揭露在白雅特城发生的诸多丑闻的知识分子，他非常喜欢这位狂热作家的文风。

1934 年，租借地的境况更糟糕了。1 月 23 日，赤坎一家有名的鞭炮制造厂爆炸了，造成 54 人死亡，203 人受伤，受害者主要是妇女和儿童。一个敏感的话题是：保尔 · 德拉马尔希望提高鸦片的合法进口

---

① 南京政府即蒋介石政府。

② 《1932—1933 年广州湾行政、经济和财政状况报告》，河内：G. 杜邦印刷公司，1933 年。法国文献局藏。

③ 《人的命运》（*La condition humaine*）为马尔罗代表作，以上海四 · 一二政变和中国革命为基本内容。——编者注

④ 在被德国占领时期，让 · 阿雅尔贝站在了贝当元帅政治立场一边。雅克 · 多里奥也属类似情况，他是法国法西斯政党 PPF（法国人民党）的创立者。而早在 20 世纪 20 年代，阿雅尔贝和多里奥曾经与亚洲的殖民主义战斗。解放后，雅克 · 多里奥死于德国的一场轰炸，让 · 阿雅尔贝则被法国作家协会列入了黑名单。

法国公使和中国士兵（陈灵藏）

量，而商人们每年从印度支那政府那里获得的鸦片仅有 60 吨，这太少了。走私数量的不断增加，瓦解着政府的垄断。于是保尔·德拉马尔向上级报告："海关和专属局对鸦片授权专营店进行了频繁的巡视和大量的巡回督察，因为走私活动实在是太猖獗了。中国海关总署似乎没有对鸦片走私进行特殊的监督，而对于租借地的其他进出口产品却按照政策进行严格检查。人们希望大幅度增加租借地的鸦片制造量。走私的严重性证明，现有的鸦片供应量根本满足不了当地的消费需求。"① 保尔·德拉马尔做得过分了吗？他的行为惹怒了上层，被迅速撤换。6 月，莫里斯·德·达斯特（Maurice de Taste）取代了他。

这一位于远东的小法国领地，自其建立以来就是一块被包围的堡垒。只不过到了现在，它才感到真正的窒息。中国政府坚持对租借地实行包围政策，有三百余处中国海关监视点对租借地五十多公里的海岸线进行监视，白雅特城几乎成了围城，以至于莫里斯·德·达斯特开始考虑修建一批碉堡。为了示威，他命令土著警卫队占领租借地边境的南部丘陵地带，这是一道天然屏障。于是，白雅特城有了它的小长城。

10 月 15 日，一条重大新闻在领事馆和烟馆里传播开来。毛泽东，江西山区里神秘的中华苏维埃共和国领导人，在蒋介石的进攻下带着部队转移了，这就是著名的长征。法国人研究发现："虽然租借地的中国人表面上对外界发生的政治事件漠不关心，但他们自一开始就对象征着

① 《1933—1934 年广州湾行政、经济和财政状况报告》，河内：远东印刷厂，1934 年。法国文献局藏。

蒋介石军事独裁统治的南京政府有一种不可抑制的敌意。”①

1935年，白雅特城显得出奇的平静，人们被难耐的酷暑折磨着。而欧洲人则被疟疾击垮，主任医生建议病人多休息。东方汇理银行行长抱怨道：“最好的时刻，就是在炎热的一天过后，我和家人去租借地唯一能待的惊湖泡个澡，呼吸一点空气。”② 沮丧的银行家来回踱着步，为银行业务量的锐减发愁。租借地与周边的贸易几乎被中国海关压到窒息了，商人们连印度支那的皮阿斯特也不敢用了。为了对抗中国海关的封锁，总公使决定再建一座新飞机场，选址位于在离白雅特城七公里的地方，并武力征用了当地地主的土地。于是，白雅特城就有了两座飞机场，即位于边境附近的太平应急机场和另一处连接首府的真正机场。这样，信件和货物得以运送，打破了中国政府对租借地的封锁。南京政府虽试图禁止外国飞机在其领空航行，但无济于事，欧洲公司仍然控制着中国的领空。

鉴于形势，白雅特城警察局提高了警惕。“租借地以及毗邻地区都没有发现共产主义的宣传者，这点可以保证。但是，日本代表团经过广东和广西的事，加剧了广东人对于日本帝国在中国扩张的担忧。海南的情况一直如谜团般堪忧，据说那里藏有重要的共产党人。广州对大半个海南岛的控制徒有虚名。”③

圣诞节时，圣维多尔天主教堂被彩带和小灯泡装饰一新，虔诚的教徒们最后一次在埃蒂安·谢兰神父的带领下做弥撒。这位神父在白雅特城已经度过了动荡的18年，就要去北海传教会做主持了。出乎人们意料的是，保罗·杜美的大理石半身塑像终于在12月31日抵达公使署，这位被暗杀的共和国总统是广州湾租借地的缔造者（fondateur du comp-

---

① 《1933—1934年广州湾行政、经济和财政状况报告》，河内：远东印刷厂，1934年。法国文献局藏。

② 法国农业信贷银行历史档案部，东方汇理银行档案。

③ 《1934—1935年广州湾行政、经济和财政状况报告》，河内：远东印刷厂，1935年。法国文献局藏。

toir)[1]。

1936年1月6日，主显节这天，和为贵（Robert Lebas）神父来到了他的新教区。这位年轻的神父仅有31岁，已在中国北海生活了6年，他满心希望地来到这里。他说："整个广州湾都将成为我的精神领地。这里有九百多个基督教徒，分布在二十几个村庄里。"[2] 和为贵神父被这片神奇的土地吸引，已经在脑中勾画出他的忠实信徒的模样了。

和为贵神父的汽车

（巴黎外方传教会图片档案）

和为贵神父并不是一个人来到这里。有好几个圣母玛利亚传教团修女也随同前来，她们来到一所废弃的房子里，打算创建一所孤儿院。不幸的是，这位年轻神父和修女们到达时时运不济，因为刚刚过去的这个季节的收成非常糟糕，几乎使整个地区陷入饥荒之中，每个家庭都被饥饿折磨着。春天，公使想出了一个救济民众的计划，他成立了五个"穷人工地"，分别可容纳500人至800人！穷人们提供修路或建堤坝服务，作为回报，工地旁的商店在一天结束时向他们发放大米。

① 作者在本书中多次以"comptoir"指代广州湾，故此处涉及杜美的法文原文"fondateur du comptoir"（卖场的缔造者），实际是指"租借地的缔造者"。——编者注

② 《纽带》（*Trait d'union*）第2期，1937年1月。

广州湾的孩子们（巴黎外方传教会图片档案）

人们已经忍耐到了极限，愤怒的情绪不断攀升。这是一种史无前例的情况，广州湾人民快要起义了。殖民政府的官方报告不得不承认："从 1935 年下半年到 1936 年上半年租借地相对稳定的政治环境，至 4 月 15 日时突然变得动荡起来了，坡头[①] 发生了暴力游行示威，辖区内所有的村子都发生了暴乱，反对当局的政策。几个暴动策划者夸大税负，震惊了人民，并以此为由头发动了起义。"[②]而中国新闻给出的却是另外一个版本。据广州的报纸报道，[③] 4 月 24 日，一些村民聚集在坡头圩广场，抗议政府实施强制性苦役。法国指挥官下令他的越南籍部队驱散人群，部队开枪射击，数位苦力死亡。报纸刊登了受害者照片，严正批判法国人的行径："三十多年来，我们的同胞在法国人的魔爪下呻吟着。外国人对我们的凌辱与日俱增，满洲已经沦陷了。在国内，人们还忍受着内战之苦，自相残杀，国内到处都是共产党，法国人对我们越来越无道。以前，他们羞辱安南人，现在轮到广州湾了。他们对我们的财产巧取豪夺，欺压百姓，视人民如同畜生。"[④]居民暴动引发的结果就是

① 坡头是继赤坎和白雅特城之后租借地的第三大经济镇。

② 《1935—1936 年广州湾行政、经济和财政状况报告》，河内：G. 杜邦印刷公司，1936 年。法国文献局藏。

③ 考虑到涉及报道内容的引文出处为《南宁民国日报》，故此处应为"据广西的报纸报道"。——编者注

④ 引自《南宁民国日报》，1936 年 5 月 9 日。法国外交部外交档案，中国。

1936年6月莫里斯·德·达斯特被取代，新上任的卡米尔·夏布拉尔（Camille Chapoulard）被认为随和许多。不过即使法国发生了人民阵线运动，但一切也没有改变。卡米尔·夏布拉尔关于其他的暴动这样描述道："在所有的袭击中，最令人痛惜的当属10月26日下午2时，来自中国的一只武装力量在光天化日之下对坡头市场进行攻击。这次袭击造成了3人死亡，其中包括一名女性。而在此前的9月14日，另一队作恶者开枪射击了一辆载有坡头兵营换防部队的大卡车。1936年10月11日至12日的晚上，这些强盗们试图烧毁卫兵们的住所。1936年11月7日晚上，他们同时袭击了从岭上（Leung - Sheung）到三合窝（Sam - Ka - Woo）的哨所。这些袭击的实施者胆大包天，因为他们犯下罪行之后，可以立即逃到临近地区以逃避制裁。毫无疑问，如果租借地之外没有对叛乱者提供支持，没有避难场所，或者没有得到非官方的支持，这些叛乱行为很快就会失去活力。"①

官员们也不如以前听话了，他们开始质疑法国政权的合法性。况且，租借地的原始地图在哪儿呢？1936年12月2日，外交部部长伊冯·德尔博斯（Yvon Delbos）致信驻北京的法国大使："殖民地部部长最近困扰于是否拥有关于广州湾租借地的官方文件，以帮助解决我法国殖民政府和毗邻的中国政府之间有关边境问题的悬而未决的争议。现特向您提交我的下属在研究并总结奥赛码头②档案后做出的报告，以文献形式附在信后。大体上讲，该研究表明，1899年11月16日的条约没有被批准，也无从知晓这条法令的原文和附图去哪儿了。而从外交部档案中试图找到寄给法国的、能够当作批准文书的原文文本的行为更是徒劳。据说驻巴黎的中国公使馆收到了中方文书，并要求交换协议，而事实上这一交换从未发生过。"③这真是个灾难。有关法国这块飞地合法地位的官方文件找不到了！

---

① 《1936—1937年广州湾行政、经济和财政状况报告》，河内：G. 杜邦印刷公司，1937年。法国文献局藏。

② 奥赛码头，即法国外交部。——编者注

③ 法国外交部外交档案，中国。

1937年7月7日，在北京马可·波罗桥[①]，中国士兵和日本士兵因发生摩擦而引发事变，日本以此为借口侵略中国，两国不宣而战。很快，日本军队占领了北京地区和长江流域，进而攻占了南京、汉口和广州。

接着，扰乱人心的谣言四起。人们注意到白雅特城附近出现了日本巡洋舰和飞机。一个强盗首领投靠了日本侵略者，海盗行为死灰复燃。河内立即起用了新公使雅克·勒·普雷沃斯特（Jacques Le Prevost）。他的责任就是应对日军给这座海港城市带来的日益增加的压力。尽管防卫几乎是不可能的，但是他仍然做出了令人欣慰的汇报："过去的一年，中日冲突将广袤的中国大地洗劫一空，更反衬出广州湾租借地的宁静……此外，中日冲突的爆发，正好使租借地和周边地区的中国人对我们充满了感激，因为我们在广州湾的驻扎使他们受惠不少。自从战争序幕拉开，难民们不断涌向租借地，因为在这里，他们可以获得最大程度的接纳和自由。"[②]

印度支那的法国人希望保住他们的天堂。1938年，印度支那旅游公报特别邀请旅行者前来租借地考察。这些话听上去着实不错："白雅特城热闹的土著居住地区充满了活力，而相邻的欧洲人居住区则较为宁静，建有教堂、银行，行政大厦的红色屋顶掩映在庞大的绿色树冠下。贯穿城市的几条大街养护得非常好，路两侧种植着杜松树、龙牙花和榄仁树（尤其是贝当元帅大道两侧）。规律运行的公交车行驶在美丽的道路上，将城中心的各个区域连接起来，有的还能到达毗邻的中国城市。赤坎则是一座带有中国式神秘色彩的城市，人口众多，羊肠小路曲曲折折，时而需拾级而上。沿途是壮观的柱廊夹道，各种店铺招牌各异、色彩斑斓，店里尽是各种小商品。还有五座佛寺可供参观，游客可在此欣赏到奢华的装饰、奇异的花朵、小山和莲池。"[③]

---

① 马可·波罗桥（Pont Marco Polo），即卢沟桥，在西方因最早被《马可·波罗游记》描写而得名。——译者注

② 《1937—1938年广州湾行政、经济和财政状况报告》，河内：G. 杜邦印刷公司，1938年。法国文献局藏。

③ 印度支那旅游公报，广州湾租借地旅游，1938年3—4月。

《马特罗列指南》中展示广州湾景点和建筑之一页（上图为功德牌坊；左下为惊湖，即湖光岩；右下为幸福塔。巴黎外方传教会图片档案）

公报还建议游客去参观中国功德牌坊，以及帝制时代修建的“幸福塔”。游览的最后一站，是到惊湖远足。此风景区位于距离白雅特城22公里、约35分钟车程的地方，在登上一座死火山后，就可以看到火山口处著名的惊湖了。在濒湖的细沙滩上设有小浴室，即使在炎热的夏季，这里的游客也总是络绎不绝。在与《米其林指南》齐名的《马特罗列指南》[①]里这样提及：“这里已成为气候宜人的海滨疗养胜地，欧洲人经常光顾。”[②] 在白雅特城霞飞元帅大道3号，坐落着著名的万利大厦（Hôtel Vallée），在这座为亨利·万利（Henry Vallée）所有的建筑物里，既设有食品杂货店，又有面包店和药店。在赤坎，还有两座酒店，分别坐落于法国大马路和新街尾路（Rue de la Queue）[③]，不管何时，你只需花一皮阿斯特就可以吃顿饭。当然，旅游指南没有提及烟馆和妓院，却指出：“整个辖区内到处都是娱乐中心，

---

① 《米其林指南》（*Le Guide Michelin*）是法国知名轮胎制造商米其林公司出版的美食及旅游指南书籍的总称，它诞生于1900年巴黎世界博览会期间。《马特罗列指南》（*Guide Madrolle*）为同期齐名的法国旅游指南，以法国探险家、旅行家、游记作家和指南作者马特罗列（Claudius Madrolle，1870—1949）之名为名。——编者注

② 《马特罗列指南·北印度支那》，巴黎：阿歇特出版社，1932年。

③ 分别为宝石酒店和大中酒店。——编者注

中国戏馆通宵营业，里面有400名歌女。”[①] 这个戏馆就是巴黎戏院，[②] 坐落在公使的官邸附近，也作电影院使用。

提交给印度支那政府的报告给广州湾的娱乐场所蒙上了一层遮羞布：“租借地现有105个授权经营的烟馆，其销量由海关控制。而海关接受警察局和的严格监督，因此不会造成权力的滥用。尤其是去烟馆的妇女、儿童、年轻学生或者欧洲人，从未大规模出现。”[③]

作家亨利－比亚博（Henry－Biabaud）对印度支那的南北距离进行了测量。因为他正在编写一本旅行手册，所以决定走访一下印度支那联邦的第六块领土。[④] 然而租借地很难到达，因为游客必须先乘坐从越南海防到香港的邮轮，然后再从香港出发去白雅特城。而一到目的地，亨利·比亚博就失望了：“3月13日星期二，在度过了一个平静的夜晚后，我们于中午时分平稳到达白雅特城，广州湾租借地的首府，一个拥有8 000居民的港口小城。港口看上去很一般，但欧洲街区开发和养护了良好的街道，为我们的统治增光不少。不管是宽阔的大街或是当地的街巷，都没有什么吸引人的异国风情；同样，在参观完布局讲究的法国公使署和精致的教堂后，如果周围没有特别迷人的远足目的地，游客也就没什么感觉了。第一站是赤坎，距离白雅特城约10公里，有35 000人口，周边是古老的城墙，里面还保留着古代中国的特色：狭窄得难以想象的小路、流动的商贩、昏暗的商店和小手工业者。赤坎的各个街区以照明灯相隔，以方便警察巡视，然而在以往，每晚的灯光都会被调暗。这里很少见到欧洲人，到处都是中国人，他们上下打量着我们，但

---

① 《马特罗列指南·北印度支那》，巴黎：阿歇特出版社，1932年。

② 1930年，法国谷舍洋行在广州湾开办了第一间电影院——巴黎戏院，用法国万代牌电影机放映无声电影，这是广州湾历史上电影业的鼻祖。初期只为法国殖民者服务，1932年面向社会营业。巴黎戏院坐落在湛江市霞山区（旧称西营）民有路与解放东路交接处西侧，有五百多个座位。新中国成立前已停业，现已拆除建成职工宿舍。——编者注

③ 《1937—1938年广州湾行政、经济和财政状况报告》，河内：G. 杜邦印刷公司，1938年。法国文献局藏。

④ 广州湾当时由印度支那联邦总督府直接管辖，为交趾支那、安南、东京、老挝和柬埔寨之外联邦的第六块领土。——编者注

并无恶意。”[1] 亨利－比亚博在与公使共进晚餐后，便登上了去往下龙湾的船只。

由于夏日的狂风暴雨，白雅特城的居民们更喜欢待在家里。天主教传教会在编年体公报中提到：“一个月以来，暴风雨一场接一场，大雨连着大雨；我们都浸在水里，仿佛回到了大洪水时代（《圣经》中挪亚时代的大洪水）。虽然不是暴风雨将日军的炸弹卷走的，但自从上一期公报发布以来，我们确实享受了一段宁静闲适的时期。只有来自广州和汕头的消息才让我们想起，我们的兄弟们还处在水深火热之中。”[2]

著名的印度支那旅游指南的作者克劳迪厄斯·马特罗列自 1896 年对广州湾进行了考察后，向殖民地部提出了惊人的建议。这位老探险家向法国政府建议，买下通往白雅特城海上之路的中国小岛。据他所想，这样可以避免日军军舰入侵印度支那附近地区。

平安夜，法国侨民们在高级驻扎官官邸聚会。总公使雅克·勒·普雷沃斯特（Jacques Le Prevost）在此接待了他的下属们、警察、海关人员、银行家、传教士、医务人员、几位侨民及其夫人。军人们穿着白色制服，非军人穿着斯宾塞[3]西装，女士们则穿着从河内购回的晚礼服。在接待大厅，海军上将的画像、运动员奖杯、中国古玩，吸引着来访者的眼球。土著警卫队乐队演奏一曲努巴[4]，阳台上，有人开始燃放礼花。虽然这个正在衰落的小法国有被收回的危险，但它仍然自我麻醉着，仿佛这样可以免于这一悲剧的命运。

1939 年年初，白雅特城越来越与世隔绝了。最令人烦恼的便是消息的匮乏了。2 月 6 日，一位有名的女士做客公使署，她就是战事通讯员加布里埃尔·伯特兰（Gabrielle Bertrand），《小巴黎人报》的记者。加布里埃尔·伯特兰步伐矫健，蓄着男式短发，从侦察机上走下来。这

---

① E. 亨利－比亚博：《印度支那那两年》（*Deux ans d'Indochine*），河内：远东印刷厂，1939 年。

② 巴黎外方传教会公报，1938 年。

③ 斯宾塞男装（Spencer），英国高级服饰品牌，绅士风度和贵族气质的象征。——编者注

④ 努巴（Nouba），9 世纪时出现于西班牙的伊斯兰音乐形式，是一种由声乐与器乐组成的古典音乐套曲，至今在北非马格里布各国还保留有十余种努巴。——译者注

位年轻的记者在太平应急机场着陆："两天里，我们视察了东京湾，从芒街到红河，从红河到白雅特城，没有什么异样。在海湾深处，多艘日本军舰似闲庭信步，涠洲岛（Ouaichao）周围也是这样，仿佛那里是他们舒适的落脚点。与此恰恰相反，这片区域看不到任何法国的通报舰[①]，甚至连一艘内河的炮舰都没有！……这到底发生了什么？在这片区域里，法国远东海军力量竟然完全消失了。简直不可思议！"[②]

随后的几个月里，敌方日趋逼近。日本帝国的海军收紧了在租借地周围的罗网，日军的巡洋舰在港湾巡行，帆船飘在了海上，在渔民中扩散着恐惧，位于港湾入口处的硇洲岛聚集着从日军控制下的海南逃来的首批难民。香港和澳门附近海域的捕鱼活动由于战舰的出现而停止，虽然法国海关仍然准许渔船在印度支那海域活动，但总公使雅克・勒・普雷沃斯特仍想保持完全中立，命令工作人员禁止一切与战争有关，甚至与战争仅有一点点牵强关系的货物登岸。面对越来越迫近的危险，中国人毁掉了交通要道，法国的小股宪兵队帮助他们炸毁了从北海到白雅特城的桥梁，以至于卡车不能通行，货物只能靠人力搬运。在赤坎，为了完成这项费力的任务，特招募了成千上万的苦力协助运输。警察加强了边境关卡的管理，并对附近的村庄进行巡逻。白雅特城的飞机场和广播站因此显得尤为重要。飞往河内的一条空中航线对邮政和贸易运输保持开放，两架法航飞机每周在河内和香港之间做一次周转。六架英国皇家飞机刚刚执行完曼谷—香港航线的飞行任务。这其中不包括已经退役的几架空军飞机。另外，还有一些水上飞机有时利用白雅特城对面的水面降落。

---

① 通报舰（Aviso）是一种轻型护卫舰。

② 加布里埃尔・伯特兰：《战争之路》（*La route aux armes*），巴黎：阿米奥・杜蒙出版社，1953 年。

1939 年首次发行的航空邮票（私人档案）

殖民军的少校军医吉布兰（Giblin）大夫做了最坏的打算。被轰炸的受害者涌向了城市，医院不得不扩大规模，建了许多由开放式走廊连接的房间，有手术室、妇科病房、产科、门诊和药房。此外，还设立了麻风病医院，甚至建了一个太平间……然而，250 个床位依然满足不了所有伤员的需求。

驻守在租借地的广州湾殖民政府做了最后一次总结："对于租借地来说，刚刚过去的 1938 年至 1939 年是政治上相当平静的一年，也是经济上异常繁荣的一年。中日间的冲突，尽管有一些就发生在租借地的旁边，但始终没有打破租借地的平静，而维持这里的和平正是法国赋予自己的责任。作为安全之岛，广州湾见证了从中国最远处涌向这里的战争难民，他们或是逃避战争的危险，或是逃避侵略者严酷的统治。日军飞机在租借地附近的中国地区投放了炸弹之后，随着广州的沦陷和海南岛的被占领，难民潮的规模更大了。由于这一原因，白雅特城中心和赤坎的居民人数剧增，达到了 1937 年的三倍。所有的旅馆、所有能住的房子都被利用起来了，很多难民和旅行者不得不住在寺庙或是援助委员会匆匆搭建起来的棚屋里。而政府这边则千方百计为战争受害者的安顿和周转提供方便。”①

来自广州的富裕家庭将其财产转移到了白雅特城。其流动资金之大，足以使六十家中国的银行同时营业，最重要的要数中央政府的中国银行。于是，法国的衰落看上去被战争拯救了。这真是一曲天鹅之歌。②

① 《1938—1939 年广州湾行政、经济和财政状况报告》，河内：G. 杜邦印刷公司，1939 年。法国文献局藏。

② 传说中，天鹅在临死之前会发出一生中最凄美的叫声。——译者注

第七章　卖场的衰落

海军上将让·德古在检阅部队

（巴黎外方传教会图片档案）

1939年9月3日，法兰西第三共和国向纳粹德国宣战。这样，除了中日战争外，欧洲战争也开始了。那么，白雅特城在这些大国的地图上出现了吗？小心驶得万年船，还须知谨慎第一，和为贵神父又重新穿上了他的随军神父制服，他原本能够履行自己的职责，然而每天花四五个小时去训练。一场罕见的骚动打破了港湾往日的平静。总公使雅克·勒·普雷沃斯特负责组织消极防御，他通过航空挂号信预定了两挺法国本土产的机关枪。他的军队只有二十多名宪兵和150名越南当地土著步兵。这些土著兵装备落后，分散在租借地的各个小哨所，以维持秩序。边界上的碉堡进行了重新修葺，哨兵们正在坚守着岗位。理论上讲，当局是可以依靠那些被称为“警察补充力量”的民兵组织的，这1 400名民兵备有报废的步枪和手枪，可是长官们也没有想一想，万一发生不幸，日本人袭击广州湾的话，这些民兵该如何应对？从装备上来看，他们的应对手段简直不值一提。军官们只有3辆卡车和两辆小卡车，舰船仅有5艘摩托艇、3艘警用帆船和一艘公使专用的破旧小艇。

10月，一艘日本战舰烧毁了几条渔船。渔民Leong Tchou Hang幸免于难，向一位宪兵描述当时的情形："当时我正在距离硇洲岛大约50公里的地方进行捕鱼作业，我看到一艘双烟囱的日本军舰向我们驶来，我赶紧在船尾升起了法国国旗。可是，这并没有阻止这艘日本军舰向我们靠拢。他们队伍中的几个人登上了我们的船，割断了我们的缆绳，降下了法国国旗，然后将它踩在脚下。我们的船外壳上原来涂的是法国国旗的颜色，但随后他们在上面涂上了一层红色油漆，然后向我们索要通行证材料，一交出就被他们夺走了。之后，他们将我们一个接一个地捆绑起来，强行带到他们的船上，在他们的船沿上对我们拳打脚踢。紧接着，他们向我们的船泼上了煤油或汽油，放火烧了它。"①

总公使雅克·勒·普雷沃斯特和北海代牧区主教祝福（巴黎外方传教会图片档案）

在空中，日本零式战斗机小分队从租借地上空飞过，去轰炸起义的广西。租借地别墅的所有者们已经在情况允许时，在地窖里安置好了避难所，一旦有警报，大街上将空无一人。"在距离圣诞节两三天的时候，几枚飞机上的炮弹掉落在了距离赤坎很近的法国租借地上，不过没有造成任何损失。这些飞机飞得很高，无法识别，莫非这是日本的飞机吗？"②天主教传教会自问道。看来白雅特城经历了"战争的诡诞"。

1940年4月1日，天主教北海代牧区主教祝福（Gustave Deswazières）到访白雅特城。③ 雅克·勒·普雷沃斯特总公使派出小艇

① 法国外交部外交档案，中国。

② 巴黎外方传教会公报，1940年。

③ 作为天主教的一个传教点，当时的广州湾属于北海代牧区管辖。——编者注

和汽车护送他到教会。通往教堂的街道两旁都悬挂上了法国国旗，祝福主教先跪在祭坛前，然后坐在为他专门制造的御座上。在场的神父们一个接一个地上前亲吻象征着顺从的权威。祝福主教先后用法语和汉语向信徒们表示感谢，并庄严地举行了降福仪式，随后在本堂神父的住处举行了接待仪式。祝福主教介绍了他的宗座代牧区的情况：“今年这个小小的角落经历了前所未有的繁荣，这要归功于来此寻求安定的中国移民潮。白雅特城，是中国南部可使货物运往未被侵占的内陆地区的最后一个港口，同时也是许多美国传教士的中转站。”①

然而天主教的神父们满脸愁容：“我们获知了有关我们可怜的法国的残缺而又自相矛盾的消息，无暇顾及中日战争的悲惨了。作为来自教廷、传递使命的人来说，对自己国家的事情一无所知，是多么痛苦的事情。上帝啊，您就怜悯怜悯我们这个可悲的世界吧！”②

1940 年 6 月，希特勒占领了法国本土，德意志取得了完全的胜利。向来以不可战胜著称的法国经历了前所未有的失败！贝当元帅成了政府首脑，白雅特城用他的名字命名了一条街道。贝当元帅请求停战，祖国母亲面临灭亡，广州湾的法国人只有一个问题萦绕心头：“日本武士会涌向白雅特城吗？”公使于是下令撤退法国人和印度支那人公务人员的妻子和孩子，并派遣一艘舰艇驶向河内。6 月 24 日，在滂沱大雨之中，600 名印度支那妇女和儿童挤上了甲板，五十多名法国妇女和儿童分散在船舱和餐厅里。看到法国家庭的离去，中国人纷纷开始害怕，陷入恐慌之中。为了离开广州湾，民众开始大规模外逃，成千上万的中国人纷纷涌向了边界，卡车、汽车甚至人工黄包车一齐上阵。日本零式战机在难民的逃亡路上投放了炸弹，用机枪扫射着四处寻求避难的难民们。

1940 年夏天，一名法国教士目睹了裕仁天皇的军队调遣：“不想追述细节，日本军队给我们的印象是相当自信、组织谨慎小心。他们部队运输方式多样，汽车马力十足、行驶快速，一点儿都没有发出嘈杂刺耳的喇叭声。他们的马匹都非常高大，均受到悉心照料。武器也都维护良

---

① 巴黎外方传教会 1940 年传教报告，1941 年。

② 巴黎外方传教会公报，1940 年。

好，物资充足。士兵都非常强壮，营养补给充沛，纪律良好。”①只有一支力量单薄的海军小分队在白雅特城驻扎下来，并在海边建立了一个监控哨所。几十名担任观察员职务的官员在欧洲街区的街道上巡视，这些好奇的警督身着便服，穿着白衬衫和奶油色裤子在街上来回走动，没有携带武器。

一个家庭被日军屠杀（巴黎外方传教会图片档案）

7月7日，一架飞往白雅特城的法航民用飞机被日军零式战机击落。日本东京向维希政府表达了歉意，然而在坠毁的飞机旁，除了发现4名法国军官遗体外，还有一名负责监控租借地的日军上尉。这正是和为贵神父所发现的飞机残骸。他当着所有欧洲人的面，在坠毁现场举行了一场令人动容的葬礼仪式。很快，另外一名负责监控租借地的日军监察员到位，他的名字叫丸山（Maruyama），是一名海军中校。局势逐渐稳定下来后，10月中旬，法国和印度支那的那些逃亡到越南东京的家庭又重新回到了他们的家园，一切恢复到从前的样子。“合法的商业活动，以及非法的地下走私活动，都极大地促进了表演公司、游戏厅以及带来巨大财富的鸦片烟馆的发展。”②东方汇理银行白雅特分行行长法法和先生（Fafart）这样描述道。贝当元帅大道焕然一新，当时的船主和鸦片贩子陈学谈在那里兴建了一个大型百货商场和一座豪华旅馆。在第一批入住贝当元帅大道旅馆的法国人中，有一位名叫做弗朗西斯·维奇（Francis Vetch）的人，尽管他已78岁高龄，但依然神采奕奕。这位上了年纪的冒险家曾经在香港创立了第一家法语书店，即香港法语书店，而且他还刚刚出版了一本名为

① 巴黎外方传教会公报，1941年。

② 法国农业信贷银行历史档案部，东方汇理银行档案。

“跟着我的白羽毛走吧!”的书籍。[1] 由于被债主追债，他离开了英国租借地，来到白雅特城筹建“中法产品进出口公司”。弗朗西斯·维奇的名字被载入史册还有另外一个原因，即他的妻子若萨利（Rosalie）后来成了年轻的外交官兼著名作家保罗·克洛岱尔（Paul Claudel）的情人，他们的经历成了克洛岱尔的舞台剧《正午的分割》的灵感源泉。弗朗西斯·维奇遭到妻子的背叛，不得不与之离婚，靠权宜之计维持生活。他今天是一名旧货商，明天又成了假香水的生产商，他在香港的书店也倒闭了，逐渐被人们遗忘。广州湾，曾使多少人命运破碎。

安菲特里特号纪念碑（法国远东学院图书馆藏）

1940 年 11 月 21 日，让·德古（Jean Decoux）上将乘坐飞机抵达白雅特城，他是贝当元帅新任命的印度支那总督。白雅特城中那个与世隔绝的法国小社会迫切地等待着元帅代表的到来。在港口面对大海的位置，总督建了一块纪念碑,[2] 以纪念路易十四时代的一艘舰船：安菲特里特号。该计划是由法国远东学院友好联合会发起的。整座纪念碑的外

① 标题“跟着我的白羽毛走吧!”（Ralliez - vous à mon panache blanc）中的“panache”一词，原意为领袖或英雄帽子上的饰羽，标题据说来自法皇亨利四世的话语：跟着我的白羽毛走吧！——译者注

② 安菲特里特号纪念碑，俗称登陆纪念碑，位于今延安路东与海滨公园交接处。——编者注

形就像一个助航标志——一种作为海岸基准点使用的导航工具，中间的浮雕图案为一椭圆形青铜装饰，再现了这艘舰船的英姿。在下方的文字说明里，人们可以读到这样一句话："安菲特里特号，隶属皇家中国公司，是第一艘从法国驶往中国海域的舰船。该船全体船员在广州湾滞留时间为从1701年11月16日到1702年5月10日。"法国远东学院考古学家让-伊芙·克拉依（Jean-Yves Claeys）发表过以下言论："我们的安菲特里特号可能是第一艘奔赴远海的法国商船。自此，我们的船队不断地开辟通向太平洋的道路，带去了所有文明的产物。那个时期，新秩序打破了原本固有的价值观念，没人能够确定未来何时能够稳定与常规化。因此，将我们的首次行动、首次在法国这块租借地与中国的友好贸易和政治往来记录下来，是非常有必要的。"① 身着白色西装的法国人都特别激动，而日本人却缩在他们的土黄色制服里，蔑视地注视着这一仪式。事实上，纪念碑的竣工仪式只是一个借口。让·德古海军上将来到这里，是为了执行贝当元帅的政策，即给予那些迷失方向的官员传达"服从并且缄默"的命令，至少要保住珍贵的鸦片仓库。德古上将向维希政府发了一封电报："我看到了公使雅克·勒·普雷沃斯特的出色管理。我在现场还能够搜集到众多足以体现中国人杰出智慧的证据，尽管我们在远东地区实施的政策调整带来了些许不愉快，但中国人依然沉浸在我们的保护中，并且对法国十分忠诚与信赖。"② 作为一名非常虔诚的信徒，德古给教会发了一封无线电报。

大约在1941年3月的第一个星期，约460名日军组成的一支较大规模的队伍，围困住了雷州半岛。日军镇压了反抗的中国人，洗劫了村庄，但是没有占领土地就离开了。成千上万的难民为了躲避战争，纷纷向租借地涌来，以至于租借地无法将其安置。如何才能供养如此多的人口？食品价格一路高涨，一斤大米的价格从4皮阿斯特涨到了12皮阿斯特。暴力事件成倍攀升，手持武器偷窃、强奸以及鸦片贩子对边界邮局的袭击不断增加。自由港变得如此危险，以至于商人们害怕遭到绑

① 法国远东学院备忘录，1940年第四季度，第25期，河内：远东印刷厂，1940年。
② 法国外交部外交档案，1939—1945年战争。

架，宁愿在赌场过夜也不愿回家。然而，同样在 3 月，雷吉斯 · 贝朗热（Régis Béranger）上校指挥拉莫特 - 皮克特号[①]巡洋舰来到白雅特城，这给当地的法国民众吃了一颗定心丸。拉莫特 - 皮克特号巡洋舰刚刚重创日本的盟友——暹罗（现在的泰国）的军舰，这场战役成为维希政府海军的唯一一次胜利！人们在白雅特城给予贝朗热上校英雄般的礼遇，贝朗热被晋升为海军准将。与此同时，祝福主教又开启了他新一次的教区访问。他此行的目的是感谢那些默默无闻收留遗弃儿童的修士和修女们。祝福主教在孤儿院小教堂的奠基仪式中进行了祈福，这个小教堂是由贝当政府捐赠的。天主教传教会对这一仪式做了如下描绘："所有法国人以及当地的上层人士都出席了仪式，并举行了军礼。祝福主教当场即兴发表了演讲，触动了每个虔诚的爱国者的心弦。土著警卫队的军乐团奏响了国歌。"[②]

孤儿院门口（巴黎外方传教会图片档案）

① 拉莫特 - 皮克特号（或译拉莫特 - 毕盖号），法国海军巡洋舰。该舰于 1927 年服役，标准排水量 7 249 吨，满载排水量 9 350 吨，舰长 181 米，拥有官兵 578 名。1935 年在加设最先进火控系统后被部署于印度支那，为德古上将远东舰队旗舰，1939—1941 年间，贝朗热上校任该舰舰长（按：正文中作者误将雷吉斯 · 贝朗热写作 Régis Béranger，应写作 Régis Bérenger）。1941 年，法国与日本的盟国——泰国爆发阁昌岛海战（或象岛、强岛海战），贝朗热上校任法军作战编队司令，指挥拉莫特 - 皮克特号以少胜多，重创泰军。该舰 1942 年除役，1945 年被美军炸沉于西贡。——编者注

② 巴黎外方传教会公报，1941 年。

在维希政府体制下，法国本土和海外殖民属地都隆重庆祝了圣女贞德节。1941 年 5 月 11 日，白雅特城的圣维多尔教堂熙熙攘攘。最前面是民间和军队的权威人士，应征入伍的士兵组成了合唱团，用前所未有的深情演唱着。在众多虔诚的崇拜者心中，奥尔良少女作为祖国的圣人，定将日本的危险从神圣的领土上驱赶出去。驻扎官兼市长的普雷沃斯特向他的民众告别，和为贵神父也祝贺他功成身退。曾经就任印度支那经济署署长的路易·马迪（Louis Marty）成了租借地的新领导。路易·马迪更加务实，他尽量在丸山面前表现得小心翼翼。丸山中校是为保护日本商业利益和刺探情报而设置的日军检查站的指挥官。

6 月 11 日，在一次普通的夜间巡逻中，警长雅凯（Jacquet）逮捕了一名袭击妓院老鸨的中国人。当时，这名中国人身穿一件滑稽可笑的厚锁子甲，拿着两把科尔特左轮手枪。雅凯了解到这个嫌疑人名叫付永茂（Fu – Wang – Mao）①，是一个凶恶的不法分子，手下有一支两百人的队伍。然而，日本人得知此事后，马上命令警长放人。因此，付永茂和他的犯罪团伙都成了保安队，负责执行日军卑鄙下流的命令，这让我们的法国警察颜面尽失。整个夏天，日本海军在各个小岛周围横冲直撞，击沉船只，抢夺走私的鸦片。10 月，日法之间发生了一次摩擦。日军将领丸山指控路易·马迪公使藏匿着一个非法生产武器的工厂，以及租借地的一些平底帆船可能在为海南岛的游击队提供着补给。他想以此为借口让日军的巡逻船能够顺利进驻白雅特城，以控制交通。

1941 年 12 月 7 日，星期天，日军舰队突袭美军海上航空基地珍珠港，美国进入战争状态。突袭发生 18 天后，即 12 月 25 日，英国在香港的守备部队向日军投降。香港总督杨慕琦（Sir Mark Young）向日本酒井隆（Taikaisi Sakai）将军递交了投降书。“亚洲明珠”的沦陷给白雅特城造成了沉重打击。自从大不列颠英国投降后，英法间的竞争消

---

① 付永茂（1904—1946），雷州市（原海康县）白沙镇和家村人，土匪出身，雷州半岛著名汉奸，伪军头目（日伪雷州和平救国军总司令）。日本投降后，国民党以收编为诱饵，将付永茂约到帮塘村逮捕，并押往湛江。1946 年 11 月 24 日，付永茂被国民政府以为害地方、叛国投敌的汉奸罪，枪决于西营（今霞山）海头圩。——编者注

失，海上航运于是主要依靠法国港口。海关与专卖局局长保罗·德尔维尔（Paul Delville）和鸦片仓库经理雷吉斯（Régis）都忙得不可开交，有成百上千的鸦片集装箱进出他们的仓库，生产鸦片的烟厂飞速运转着，不过现在却是日本的观察员负责管理这些活动。广州湾的人口已经增加到了50万，赤坎的珠宝首饰业随之迅速繁荣起来。在发生危机的情况下，金银首饰店成了逃难者的避风港。当然，赌场也会经常爆满。游戏场所异常繁荣：番摊、轮盘赌、大乐透、打花会[①]在大街小巷非常盛行。在一些贫民区和妓院里，舞娘和娼妓接待着不同国籍的顾客。白雅特城中有着装饰艺术风格的米娜（MiNa）剧院也敞开大门，放映电影。这家剧院是由一名警尉和一名海关秘书合开的，一开业就获得了成功。短暂的时间里，中国和欧洲逃难的民众忘记了战争。

白雅特城电报站（法国国家自然历史博物馆藏）

然而，当大多数租借地移民奔赴影院，或者沉浸在烟馆的缭绕烟雾中时，某些法国人却拒绝沉溺于这些活动，开始进行反抗。这就是充满神秘色彩的乔治·贝尚（Georges Béchamp）医生，他是戴高乐（Gaulle）将军派来的联络员，拥护蒋介石政府。他曾经在俄国军队中行医，之后负责照料位于西藏边界的成都领事馆和医院。他性格古怪，充满智慧，跟当时的哲学家德日进（Pierre Teilhard de Chardin）是好友。从1940年开始，贝尚医生成为自由法国运动的追随者，是抵抗运动的第一批成员。戴高乐在新加坡的代表巴隆（Baron）将军在香港会见了贝尚医生，并对这个与众不同的戴高乐派医生进行了描述：“英国人看到贝尚医生时，既充满了好奇又充满了担忧，这位老人整天穿着睡袍。法国人也不禁自

① 打花会，一种用三十六种动物形象进行赌博的游戏。——译者注

问，为什么是由这位老态龙钟的共济会成员来领导一场激烈的和非政治性的战斗呢。”[①] 1942 年 2 月，日本海军允许香港的法国人乘坐客轮前往印度支那，贝尚医生就在这些人当中。贝尚本来希望以白雅特城为中转站返回陪都重庆，[②] 然而德古上将控制下的安全局对他而言是个陷阱。维希政府的走狗们逮捕了自由法国的这位代表，而且无人对逮捕情况做出说明。不管怎样，那是白雅特城的法国宪兵逮捕了他！在河内，贝尚医生被军事法庭判处 15 年苦役。就这样，贝尚在牢房里重新见到了皮埃尔·布勒（Pierre Boulle）[③]。皮埃尔·布勒永远都记得贝尚，并对他怀有崇高的敬意。1944 年 7 月 20 日，由于精疲力竭，贝尚医生在西贡医院中孤苦离世。即将卸任的路易·马迪公使放任贝尚医生被逮捕，对此他一点儿也不感到灵魂不安，在他看来，租借地的财富积累才是最重要的。鸦片战争、内战、世界大战接连发生，现在又是无线电战争。而大火刚刚切断太平洋地区的无线电联系，中日政府都在不断地扰乱对方的无线电信号。从 1942 年三四月份开始，维希政府驻重庆代表让 - 保罗·邦库尔（Jean - Paul Boncour）请求新任公使皮埃尔 - 让·多梅克（Pierre - Jean Domec）将译解出来的上海与河内之间的消息进行传递。白雅特城又充当了一次特例，在为数不多的尚能运行的无线传真电报站中，它就拥有一个。就这样，白雅特城电报站成为能够发出法国声音的薄弱力量……

1942 年 5 月 12 日，警长雅凯先生在贝当元帅大道的一家旅馆里被一枪打死。这一谋杀案引发了一系列质疑。很明显，警长雅凯遭到了埋伏。警察逮捕了戴高乐派来的贝尚医生，同时也追捕了几个大毒贩。“小日本们”要扒他的皮，但苦于没有证据，公使皮埃尔 - 让·多梅克对此持观望态度。每个星期，都有超过 1 500 名香港难民登陆白雅特

---

① 法国外交部外交档案，1939—1945 年战争。

② 日本的入侵迫使蒋介石将首都从南京迁往位于中国中西部的重庆，重庆于是成为整个日据时期蒋介石国民政府的驻地。

③ 皮埃尔·布勒为“二战”时期法国抵抗运动成员、巴隆将军的联络官，为新加坡自由法国组织领袖。他成功逃脱，“二战”后成了一名作家，著有《桂河大桥》（*Le Pont de la rivière Kwai*）和《人猿星球》（*La Planète des Singes*）。

城，而难民们的目的却是想重返印度支那。如何才能制止这场移民运动？中国人需要向公使申请入境许可！显然，移民潮是无法被阻止的，而且规模越来越大。东方汇理银行支行行长法法和先生疲惫地坐在办公室里，他的内心充满了矛盾。虽然他对来到广州湾之后的效益相当满意，但这位银行家也对难民怀有一种怜悯之情。他道出了内心的不安："疲惫不堪的女人们怀里抱着刚出生不久的孩子，一副逆来顺受的样子，她们在人行道上等待着，希望能取回她们的行李，找到一个避难所。"①这些女人们常常没有生活来源，她们别无选择，只好以当妓女为生，况且法国女人们尤其被大兵垂涎三尺。

1943 年年初，日军的态度更加强硬了。日本方面想摆脱垂死挣扎的法国统治。2 月 16 日，在维希，日本大使三谷隆信（Takanobu Mirani）致函法国政府首脑、外交部部长皮埃尔·赖伐尔："日本政府认为，有必要加强广州湾地区的防务，在遵守印度支那共同防御议定书条款的前提下，决定立即向租借地派驻日本军队。"② 日本要求为其军队的住宿和军需品供应提供便利，并要求使用法方的港口设备和军事设施，以及拥有在当地招募人手的权力。对皮埃尔·赖伐尔来说，2 月 16 日是重要的一天，因为在这一天，他宣布批准"强制劳动服务"（STO），法国的年轻人必须去德国工作。不过，皮埃尔·赖伐尔从容不迫地答复日本大使："我得知中国政府非常满意，因为他们获知，法国政府有意放弃在华的司法特权，并将其在上海、天津、汉口和广州的租借地以及在北京使馆区和上海、厦门公共租界的联合管理权交还。就在此时，阁下在今天的 43 号信函中提醒我，注意广州湾可能面临的威胁。考虑到需避免这种威胁的发生，日本打算立即采取军事措施，而这一点因为租借地驻兵力量的薄弱而显得更加必要。我很荣幸地告诉阁下，法国政府认识到，在广州湾驻守的军队自身不能够承担抵抗外来侵略和保全租借地安全的责任，因此接受日本政府为此提供的帮助。这也符合我们两国关

---

① 法国农业信贷银行历史档案部，东方汇理银行档案。

② 法国外交部外交档案，1939—1945 年战争。

于印度支那达成的协议。”[1] 皮埃尔·赖伐尔又一次在与敌合作问题上误入了歧途。

日军在广州湾（私人档案）

在白雅特城，两艘日本驱逐舰出现了，紧接着有一个日军支队登陆。日本舰长伊马（Yima）前往公使皮埃尔－让·多梅克的官邸，并在那里受到了接见。然而多梅克好像还未得知日军登陆的事。日本帝国军人有约700人，占领了水上飞机基地、飞机场、电报站和主要的行政大楼，各式各样的装甲车停在了城市的入口。日本士兵挨家挨户地搜查，并将中国民兵的武器没收了，凡拒绝交出枪支的居民均被日军刺刀刺死。这些租借地的新主人为了其利益，征用了烟馆和人称“慰安所”的妓院。德古上将得知后，怒气难消。第二天早上，他给法国驻中国大使高思默（Henri Cosme）发电报：“日本使团昨日告知我，日方决定派兵进驻广州湾……我刚刚向赖伐尔质询，为何将我置于这次谈判之外。”[2]

2月18日，民国政府的中国大使发出了抗议照会：“中国大使方才

---

① 法国外交部外交档案，1939--1945年战争。

② 法国外交部外交档案，1939—1945年战争。

得知，日本军队已登陆广州湾。这一地区完全属于中国主权，仅根据1899年11月16日专约租与法国。中方大使着实无法与政府沟通此事并履行职责，强烈提醒法国政府注意此次登陆的非法性。此次登陆将引起一系列严重后果，一切责任将由法方承担。”① 皮埃尔·赖伐尔要求法方大使不要官方答复中国的抗议照会……2月26日早上，公使皮埃尔-让·多梅克在日本驱逐舰上与正在巡回视察的日本皇家海军司令会晤。多梅克的脸色如同制服一样惨白，他向日本军官做出了全面而充分的合作承诺，随后日本最高指挥官发言，表示“很高兴也很期待看到法日两国的合作结出共同繁荣的果实”② 。中午，一行人参观了公使官邸，仿佛在视察他们的地盘一般。第二天，多梅克离开了广州湾，几近崩溃。一位名叫安德烈·罗克（Adrien Roques）的人毫无征兆地接替了他的位置，成了高级驻扎官。4月24日，让·德古上将致电维希：“广州湾的局势很快就稳定下来了。日军的进驻，起先引发了人民的强烈恐惧，现在已经在双方友好的气氛中安顿下来了，没有引发重大事件。法日两国的关系是正确的。”③ 作为白雅特城最后一任总公使，安德烈·罗克没有任何不安，他是一位地地道道的贝当主义者。5月17日，他与日军渡利（Watari）将军签署了一份关于租借地共同防御的协议。以下为节选：“广州湾租借地的日本军队现已减至最少，且仅在发生重大变故时才可增兵。边防军队、军需输送部队和防空部队必要时可加强……法国政府保证在其能力范围内，主动承担租借地的安保工作，并竭尽全力，最大限度地满足日方的需求……法日政府共同合作抵抗妨害租借地安全的间谍和其他行为。”④ 由此可见，安德烈·罗克已经受日方支配了，没有任何实权。所以这最后一位驻扎官兼市长，除了立碑以外无其他事可做：他在一个十字路口设立了一块纪念牌，缅怀曾经在打击海盗行动中牺牲的土著警卫队英雄。在赤坎，一所孤儿院建成了，来

① 法国外交部外交档案，1939—1945年战争。
② 法国外交部外交档案，1939—1945年战争。
③ 法国外交部外交档案，1939—1945年战争。
④ 法国海外档案中心，印度支那总督府档案。

自北海传教会的许多中国修女带着小孤儿来到了这里，北海天主教学校的学生们也撤到了白雅特城初中。事实上，这座港口城市真正的主人变成了船东陈学谈，他也是鸦片大王和赌场巨头。作为大老爷，他捐出了两百万皮阿斯特供居民购买大米！

1943 年年末，美军的米切尔轰炸机（Mitchell）[①] 史无前例地轰炸了白雅特港，炸沉了两艘日本蒸汽船。空中武器威胁着小小的法国堡垒，有几个水手和苦力死于轰炸，日本占领者豢养的官员们发誓报仇。新的东方汇理银行支行行长名叫拉乌尔·克莱奥帕特拉（Raoul Cléopâtre）[②]，他写下了“一头受了伤、要誓死抵抗的野兽通常是非常可怕的”这样的话。[③] 领导着新教传教会的美国牧师摩根（Morgan）和英国牧师巴尼特（Barnett）带着家人从香港逃出。由于担心遭到报复，两位牧师放弃了教会，越过边境逃到了未被日军占领的中国自由区。

在租借地，气氛变得越来越压抑。1944 年 1 月，一艘法国蒸汽船最后一次在白雅特城靠岸。居民们仅能够依靠内地的产品生活，而这必须要经过日本军队的准许，并需支付巨额的税费。涌向这里的人口越来越多，迫使人们尽可能多地垦地种粮，就连官员的家属们也在他们别墅的菜园里种植了蔬菜。医院人满为患，药品紧缺。而在码头，日本士兵整日训练，他们大声喊叫着，仿佛魔鬼附身一般，手持长枪刺刀，冲向稻草人。对于法国人来说，神风敢死队队员们的狂热是无法理解的。有谣言说，南京的日本傀儡政府[④]很快将宣布恢复中国在租借地的主权。

1944 年 3 月 2 日，广东报纸刊登了一条令人震惊的消息：“中国南方的日本远征军已经放弃了对于广州湾租借地的军事统治，并已将租借地归还南京国民政府，归还仪式已于昨日 3 月 1 日中午在日军司令部举

---

① 美国的 B-25 轰炸机，也被称为 B-25“米切尔”型轰炸机，是第二次世界大战中最优秀的中轻型轰炸机之一。它以“米切尔”命名，以纪念“一战”中的美国著名军事指挥官威廉·米切尔（William Mitchell）。——编者注

② 湛江文献里称为基奥伯。——编者注

③ 法国农业信贷银行历史档案部，东方汇理银行档案。

④ 南京的日本傀儡政府，指的是汪精卫伪国民政府。——编者注

行，省长陈耀祖①以及日本远征军总司令均出席。”② 日军控制下的西贡广播电台宣布，白雅特城的兵营将由广州的中国军队掌控。德古上将立即回答，这一定是个错误的消息！日本天皇是制造假消息的高手。事实上，尽管广州湾的航海作业近乎全面停止，但法国的统治一直在维持着，海关和专卖局一直在做着交易。他们发出准备好的鸦片，而银行将秘密客户的银锭纳入银库。高级驻扎官安德烈·罗克履行职责，为了遏制法国放弃统治的谣言，他对硇洲岛和东海岛进行了巡回视察。当地人民为贝当元帅的慈善组织——国家救济中心捐献了 1 000 皮阿斯特。

不过，大部分居民对日本的占领抱有敌意。6 月，赤坎医院的医生秦校忠（Tsin Kiodjon）从租借地逃了出来。这位医生祖籍中国，国籍法国，是戴高乐派，曾差点被安德烈·罗克逮捕。据秦校忠医生描述，通敌者主要是“玩弄权术的机会主义者”罗克公使和步兵队长巴尼耶（Pagnier），巴尼耶向侵略者揭发检举过好几个同胞。

修女带着孩子们乘着舢板兜风

（巴黎外方传教会图片档案）

与此形成鲜明对比的是，和为贵神父在这些战争岁月里竟然留下了美好的记忆。“1939 年至 1944 年是多么幸福的日子呀！那真是一个大家庭。我还记得吉布林（Giblin）医生在麻风病医院里，为了让孩子们高兴，爽快地答应吃那儿的食物：香蕉、番荔枝。孩子们开心极了。‘他敢吃我们的水果，我们是麻风病人啊！’小苏珊娜（Suzanne）说。落花生第一次收获时，给大家带来了另一份喜悦……1939 年至 1944 年的美好岁月竟然流逝得如此之快！这就是生活：大家庭式的社会生活；参加弥撒、接受圣

① 陈耀祖（1892—1944），广东新会人，汪精卫妻弟，中华民国时期著名政客，汪伪政府广东省省长。——编者注

② 法国外交部外交档案，1939—1945 年战争。

礼的精神生活；总是有新鲜的事物！”[①] 和为贵神父在阿尔伯特·萨罗中学教授法语。神父高兴地为修女们照相，她们带着孩子们乘着舢板兜风，法国的国旗在船尾飘扬。

8 月底，民众和军人们通过广播和报纸得知，巴黎解放了，希特勒在欧洲战场失败了。东方汇理银行支行行长拉乌尔·克莱奥帕特拉这样分析日本武士们的失败：“我们的保护者的处境很不稳定，他们与军需供给基地的联系很少，维持生存的仅有一些不值钱的纸币，为了让这些纸币具有购买力，他们在进出租借地陆路和水路的入口处，设置了用这种纸币支付的税卡。”[②]

此后，日本帝国的军队被美军的反击逼到了太平洋上，盟国的轰炸机在沿海地区对他们展开了毁灭性的攻击。法国人嘲笑日本成了“日落帝国”。同时，日军担心盟军会在印度支那登岸。于是在 1945 年 3 月 9 日至 10 日的晚上，6 万日军对法军所有军营发动了突然袭击，这完全出乎法方的意料。幸存者被关进牢里，被严刑拷打、屠杀或斩首。德古上将也被捕了。日军的此次行动致使三千余名法国人丧生。

1945 年 3 月 10 日凌晨 3 点，在白雅特城，高级驻扎官安德烈·罗克猛然被日本的突击队叫醒。山田（Yamada）上校召见了他，命令他立即让他那徒有虚名的部队缴械。8 点，罗克在日本军官的看押下，与他的侨民们在官邸会面，向他们透露了日军的突袭计划。山田上校发表讲话，命令所有法国人继续按部就班地生活，并许诺保全他们的性命。但上百名越南士兵被关在兵营里，20 名军人在官邸接受监视，只有 50 名平民被释放。3 月 12 日，罗克再次与他的同胞们谈话，因为他刚刚从广播中得知印度支那的法国人被屠杀的消息，他命令下属们停止一切活动。罗克装腔作势地喊出了最后一道命令：“法国万岁！”银行行长克莱奥帕特拉在得到上级的同意后，将国库的大部分档案和秘密资金烧毁。不久，日军山田上校被渡边（Watanabe）上校这位更严酷的官员取代。在接下去的几个月里，法国人感到越来越危险。广播站被征用了，

① 沙百里神父关于和为贵神父的简介，巴黎外方传教会，1998 年 11 月 11 日。

② 法国农业信贷银行历史档案部，东方汇理银行档案。

灯塔的守卫遭到了日本宪兵队的袭击，电厂厂长被带上脚镣监禁起来。一位医生和修女也被监禁起来，因为他们从医院里运出了药品。最后一项屈辱，就是军事图书馆里的大部分法语书籍和期刊都被烧毁或劫掠了。

与此同时，亚洲的版图正在迅速恢复。3 月 11 日，在日本侵略者的压迫下，保大帝（Bao Dai）① 宣布越南帝国境内的安南和东京地区独立。柬埔寨和老挝的国王也分别宣布国家独立。3 月 24 日，时任法兰西共和国临时政府主席的戴高乐将军，建议在法兰西联盟内部成立一个印度支那联邦政府，而法兰西联盟则取代以前的法兰西帝国。戴高乐希望尽快收复日本控制下的印度支那，认为将小小的广州湾租借地归还给中国较为妥当。而此前，蒋介石其实已经向戴高乐承诺，将恢复法国对半岛② 的控制权。

1945 年 5 月 8 日纳粹德国投降后，日本的战线后退。7 月，中国军队从侵略者手中全面夺回了阵地。戴高乐任命的驻重庆中华民国政府大使贝志高（Pechkoff）③ 将军对当时的情况做了这样的记录："几个星期以来，日本军队从广州湾所在的雷州半岛向东北方向撤退。中国军队在半岛东北部至安铺一带集结，等待着日本军队完全撤离，以便于他们实施对半岛的完全占领。"④ 贝志高将军进一步记录："另一方面，我听说，白雅特城前任商会会长谈先生⑤刚刚被任命为市长。我向外交部求证这条消息的准确性。"⑥ 的确，这位租借地最富有的人陈学谈成了日本主要的谈判对象。他丰厚的财产使他能够将大量资金既投给南京傀儡政府和日本侵略军，又能够投给蒋介石国民政府。

历史的脚步加快了。7 月 17 日，困在白雅特城的日本小分队将所有的法国人禁闭在东方汇理银行的围墙里，门口由哨兵把守，一位机枪

---

① 保大帝（1913—1997），即越南历史上的末代君主阮福晪。——译者注

② 这里的半岛指的是印度支那半岛。——编者注

③ 贝志高将军来自俄罗斯，为作家马克西姆·高尔基的养子。

④ 1945 年 7 月 4 日电报。法国外交部外交档案，中国，1944—1955 年。

⑤ 谈先生，法语原文为 M. Tam，即陈学谈。——编者注

⑥ 1945 年 7 月 4 日电报。法国外交部外交档案，中国，1944—1955 年。

手在楼顶的平台上站岗。在这些著名的被关押人员中，有和为贵神父，6位修女，医生，行政工作人员，鸦片仓库、电厂和银行的负责人，另外还有一些妇女和9个孩子！在办公室，床垫平铺在地面，妇女和孩子则待在银行的私人小公寓里。日本看守准许母亲和孩子们到旁边的院子或平台上放风。被关押者们的食物以红米为主，船东和鸦片贩子陈学谈负责他们被关押期间的生活。此人扮演着双重角色，一方面作为白雅特市市长，服从于日本人，另一方面也保护法国人。当把法国人与大量的鸦片款一起关着的时候，这种情况尤其显得怪异。数百万的皮阿斯特和美元沉睡于地下，这真是一笔巨大的财富……7月17日，波茨坦会议开始了，这是美国、英国和苏联继雅尔塔会议之后，对世界的又一次瓜分。印度支那的命运也被提上日程，会议计划将北部交由中国去解放，南部归英国，法国被踢出局。

7月29日，法国驻华使馆代办——年轻的戴立堂（Jean Daridan），致信蒋介石政府的外交部部长："我很荣幸地告诉阁下，法国政府已正式放弃享受1899年11月16日中法协约中赋予法国在广州湾租借地的权利。"①

8月6日，美国的原子弹轰炸了广岛，8月9日又轰炸了长崎。8月15日，昭和天皇宣布日本帝国投降。

三天后，即1945年8月18日，在无人关注的情况下，《法兰西共和国临时政府与中华民国国民政府交收广州湾租借地专约》② 签订了。签字双方分别为法国驻华使馆代办戴立堂和中国国民政府外交部政务次长吴国桢。以下为节选：

第一条　1899年11月16日法中所订租借专约作废，该专约所给予法国政府之一切权利，即行终止。

第二条　法国政府同意，将广州湾租借地依照1899年11月16日中法专约所划定地界内之行政与管理，归还中国政府。但有一项谅解，

---

① 法国外交部外交档案，中国，1944—1955年。

② 该条约原中文文本题为"法中交收广州湾租借地专约"。——编者注

即中国政府于收回该地时，应承担该地所负之义务及债务，并保证对一切合法权利予以保护。

第三条 法国政府愿将该地上并属于该地之一切土地、房屋、公产设备及建置无偿让与中国政府，并将一切登记簿、档案、契据以及其他公文，凡为接收与将来管理广州湾所需用者，交与中国政府。①

巴黎虽然清算了这块小小的租借地，但是并没有完全切断鸦片贸易，毒品贸易的金钱仍然源源不断地涌向中国各个银行。

旋即，广州湾人民点燃烟花，庆祝日本的投降。而在此时，法国临时政府驻重庆大使馆武官索尔（Sol）上校向巴黎发送了一封秘密电报："在白雅特城，一支美军已与79名被关押的法国人取得了联系，日军至今仍拒绝释放他们。"②"据美军情报，被关在白雅特城的法国人生活条件很好，身体状况良好。一位被关押的法国军医对他们进行了医务照料。"③这支美国分队由3名军官构成，乘坐C47飞机登陆白雅特城，他们是著名的OSS，即美军战略情报局④ 情报人员。约50名法国人，男人们身穿褪了色的白色制服，女人们穿着有些过时的连衣裙，像迎接救命恩人般地欢迎他们。我们的3名OSS成员立即赶往日军控制区，他们同时用英语和法语交流，要求渡边上校投降，而后者驳斥道，他只向能保护他们安全的军队投降。OSS仅有3人，⑤ 无法苛求日军，而渡边上校甚至拒绝交出他的武士刀。晚上，法国人邀请美国人参加在赤坎的一家饭店举办的解放庆祝会。法国人和美国人大半个晚上都在跳舞、喝酒，天亮后，OSS成员又出发去机场了。作为纪念品，美国人带上了成

---

① 印度支那相关问题档案，1945年8月18日法中交收广州湾租借地专约，1947年2月24日。法国文献局藏。

② 1945年8月29日电报。法国外交部外交档案，中国，1944—1955年。

③ 1945年8月29日电报。法国外交部外交档案，中国，1944—1955年。

④ 美军战略情报局（Office of Strategic Services，OSS）是美国在"二战"期间成立的一个情报组织，由罗斯福总统下令成立，正式存在时间为1942年6月13日至1945年9月28日。该组织为后来的中央情报局的前身。——编者注

⑤ 1945年夏天，CIA的前身战略情报局涌入该地区参与组织抗日与反殖民活动。然而，战略情报局的特工们没有去寻找日本人贩卖鸦片所得的战争财富吗？

箱的日本啤酒。法国人和节日乐队一直将他们的解放者护送到机场，《上帝保佑美国》[1] 全程伴奏。

9 月 2 日，日军在日本东京湾美国的密苏里号战舰上签署了投降书。同样在 9 月 2 日，胡志明在美国的支持下，宣布越南民主共和国独立。而被关押在白雅特城的法国人却完全被遗忘了，他们直到 9 月 7 日才真正重获自由！高级驻扎官安德烈·罗克与河内或西贡取得了联系。船东陈学谈，白雅特城的亲日派统治者，却神奇地消失了。9 月 15 日，蒋介石的先头部队包围了租借地。国民党想拉着人们到法国区的街头走走，不过大部分居民都待在自己家里。银行的窗户下方立起了一座凯旋门，[2] 并用越南、中国、苏联、英国和美国的国旗装饰着。罗克驻扎官也在银行的楼顶升起三色旗以作响应。晚上，越南独立的国旗被撤掉了，同时中国报纸则发起抗议，因为在官邸大楼的楼顶，固定在一根竹子上的中国国旗比法国国旗低了一点儿！9 月 21 日，在赤坎举行的受降仪式上，日本军官最终签署了投降书，而此前被关押在军营里的越南步兵也被遣返回国。10 月 1 日，让·德古上将被带回到法国，等待最高法庭的传讯。然而，这位维希政府的印度支那总督却被免予起诉。

两个月后，战争通讯员安德烈·布朗谢（André Blanchet）向《法兰西晚报》发送了一篇电讯：“法国为我们的广州湾同胞做了什么？西贡，1945 年 12 月 10 日电。我们得到的关于他们的消息甚少。但是只需一点关心，就能联想到我们在广州湾的同胞们所处的孤独和艰难境地。这片 1 200 平方公里的土地，自 1898 年后便由中国交由法属印度支那作为租借地，近期在 8 月份时法国将之交给了盟国。一份名单最近在西贡公开，上面列出了几十名被‘关押’在白雅特城的法国人的名字，他们的健康状况尚且良好。那么，这些被‘关押’者的确切情况、精神状况和政治状况究竟如何呢？在当前印度支那的首府，似乎无人知晓，

① 《上帝保佑美国》（*God Bless America*）是欧文·柏林（Irving Berlin）的成功音乐作品之一，创作于 1917 年，轰动于 1938 年，长期以来一直被当作美国的非正式国歌使用。——编者注

② 战后湛江文献未见有树立凯旋门的记载，也许是临时搭建的装饰性凯旋门。——编者注

那里的人们显然有许多其他的事情需要关心……法国似乎应该为这个孤立于中国海滨的法国社会做些什么，况且它正处于身份变更之际，但事实上在很多方面，情况都很微妙（例如公务人员还在继续领着工资，如果确实是这样的话，那么是谁发给他们的）。”①

1945 年 12 月 11 日早上，一群法国人，包括男人、女人和孩子登上了英国军舰护卫者号（Guardian），这真是历史的讽刺。这些家庭的行李很少，一切都不得不丢掉。这个移民者小团体，连同他的高级驻扎官安德烈·罗克，都迫不及待地想离开。记者安德烈·布朗谢又发了一则电讯：“法国离开了广州湾。西贡，1945 年 12 月 19 日电。9 月 30 日，法国外交官培林尼（Pellene）先生和中国中央政府的一位官员到达白雅特城，办理了权力移交手续，交接了管理权，于 11 月 20 日离开。事实上，这既是中法交接，更是中日交接，因为日本在投降以前已经据有了各项权利。11 月 20 日，培林尼先生离开的时候，法国的三色旗从官邸上撤了下来。当地的中国政府还没等到这一天就开始拆除‘一战’阵亡者纪念碑了。不过在法方的要求下，拆除工作又停了下来。罗克先生和法国殖民者们在上周离开，并没有举行任何仪式；中国政府仅仅陪同他们到了汽艇所在的位置，而后他们就乘坐‘护卫者号’起航了，留下了身后这件美丽的法国杰作——白雅特城及其港口。法国无偿地将之归还中国，没有要求任何补偿，比租借地约定的日期提前了 52 年。对于租借地的五十多名法国人来说，他们又回到了 1943 年离开的印度支那。这一迅速的撤离在极好的条件下进行，结束了人们多日来关于同胞命运的担忧，一位周游世界的美国人所写的报告流传到了人们的耳中，报告称呼这些人为——‘白雅特城之囚’。”②

安德烈·布朗谢描述道：“41 名平民和 16 名军人随统治者于周日到达西贡。如此，在白雅特城的就仅剩下 3 名平民、1 位传教士、4 个修女和 2 个宪兵了，他们留在那里看守曾经的官邸，一年后这里将成为

---

① 安德烈·布朗谢：《黄色巴利拉之国》，多利安出版社，1947 年。
② 安德烈·布朗谢：《黄色巴利拉之国》，多利安出版社，1947 年。

法国领事馆。”[1]

在胡志明的越盟（Vietminh）[2] 与勒克莱尔克（Leclerc）将军的远征军之间的印度支那战争公开爆发时，广州湾租借地已经归属于蒋介石领导下的中国了。白雅特城更名为 Tsamkong（粤语），即普通话的湛江。1946 年 8 月，法国驻广州领事皮埃尔·维奥（Pierre Viaud）登上了一艘老旧的日本渔船，他将在乘船两日后到达湛江。法国利益的代表、东方汇理银行支行行长拉乌尔·克莱奥帕特拉张开双臂迎接了他，虽然这位银行家已经生病，被多日的监禁所击垮。领事一到湛江，就去寻找这个曾经的天堂的法国痕迹："除了整体上很整洁外，白雅特城还保留着许多树木，以及许多雅致的法国官员别墅。同样，租借地的道路总体上都还可以通行。”[3] 但领事又很失望："一些公园或私家花园部分被劫掠了，更别提安菲特里特号纪念碑和 1914—1918 年战争遇难者的纪念碑了，它们都变得难以辨认。公使的寓所里，所有的家具都被清空，这些家具四散在各处。”[4] 克列孟梭大道、霞飞元帅大道、福煦元帅大道、贝当元帅大道的名字都被抹去。公使署公园的树都被大兵们砍光，庆幸的是，公使署的内部还没有被劫掠，这要归功于当时还在场的两名法国宪兵。高级驻扎官的家具、餐具、衣物没有被挪动，甚至那架三角钢琴也没有被移走！然后，领事带着怀旧之情在银行的房间里发现了两千多本散落满地的法语书籍。这些作品来自殖民者的别墅或者在日本占领期间被劫掠的军官图书馆。在银行的地下，很多保险箱还完好无损……夜幕降临，前白雅特城的新市长郭寿华（Ko – Cho – Hoa）举办了一场晚宴，以欢迎最后一批法国殖民者。郭寿华曾经在莫斯科学习军事，也在罗马逗留过一段时间。他想借晚宴的机会告诉领事，他不想再接受法国的帮助了，蒋介石政府只打算“与美国合作”。民国政府手中的鸦片现在将用于为对抗共产党军队提供资金。

---

① 安德烈·布朗谢：《黄色巴利拉之国》，多利安出版社，1947 年。

② 越盟（Vietminh，为 Viet Nam Doc Lap Dong Minh 的缩写），即越南独立同盟，1941 年由胡志明创立。

③ 法国外交部外交档案，亚洲—大洋洲，中国，1944—1955 年。

④ 法国外交部外交档案，亚洲—大洋洲，中国，1944—1955 年。

湛江市首任市长郭寿华①

（巴黎外方传教会图片档案）

第二天，领事与和为贵神父会面。神父告诉他，修女们主持的两所孤儿院现在面临难以为继的极大困难，而那些麻风病人为了不被饿死，有可能去城里乞讨了。领事向他承诺，将运送储备大米到广州。维奥领事难以抑制自己的激动。

白雅特城的孤儿们（巴黎外方传教会图片档案）

① 此处疑有误，图中人物可能是国民党湛江市党部书记长陈有恒。——编者注

教堂前的年轻女性
（巴黎外方传教会图片档案）

毛泽东的革命军队已经接近租借地。教堂、礼拜堂、教士的住宅，到处都被劫掠或者破坏，白雅特城教堂是最后一个没有被洗劫的基督教礼拜地点。1947年3月19日，祝福主教选择了白雅特城作为他受任北海主教的就职地点！[①] 做弥撒时，除了银行行长、和为贵神父和圣约瑟夫（Saint – Joseph）孤儿院的修女们，法国人不多。郭寿华，作为这座港口城市的市长，嘲笑这场宗教仪式。他控制了负责公共供电的电厂，而这所电厂理论上讲属于法属印度支那电力公司。随后，法国领事与中国政府进行了一场奇特的谈判。领事提议将前公使署送给蒋介石的代表，以换取这座发电厂。郭寿华接受了这桩交易，法国人重新成为电厂的主人，而公使署则于5月12日交给了中国政府。但这也是一场骗局，因为蒋介石发行的货币没有任何价值，中国人根本不可能付电费的。最终，印度支那电力公司经理放弃了电厂，他既买不起燃料油，也无法支付保安的工资，并将电厂停止运营的消息告知了法国政府。此时，国民党已经失去了合法地位，其政权已经崩溃。20位战败的国民党将军在踏上流亡之路前，带着他们的老婆和小妾暂时撤退到了高档酒店和妓院里。现在这所城市交给了黑帮，其首领名叫San – Siu – Yan。20世纪30年代，San – Siu – Yan曾以鸦片贩子出名，法国人曾利用其手下喽啰充当警察辅助力量，日本兵一来，他和手下们就都逃走了。1945年起，他又重新做起鸦片和黄金贸易。他的主要联络者不是别人，正是日军占领期间白雅特城的统治者——船东陈学谈。陈学谈现住在香港，拥有空前的财富。在前法

① 此前祝福为北海代牧区主教，随着北海代牧区升格为北海教区，祝福受任为北海教区第一任正权主教。——编者注

国统治集团中，越南和中国职员满脑子只有一个想法：逃到印度支那。银行行长拉乌尔·克莱奥帕特拉甚至为百余名居民发放了迁离证明，这让军事警察感到非常气愤。在码头上，他们截下了58名身上带着克莱奥帕特拉签署的迁离证明的中国学生，这些学生虽然已经加入了国民党军队，但仍急切地想离开这里。

1948年，吕崇清（Blusson）神父[①]冒险到前白雅特城跟着和为贵神父学习汉语。这位年轻的神父陷入了混乱之中，因为共产党军队就在离港口几公里远的地方。一道宵禁令发布出来，女人们都聚集到了圣维多尔教堂前的广场上，恐惧明显可见。

法国驻广州副领事乔治·蒂埃里（Georges Thiercy）撰写了一篇关于政治和军事局势的惊人报告："双方厌倦了这种事实上并无实质结果的对抗，国民党和'叛军'（共产党军队）似乎心照不宣地达成了某种临时协定。共产党军队经常潜入国民党统治区，袭击某个城市或哨所，但这更多是为了做表面文章而非真正宣战。国民党军事将领并没有报之以战争，因为他们受到人民的敌视，而且军队的战斗力不强，这种消极因素表现得很明显。因此，几乎每个晚上，当'叛军'（共产党军队）在距离白雅特城司令部3公里远和距离通往赤坎的道路1 500米远的飞机场上训练时，并没有受到任何干扰。在太平、通明、坡头、淡水等各个中心镇，一旦夜幕降临，军官和士兵们就谨慎地在军营里闭门不出。"[②] 起义者和正规部队玩着猫和老鼠的游戏。

在巴黎，法国政府最终决定收回其财富。1949年2月至3月间，法国海军的一艘护卫舰比松号（Bisson）秘密抵达白雅特城，它的使命就是尽快将东方汇理银行的财富运回法国。这些剩余的财富包括七吨银锭和一百多万皮阿斯特。[③] 然而，银行里的法国存款都空了，而钱柜里最

① 即为布吕松神父，吕崇清为其中文名。——编者注

② 《广州湾政治和军事局势报告》，1948年9月7日。法国外交部外交档案，亚洲—大洋洲，中国，1944—1955年。

③ 从1950年起，勒内·布斯凯（René Bousquet），这位曾经的维希政府警察局秘书长和冬赛馆大搜捕的组织者，重新返回东方汇理银行管理层，负责各支行资金的运回任务，因为当时共产党的军队正在逼近。

后的财富也被溃逃时路过此地的国民党洗劫一空。

1949 年 8 月,《法兰西晚报》的记者吕西安・博达尔跟踪报道了解放军的胜利。这位 35 岁的记者听说毛泽东的军队包围了法国曾经的租借地，他决定前往此地，因为这将为他的写作提供极好的素材。吕西安・博达尔乘坐一艘快艇，从广州出发到达前租借地。“我一登上岸，就发现情况很恐怖”，他后来在《长城》一书中写道，“这座城市依然带有法国的特色，长长的大街、法国梧桐、一些残垣断壁，但是有国民党的一个师驻扎在那里，很可怕。到处都是士兵、巡逻队、寒光闪闪的利刃。街上没有人，大家都躲在家里。”[①]根据吕西安・博达尔的描述，凡被揭发为共产党的居民，都会被带到当街设置的军事法庭上受审，而用钱贿赂了军官的人能够无罪释放，另一些则被当场枪决。这位记者补充道：“在市中心，一座始建于 1900 年的哥特式教堂和东方汇理银行支行相对而立。一位年轻健壮的神父张开双臂迎接了我，这是位意志坚定的神父朋友。我们没有举行赐福仪式，他对我说：‘有一个法国人就值得庆祝。所有人都走了，只剩我一个，不包括那些修女。银行行长刚刚逃走，当军队来抢劫银行、把保险箱全都撬开时，这位正直的人都昏过去了，他们不得不用担架把他抬走。而我，我还没有烦恼，我只感到有些孤独。你的到来让我实在太高兴了。’然后他拿来一瓶香槟，打开瓶盖，木塞没有弹起来，液体也没有冒泡，因为这是瓶假酒。[②] 神父吹了声表示钦佩的口哨，说道：‘看，这些中国人真是有才，包括那些杂货店主！这个国家是怎么做到能够如此弄虚作假的?’我们于是干了杯弥撒酒。”[③] 吕西安・博达尔与和为贵神父的会面竟然是这样一番景象！

1949 年 10 月 1 日，毛泽东在北京宣布，中华人民共和国成立了。在南方，中国人民解放军踏平了国民党抵抗部队最后的阵地。在曾经的白雅特城，蒋介石溃逃的军队和共产党部队展开了激烈的战斗。解放军占领了连接机场和市中心的道路，并有条不紊地向教堂方向进军。神父

---

① 吕西安・博达尔:《长城》，格拉塞出版社，1987 年。

② 法文原意为：这是瓶脏水 (eau sale)。——编者注

③ 吕西安・博达尔:《长城》，格拉塞出版社，1987 年。

们听到了机关枪打在法国人所建的船坞表面的声音，枪声在远处回响，尸体遍布大街，烟柱熏黑了港务监督长办公室。1949 年 12 月 19 日，胜利的共产党在曾经的殖民驻扎官办公大楼上升起了红旗，一张巨大的毛泽东头像张贴在了米娜剧院的正面。一条横幅标语在空中打出，宣告湛江的解放，伟大舵手毛泽东和北京的官员们成立了新政府。很快，鸦片贸易被严禁，烟馆被摧毁，烟贩和瘾君子们受到了革命法庭的惩罚。当然，毒品市场永远不会完全消失，东南亚的金三角或中亚的金新月①后来成为无可争议的毒枭聚集地，而法国的鸦片则被遗忘在角落里。

对岸的海南岛，直到 1950 年才被共产党接管。蒋介石和近两百万民众逃到了台湾。在红色中国，外国天主教或新教教会如何存在和发展？对此，毛泽东提出了成立“爱国教会”的想法。舆论评论道：“宗教组织将洗掉一切帝国主义色彩。”在湛江，中华人民共和国的政治专员们命令和为贵神父将本地区所有的麻风病人都集中到他的麻风病医院里。警察第一次对教士的住宅进行了搜查，和为贵神父由于抗拒合法的搜查而被捕，被指控的罪名是他对一名中国警察使用暴力。八天后神父被释放，不管怎样，他能够继续在教堂里主持弥撒。在远一点的海滨大道上，安菲特里特号纪念碑还矗立在那里，这座石制的纪念碑是专为 18 世纪在该地岸边搁浅的一艘法国船只而立的，国民党曾在碑面上刷过这样的标语：“加强国防，收回领土。”这座纪念碑最终还是被拆除了。

从 1951 年 1 月起，宗教的处境变得非常艰难。前白雅特城孤儿院的一部分被改成了军营，法国修女们不得不转移到传教士的住宅里，警察不允许神父到村里布道。在这样一种氛围里，有的警察开枪射击了天主教传教会里的麻风病人，因为他们涉嫌参加反革命组织！4 月 11 日，警察在和为贵神父前往中国修女主持的赤坎孤儿院时，再次将他逮捕，

① 金新月（Croissant d'or），位于巴基斯坦、阿富汗和伊朗边境的交汇处，是一个仅次于金三角的鸦片和海洛因生产基地。因地形近似新月，盛产鸦片，故被称为“金新月”，包括巴基斯坦的西北边境省和俾路支省、伊朗的锡斯坦－俾路支斯坦省、阿富汗的雷吉斯坦和努里斯坦等地区。——编者注

并从他身上搜出了一张人像照片。他不得不写下认错声明并签字:“我未经允许来到赤坎。我犯了与人民政府为敌的错误,从此以后我将改过自新。”4月14日,赤坎的中国修女们被监禁起来。5月,警察再次查问和为贵神父,要他对一直生活在孤儿院的孩子们做出解释。孩子们仍有做弥撒的权利,至少是在星期天,不过他们都已被系统地搜过身。孩子们出于恶作剧,在口袋里放了墨水瓶,导致士兵们在打开时弄脏了制服。和为贵神父是这样讲述他被逮捕的经历的:“6月初,我病了。6月19日晚上11点钟,警察来到了传教会,把我们几位,包括我、吕崇清神父和四个法国修女全都关进了饭厅,不准我们讲话。警察把住处和教堂上上下下彻底地搜查了一遍。第二天,他们叫我收拾行李,把我当作‘有害于人民’的人抓了起来。两个警察押送我去监狱(以前法国人建造的中心监狱),并锁上了大门。现在是1951年6月21日,上午11点钟。”① 7月6日,一些漫画被贴到墙上,上面把修女们画成了狼,她们怀里抱着孩子,然后用匕首把孩子刺死。报纸上写道:“她们杀了13 000个孤女,有的是饿死,有的是被针扎死。孤儿们被虐待至极,吃得又差,以至许多孩子都失明、瘸了腿或者失去了手臂;他们穿得如此破烂,使我们必须得开展一场募捐,为他们购买衣服;修女们对孤儿们的教育让他们远离了家庭和国家的温暖。”②

沙百里(Jean Charbonnier)神父③ 很了解中国天主教的发展情况,他如此记录法国的殉道者们:“和为贵神父经受了两次异常痛苦的人民审判,第一次是8月4日,在中国大戏院(曾经的米娜剧院);④ 第二次是8月6日,在体育场改造那天(在曾经的高级驻扎官官邸花园)。⑤那几天,和为贵神父被人们从监狱里带出来,和副本堂神父吕崇清,以

---

① 安德烈·贾尼(André Jany):《中国的刑罚》,米尼亚尔出版社,1958年。

② 安德烈·贾尼:《中国的刑罚》,米尼亚尔出版社,1958年。

③ 沙百里神父,巴黎索邦大学哲学系毕业,曾在新加坡等地传教,对中国基督教有较深入的研究,著有《中国基督教史》等。——编者注

④ 在解放初期的霞山,以“中国”命名的文化演艺场所兼电影院只有位于民治路和逸仙路交汇处的中国大戏院,即广州湾时期的米娜剧院。——编者注

⑤ 在广州湾,除原来的赤坎运动场外,法国人又于1942年在西营修建了马迪球场,即今位于民有路的霞山体育场。——编者注

及那些一直居住在传教士住宅里被严加看管的修女们一起，被迫登上被众人抨击和羞辱的舞台。人们指控他们无视孤儿院众多孩子们的健康甚至生命，并大声叫喊，称这些残忍的畜生们犯下的骇人听闻的罪行撼动了天堂的根基。这场大批判的导演很懂得如何在公共舆论中制造恐怖气氛：据他们描述，有条狗曾刨出一只孩子的手，叼着这只手在城里游逛。孤儿院的一个女孩儿不得不从修女那里抢回了十字架。人们让两位神父穿上他们的神职服装，然后让他们俩眼睁睁地看着衣服被抢走，理由是他们不再配穿这身衣服。被带回监狱后，和为贵神父仍要继续接受审讯，因为他被东方汇理银行广州湾支行行长的男仆指控曾经挪用银行的结余款项。8 月 9 日，人们还在问他：'你家里是不是有个保险库？'

"为保全吕崇清神父和修女们，使他们免于牢狱之灾，和为贵神父说出了藏东西的地点，那里埋着一些珍贵的物件、财务管理处的钱款和几把没用的老枪。他和警察局局长一起参与了挖掘。审问他的人或许没有想到会有这么多的收获！但是他们还想得到更多的东西，要他将 3 名中国人也牵连进来。于是神父伸出了手腕，宁愿让人们给他戴上手铐，也不愿再给其他人带来痛苦。但是木已成舟，和为贵神父被判处 5 年监禁，吕崇清神父被判两年监禁，修女们是一年。不久，人们宣布将他们改为轻判，永久地驱逐出中国。离开前，和为贵神父必须在一张认罪书上签字，承认他是扼杀了 13 241 个孩子的凶手。和为贵神父、吕崇清神父和修女们被从陆路运抵北海，然后乘坐了 4 天的帆船，到达位于东京边境的东兴（Toughing）。一位修女回忆道，他们的指导神父平时着装是多么整齐，而此刻却是极度的悲哀和饥饿。在过境前，人们为这些罪犯拍了最后一张照片。当他们到达边境大桥时，护送他们的中国人停在了桥的中央，让他们自行前往，其中有一名患有心脏病的修女被 4 名苦力用一条长椅抬着过境。当他们看到飘扬在前方的法国国旗时，顿时感到无以名状的慰藉，终于舒了一口气，他们又可以洗洗刷刷，去医院接受迫切需要的治疗了。"①

---

① 沙百里神父关于和为贵神父的简介，巴黎外方传教会，1998 年 11 月 11 日。

直到1957年，才有一位爱国教会的中国神父临时获得授权，在曾经的白雅特城教堂主持弥撒。后来教堂就关门了，仅被用作工厂的库房。第二年，毛主席提出了“大跃进”的口号，城里成立了公社。在湛江港口，人们建起了堵海工程。最为壮观的建筑当属纯粹斯大林式的人大办公楼。原来的建筑从这块充满法国租借地特色的城市中渐渐消失了。古老的宝塔——“幸福塔”（Tour de Bonheur）被拆除，人们用它的砖头建造了一座炼钢的高炉。阿尔伯特·萨罗学校、殖民者的别墅，全都在十字镐、拖拉机和推土机的声音中被拆毁了。渐渐地，在新的世界地图上，人们将这块曾经的法国飞地的名称彻底根除。不过在20世纪60年代，周恩来和胡志明都造访过湛江，他们会默默地想起大革命时期藏身在广州湾法国街区的同志们吗？

法国公使署旧址（陈瑾油画，2011年作）

“文化大革命”期间，红卫兵在曾经的白雅特城大街上操练，共产党的干部和老师们被派到乡下接受再教育。1976年，毛泽东主席逝世，全市和所有其他地方一样，处处都是人们哭泣和哀悼的报道。

8年后，湛江的法国街区苏醒了。1984年12月19日，圣维多尔教堂甚至充溢着天主教的狂热，建筑被翻新，教堂前的广场被打扫得干干净净，很多白发苍苍的中国老人在教堂里静静地祈祷。

迄今为止，曾经的租借地仍有一些建筑的影子活在人们的记忆深处。哥特式教堂、公使署、高级驻扎官官邸、布列塔尼风格的灯塔、东方汇理银行、前商会会馆、老电影院，勾勒出一幅不复存在的图画的轮廓，一幅秘密世界的图景，但是不再有旧时异常活跃的法国鸦片贸易的任何痕迹。在湛江博物馆，画家陈瑾（Chen Jin）成了我的朋友，他展出了自己的一些绘画作品，关于永远消失的、永恒的白雅特城……

结语　湛江 2000

广州湾居民（摄于 1922 年，私人档案）

法属印度支那联邦成立于 1887 年，包括交趾支那、安南、东京、柬埔寨保护国，以及后来的老挝保护国。1899 年，第六块领地广州湾租借地被纳入到印度支那的统治之下。学校里，地球的平面球形图被挂进了学生的教室，小学教员——第三共和国的黑色轻骑兵——开始向学生们展示用玫红色标出的法兰西帝国殖民地和租借地，在那上面，非洲、大西洋、太平洋、印度洋和远东地区的殖民地和租借地都被清晰地标注出来。但是，老师和学生们都没有注意到，在中国偏僻的一隅里还有这么一个小小的红点，它代表的是谜一般的白雅特城。

“广州湾租借地是什么？”1928 年，国民议会议员莱昂 · 阿尔尚博（Léon Archimbaud）写道：“这一问题是一个新闻调查员提出来的，他们每次度假归来，都会绞尽脑汁地去思考。或许这一问题让很多法国人都感到好奇。”①

在经历过那段日子的人们中，尚有几位仍然健在，他们对白雅特城名声的看法分歧很大。这块租借地曾经被视为无能者的放逐之地，尽管公使们像真正的小国王般过着日子，但是他们仍然没能让法国在中国的这块领地光彩夺目。

一位海军军官曾经提及，当一位中国官员死后出殡时，人们会将一块总结逝者一生的殡葬牌放在一个纸制的微型庙宇里。② 白雅特城不就像这样一个微型的庙宇吗？

如果说白雅特城曾经是亚洲鸦片交易的隐秘中转站，那么得益于其地理位置，它也是越南和中国革命者的庙宇，它还是作家和冒险家的幻想之地。在 1931 年，即法兰西共和国鼎盛时期，印度支那总督府曾经宣称：“让白雅特城成为中国南方的大港口，这并不是一个神话，恰恰相反，它将是明日的现实。”当时人们本以为，白雅特城终将会取代香港的！

在“二战”期间，租借地被日本侵略者当做了自己的后方基地。维希政府和自由法国也在这个中国后花园般封闭的世界里对峙着。中国国民党和共产党，越南人、日本人和美国人屡次在这个光怪陆离之地受挫。鸦片贸易的资金、交战国的战利品都藏在东方汇理银行的保险箱里。直到 1949 年毛泽东收回了这块法属飞地，白雅特城的名字才被永远地留在了遗忘的角落里。黑社会和毒品市场从此在白雅特城消失了，而后又在著名的东南亚罂粟种植地金三角和香港重新浮出水面。1997

---

① 《一件法国殖民作品：广州湾租借地》，《太平洋杂志》，1928 年 1 月 15 日。

② 这里所说的纸做的微型庙宇，应为临时搭建的殡葬灵棚。——编者注

年，英国将租借地香港归还中国，随后在1999年，欧洲在东方的最后一块租借地澳门也回归中国。那么在1998年11月16日，曾经是白雅特城的湛江是否发生了什么呢？没有，什么特别的事也没有发生。那儿的居民们，已经全然忘记了广州湾租借地曾经于1899年租与法国，租期99年。因此，假如第二次世界大战没有发生，法属白雅特城将可能会被一直租借至1998年！

今天的湛江，高楼大厦和商业中心如雨后春笋般地矗立于各地。这个海湾仿佛成了开发商表演的舞台，起重机无处不在，在工地上改变着城市的全景图和天际线。在离港口大约30分钟远的地方，是湖光岩国家地质公园，也就是曾经的惊湖，在那里旅游业的发展非常迅猛。湛江的岛屿拥有极好的沙滩，有些沙滩已经成为中国新兴中产阶级的海滨沐浴疗养胜地。

有人说，21世纪将是亚洲的世纪。过去，殖民强国纷纷在东方帝国抢占租借地，而今的中国已经成为世界第二强国，几乎在全世界购买港口、企业和农田。中国的海域更像是一个新的“埃尔多拉多”，因为那里蕴藏着储量不可思议的石油和天然气资源。而且这一特别的区域也已成为极其重要的世界经济与贸易之路，而湛江则因其位于该区域的中心位置而成为重要的海上基地。她的港湾里停泊着南海舰队，使中国政府得以巩固其在太平洋地区的优势地位，中国的邻国如越南、菲律宾、文莱、马来西亚、日本等以及美国纷纷为之担忧。

白雅特城是一片遥远而神秘的土地。这座城市的地图已经丢失了许久，使得这里曾经的小社会仿佛在世外桃源中生活，其中的男人、女人和孩子们都生活在幻想中。如今这一页的历史已经翻过，一个旧世界消失了，一个新世界出现了。永别了，白雅特城。

B. M.

2013年6月　巴黎

海图室

起身，俯身在桌旁，
两手铺在地图上，
我时而驻足停留几小时，
陷入催眠的寂静中。
——于连·格拉克[①]

① 于连·格拉克：《西尔特沙岸》，巴黎：约塞·科尔蒂（José Corti）出版社，1951 年。

广州湾方位图

（见《法军在印度支那》，国家印刷厂，1931 年。法国文献局藏）

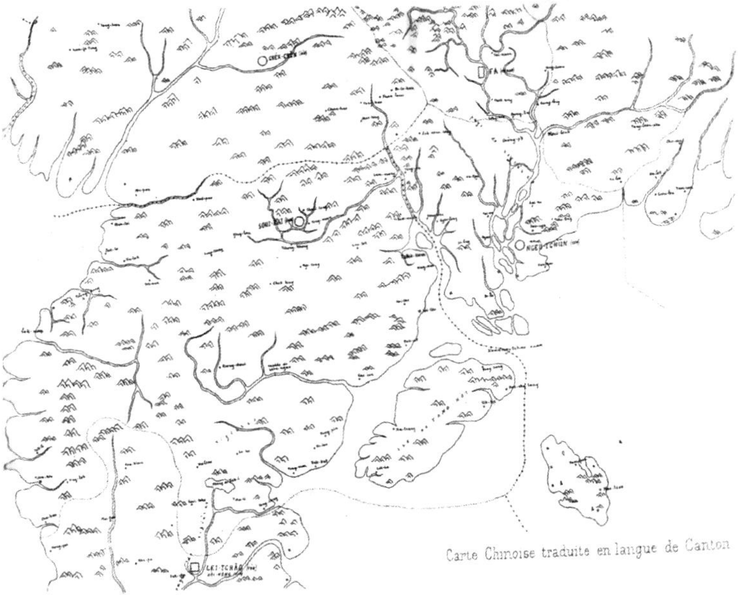

广州湾地区地形图

（见克劳迪厄斯·马特罗列：《中华帝国雷琼道》，巴黎：A. 沙拉梅尔出版社，海事和殖民地图书馆，1900 年。巴黎外方传教会图片档案）

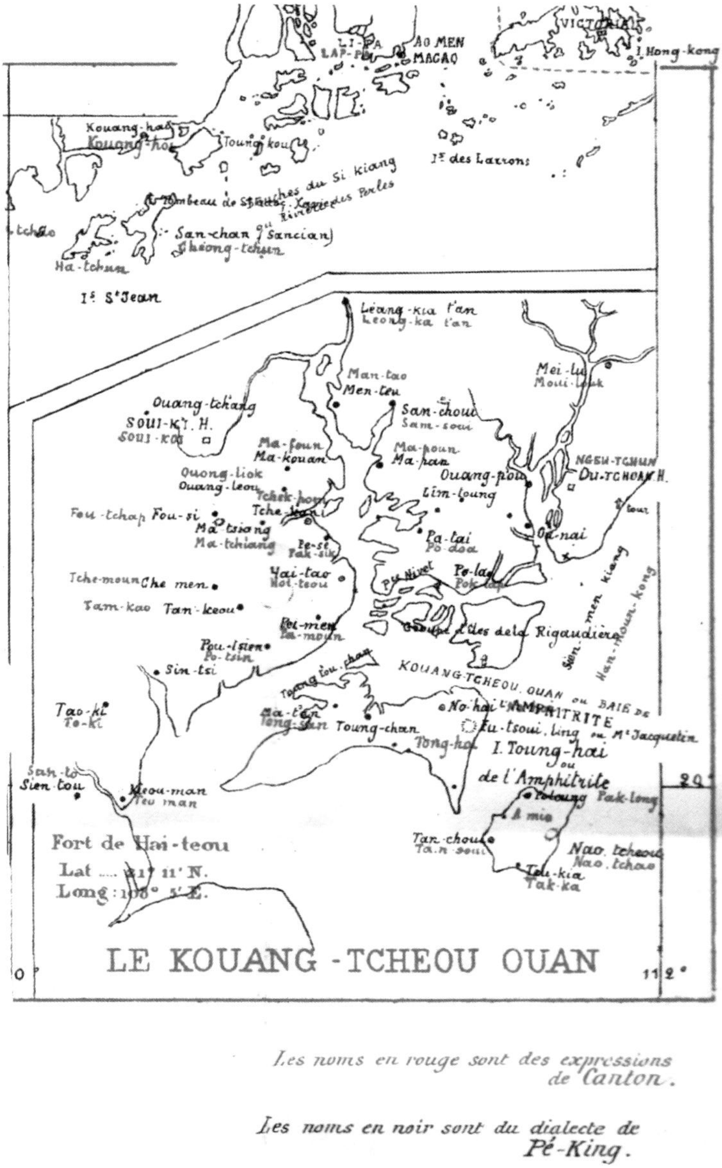

广州湾居民点地图

（粤语和官话标注。见克劳迪厄斯·马特罗列：《中华帝国雷琼道》，巴黎：A. 沙拉梅尔出版社，海事和殖民地图书馆，1900 年。巴黎外方传教会图片档案）

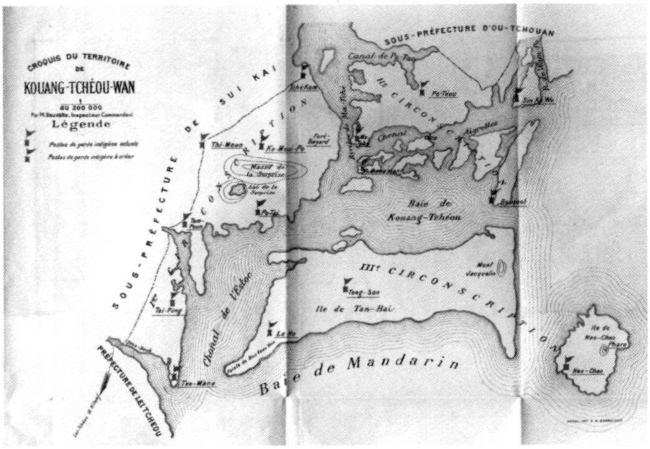

广州湾租借地政区及土著警卫队兵营分布图

（见费尔南·高特雷：《广州湾法国租借地》，河内，1906年。法国旺代省档案馆藏）

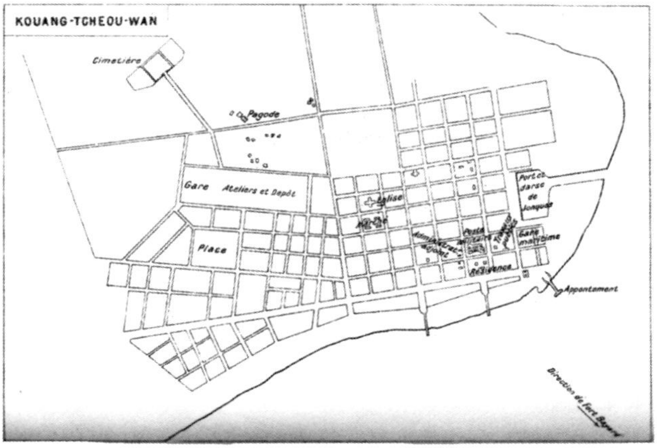

广州湾租借地首府麻斜规划图①

（见《马特罗列指南》，巴黎：阿歇特出版社，1910年。巴黎外方传教会图片档案）

① 麻斜规划图以中线为界，可分左右区。左区规划的单位依次为：公墓，侯王庙，车站、厂房和仓库，广场。右区规划的单位依次为：教堂，市场，公使署，兵营，官邸，工部局（或公共工程处）、船坞和港口，码头客运站，栈桥码头。右下方箭头指示白雅特城方向。——编者注

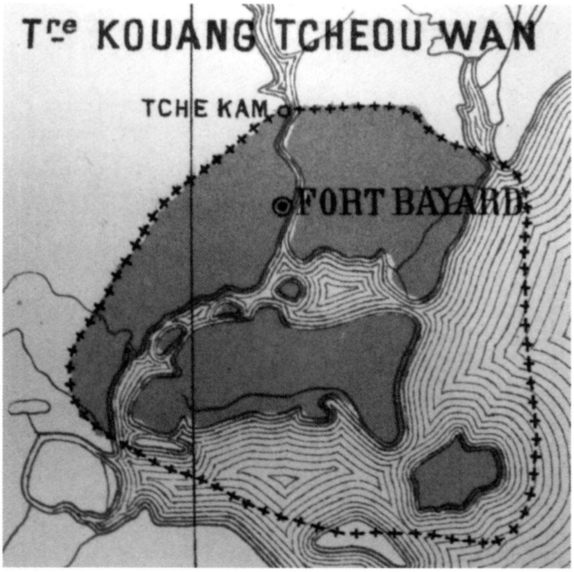

广州湾租借地边界图

（见《印度支那地图集》，印度支那地理服务处，1920 年。法国文献局藏）

广州湾租借地交通及兵营分布图

（见阿尔弗雷德·博南格：《法国在广州湾》，巴黎：贝尔热－勒夫劳出版社，1931 年。法国文献局藏）

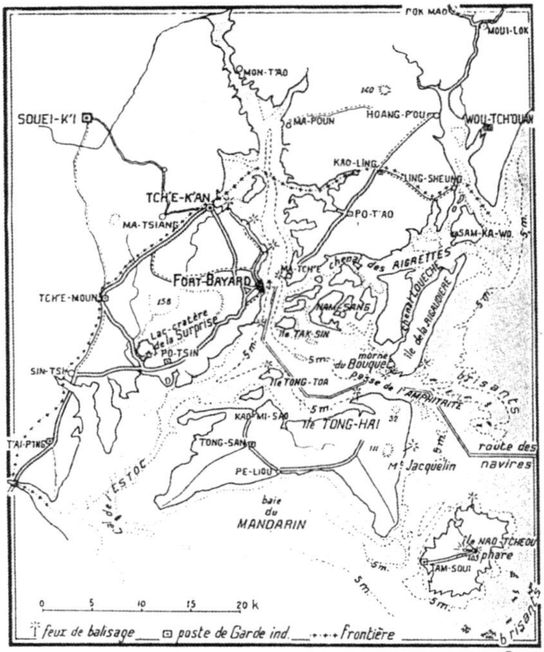

广州湾交通、兵营及边界地图

（见《马特罗列指南》，巴黎：阿歇特出版社，1932年。法国文献局藏）

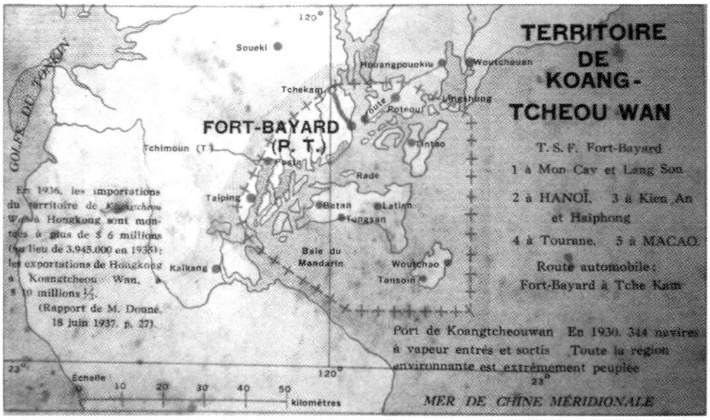

广州湾商贸示意图

（见周儒望编：《中国商业地理》，1937年。巴黎外方传教会图片档案）

法国殖民时期的广东、海南等地地图

（该图为维达尔·白兰士地图，见《中国政治地图 52 号乙》局部，阿尔芒·科林出版社）

参考文献

1. AJALBERT J. Les destinées de l'Indochine. Louis – Michaud, 1911.

2. Agence économique des colonies. La peste à Quang – Tchéou. 1901.

3. BALLANDE H. Midship en Chine. Editions France – Empire, 1977.

4. BERTRAND G. La route aux armes. Amiot – Dumont, 1953.

5. BLANCHET A. Au Pays des ballila jaunes. Editions Dorian, 1947.

6. BONNINGUE A. La France à Kouang – Tchéou – Wan. Editions Berger – Levrault, 1931.

7. BOUCHER F. De ma Jungle, affec tueuse ment. Blue Lettuce Publishing, Boucher and Luo Infodoc Ltd, 2013.

8. BRENIER H. Où en est la question de l'opium. Hanoï: Agence économique de l'Indochine, 1914.

9. BRUNET J. Jacques Doriot. Editions Balland, 1986.

10. CHAMPLY H. Le chemin de Changhaï. Editions Jules Tallandier, 1933.

11. CUNNINGHAM A. Les Français au Tonkin et dans la Chine Méridionale, traduit par Armand Le Maire. Hanoï: Imprimerie – Librairie Crébessac, 1903.

12. DAUFÉS E. La garde indigène de l'Indochine de sa création à nos

jours. Avignon: Imprimerie D. Seguin, 1934.

13. DEBRE J. Les oubliés de la République. Librairie Arthème Fayard, 2008.

14. DIANOUX H. Kouang - Tchéou - Wan, un territoire cédé à bail par la Chine à la France de 1899 à 1945. Mondeet Culture, Comptes - rendus de l'Académie des Sciences d'Outre - Mer, 21 mai 1982.

15. DESCOURS - GATIN C. Quand l'opium finançait la colonisation en Indochine. L'Harmattan, 1992.

16. FARJENEL F. A travers la révolution chinoise. Plon - Nourrit, 1914.

17. FRANCOIS A. Le mandarin blanc. Calmann - Lévy, 1990.

18. GAUTRET F. Le territoire français de Kouang - Tchéou - Wan: notes et propositions. Hanoï: Imprimerie F. - H. Schneider, 1906.

19. GUILLERMAZ J. Histoire du Parti communiste chinois. Payot, 1968.

20. HANOTAUX G. & MARTINEAU A. Histoire des Colonies Françaises. Plon, 1932.

21. HEDUY P. Histoire de l'Indochine. Albin Michel, 1998.

22. HENRY - BIABAUD E. Deux ans d'Indochine. Hanoï: Imprimerie d'Extrême - Orient, 1939.

23. ISOART P. L'Indochine Français 1940 - 1945. Paris: Presses Universitaires de France, 1982.

24. JALINE J. Les chemins du rêve, Sous la griffe du dragon. Paris: Alphonse Lemerre éditeur, 1906.

25. JANY A. Les torturés de la Chine. Librairie Mignard, 1958.

26. JOUGLET R. Dans le sillage des jonques. Grasset, 1935.

27. KAHN M. La Tragédie de l'Emeraude. Editions du Rocher, 2007.

28. LAURE C. Faut - il abandonner Kouang - Tchéou - Wan à la Chine? Imprimerie d'extrême - orient, 1923.

29. LE FAILLER P. Monopole et prohibition de l'opium en Indochine. L'Harmattan, 2001.

30. CHEN L. Historic Picture Postcards of Kouang Tchéou Wan. Toronto, 2012.

31. MADROLLE C. Hai – Nan et la côte continentale voisine. Paris: A. Challamel, 1900.

32. MASSIMI C. Le Territoire français de Kouang – Tchéou – Wan. Hanoï – Haiphong: Imprimerie d'Extrême – Orient, 1923.

33. MAYBON A. L'Indochine. Paris: Larose, 1931.

34. MEULEAU M. Des pionniers en Extrême – Orient. Fayard, 1990.

35. MORLAT P. La Répression coloniale au Vietnam (1908 – 1940). L'Harmattan, 1990.

36. MORLAT P. Indochine Années vingt: le balcon de la Francesur le Pacifique. Les Indes Savantes, 2001.

37. MORLAT P. Indochine Années vingt: Le rendez – vousmanqué. Les Indes Savantes, 2005

38. NIOLLET D. L'épopée des douaniers en Indochine. Kailash Editions, 1998.

39. PAULES X. Histoire d'une drogue en sursis, éditions EHESS. 2010.

40. SILBERMANN L. Souvenirs de campagne par le soldat Silbermann. Paris: Plon – Nourrit et Cie, Imprimeurs – Editeurs, 1910.

41. TATIN – GOURIER J. La France coloniale ὰ l'assautde la Chine. Editions Le Manuscrit, 2012.

42. VALETTE J. Indochine 1940 – 1945 Français contre Japonais. SEDES, 1993.

43. VANLANDE R. Souvenirs de la révolution chinoise. J. Peyronnet et Cie Editeurs, 1928.

44. VANLANDE R. Comptoirs en Chine. J. Peyronnet et Cie Editeurs,

1935.

45. VANNIERE A. Le territoire à bail de Guangzhouwan: une impasse de la colonisation française en Asie orientale 1898 – 1946. Université Paris 7 – Denis Diderot, Thèse dirigée par Mme Nora Wang, 2004.

致　谢

首先，我要向陈灵和陈瑾兄弟表达我真挚的谢意。我们之间的交流甚是愉快，他们将自己珍藏的心爱之物与我分享，使得白雅特城的重现成为可能。

我要深深地感谢那些为本书的成书提供必要的文献资料的人：郭丽娜、罗宾·萨比、弗朗索瓦·特雷莫（François Drémeaux）、海军少将布鲁诺·内力和沙百里神父。

在本书写作过程中，我需要多次走访巴黎外方传教会档案馆。其间受到了吉思莱娜·奥利弗（Gislaine Olive）、布里吉特·阿帕乌（Brigitte Appavou）和安妮·撒拉威尔（Annie Salavert）的接待和指导，他们为本书的研究提供了充足的便利。

如果没有法国国家自然历史博物馆、法国文献局、法国旺代省档案馆、法国海外档案中心以及法国外交部外交档案馆文献资料的支持，我的调查研究将无法进行。

我还要感谢帕斯卡尔·贝诺（Pascal Pénot）和法国农业信贷银行历史档案部给我的帮助。

我的兄弟雷米（Rémi）对本书的各个章节进行了校对，对此我深表感谢。

希望我的妻子能够理解我对写作的钟情。

最后，我想对艾曼努尔·勒米厄（Emmanuel Lemieux）表达我的感激之情，没有他，这本书就不可能与读者见面。

人名译名对照表

Acheson 艾奇逊

Ajalbert, Jean 让·阿雅尔贝

Alby, Gustave 古斯塔夫·阿尔比

Balisoni 巴利索尼

Bao Dai 保大帝

Baudoin, François 弗朗索瓦·鲍杜安

Béchamp, Georges 乔治·贝尚

Béranger, Régis 雷吉斯·贝朗热

Bertrand, Gabrielle 加布里埃尔·伯特兰

Bertrand, Georges 乔治·伯特兰

Bidault, Georges 乔治·皮杜尔

Bignotti, Henri 亨利·比诺迪

Blanchet, André 安德烈·布朗谢

Bodard, Lucien 吕西安·博达尔

Boncour, Jean – Paul 让 – 保罗·邦库尔

Bonningue, Alfred 阿尔弗雷德·博南格

Bons d'Anty, Pierre 皮埃尔·朋·安迪

Borgnis – Desbordes, Gustave 古斯塔夫·博格尼斯 – 代博尔德

Boussenot 布瑟罗
Brissaud – Desmaillet 布里索 – 戴马伊埃
By – Poui 妃肥
By – Xa 妃三
Caillard，Gaston 加斯东 · 卡亚尔
Cellard，Etienne 埃蒂安 · 谢兰
Champly，Henry 亨利 · 张普利
Chapoulard，Camille 卡米尔 · 夏布拉尔
Charbonnier，Jean 沙百里神父
Chassigneux，Edmond 爱德蒙 · 卡希诺
Chen Ling 陈灵
Chou En – lai 周恩来
Claudel，Paul 保罗 · 克洛岱尔
Cléopâtre，Raoul 拉乌尔 · 克莱奥帕特拉
Cosme，Henri 高思默
Courrejolles 高礼睿准将
Coutencin，Père 顾坦桑神父
Cunningham，Alfred 阿尔弗雷德 · 坎宁安
Daridan，Jean 戴立堂
Daufès，Ernest 欧内斯特 · 多菲斯
Decoux，Jean 让 · 德古
Delamare，Paul 保尔 · 德拉马尔
Delbos，Yvon 伊冯 · 德尔博斯
Deswazières，Gustave 祝福主教
Domec，Pierre – Jean 皮埃尔 – 让 · 多梅克
Doriot，Jacques 雅克 · 多里奥
Doumer，Paul 保罗 · 杜美
Fafart 法法和
Fang – Tong – San 方同山

Farjenel, Fernand 费尔南·法让耐

Ferrand, Auguste 奥古斯特·范兰

Fort 福特

François, Auguste 奥古斯特·弗朗索瓦（方苏雅）

Garnier, Albert 阿尔伯特·加尼叶

Gaulle 戴高乐将军

Gauthier 俄永垂主教

Gautret, Fernand 费尔南·高特雷

Gourlaouen, Jean 让·顾伦

Guo Lina 郭丽娜

Henry – Biabaud 亨利 – 比亚博

Hitler, Adolphe 阿道夫·希特勒

Ho Chi Minh 胡志明

Hubin, Georges 乔治·于班

Jabouille, Pierre 皮埃尔·贾布宜

Jouglet, René 勒内·茹格莱

Krautheimer, Jean – Félix 让 – 费利克斯·克劳泰默

Klobukowski, Antony 安东尼·科罗布科维斯基

Ko – Cho – Hoa 郭寿华

Koun, Joseph 约瑟夫·库恩

Kremer, Pierre 皮埃尔·克雷默

La Bédollière, Gigault de 吉戈特·德·拉·比道里埃尔

La Brosse, Blanchard de 布兰查德·德·拉布罗斯

La Jaline, Jean de 让·德拉·叶琳娜

Lancray 郎盖上尉

Langrenne 朗格雷纳中士

Laure, Charles 查理·洛尔

Laval, Pierre 皮埃尔·赖伐尔

Lebas, Robert 和为贵神父

Leclerc 勒克莱尔克将军

Lemire，Charles 查理·勒米尔

Le Prevost，Jacques 雅克·勒·普雷沃斯特

Liébert，Gaston 加斯通·联伯尔

Liegeot，Henri 亨利·列若

Londres，Albert 阿尔伯特·伦敦

Madrolle，Claudius 克劳迪厄斯·马特罗列

Malraux，André 安德烈·马尔罗

Marot 马罗中校

Marty，Louis 路易·马迪

Mao Tsé – toung 毛泽东

Maruyama 丸山中校

Massimi，Joseph – Antoine 约瑟夫 – 安东尼·马西米

Millot，Stanislas 斯坦尼斯拉斯·米约

Mirani，Takanobu 三谷隆信

Morlat，François 弗朗索瓦·莫拉

Moutet，Marius 马吕斯·穆岱

Nielly，Bruno 布鲁诺·内力

Pan 潘培楷将军

Pasquier，Pierre 皮埃尔·巴斯杰

Pechkoff 贝志高将军

Pétain Maréchal 贝当元帅

Philibert 菲利贝尔舰长

Piry，Henri 亨利·比利

Pujarniscle，Eugène 欧仁·普加尔尼斯科尔

Saby，Robin 罗宾·萨比

Salabelle，Pierre 皮埃尔· 萨拉贝勒

Sarraut，Albert 阿尔伯特·萨罗

Shan – Hing – Piou 陈振彪

Silbermann，Léon 莱昂·苏伯曼
Silvestre，Achille 阿希莱·西尔维斯特
Sou 苏元春提督
Sun－San－Ping 孙寿屏
Sun Yat－sen 孙中山
Tardif，Etienne 艾蒂安·塔迪夫
Taste，Maurice de 莫里斯·德·达斯特
Tchang Kai－chek 蒋介石
Tsang Hoc－Tam 陈学谈
Vanlande，René 勒内·旺朗德
Varenne，Alexendre 亚历山大·瓦雷纳
Vetch，Francis 弗朗西斯·维奇
Vialla，Frédéric 弗里德里克·维奥拉
Watari 渡利将军
Wilden，Auguste 奥古斯特·韦礼德
Yima 伊马舰长

译后记

刚接到《白雅特城》的翻译任务时，我们完全没有想到，翻译这本薄薄的书竟然会经历一个漫长而痛苦的过程。从 2014 年 12 月翻译第一段文字开始，直到 2015 年 10 月最终定稿，前后耗时近一年时间。其间由于各种原因，我们曾多次想到放弃，好在最终坚持了下来。待翻译结束后再回头看，顿觉自己仿佛经历了一个西天取经、历经磨难的过程，甚至感到，这几乎是我们从事翻译工作以来最为困难的一次翻译，但万水千山之后终成正果，我们感觉自己获益良多。

《白雅特城》是一部历史文献类著作，而书中所讲述的又是一系列远离法国主流文化圈，同时在一个特殊的时代里发生在中国文化与地理的边缘地区的光怪陆离的事件。岭南地区原本属于偏僻的南方方言区，在与国外长期通商的过程中，这里产生了由粤语、闽语、英语、法语和葡萄牙语等国内外语言混杂而来的独特交流语言。这导致本书的翻译和其他类型作品的翻译有很大的不同，除了共通的翻译原理和技巧之外，还需要更加严谨细致的工作态度，更重要的是，需要更加翔实的考证和更加繁复的历史文献知识的学习。作为非历史专业的译者，我们自行摸索，将学习和考证贯穿于本书翻译的全过程。有时为了一个人名、一个地名或者一个历史事件的准确称谓，我们查阅了大量的资料，甚至会为一个地名的考索花费一个月的时间，这就是译者痛苦的来源。

即便如此，还是有一种力量支撑着我们，使我们最终坚持翻译完全书。因为在翻译的过程中，我们至始至终都全身心地沉浸在一种神奇的使命感中，觉得自己是在追随着作者的笔尖，揭开一段尘封已久的岁月，还原一段真实的历史。

广州湾，一个落满了灰尘的名字。在中国，恐怕很少有人知道这个历史地名；在法国，这一曾经的海外领地也几乎被遗忘。当这个名字被提起，人们会联想到发黄的档案、老旧的黑白照片和故纸堆。据考证，这个名字在明朝嘉靖年间就已经出现了。在中国历史上，这个遥远的边区风景宜人，民风淳朴，但是很难有机会进入人们的视野，这种命运似乎几百年不变。然而，随着清王朝末日的临近，广州湾在自己的宁静和慵懒中走到了近代。在中国那段充满灾难、屈辱，同时又伴随着探索、追求、实现自由民主的近代史里，广州湾作为神州的一个角落，也没有能够独善其身，它意外地成为东西方文明冲突的最前沿。

19 世纪 90 年代，在列强纷纷拿起刀叉分割中国的时候，英国人捷足先登，取得了香港，法国人也觊觎中国的海岸线，希望建立起连接印度支那和中国各口岸的据点。在一次海上躲避风暴的过程中，法国人意外发现了广州湾这一天然良港，并意识到这个地方在地理上适合作为深入中国的踏板。后来在夺取广州湾的战役中，法国人遭到了广东遂溪和吴川人民的顽强抵抗。广东历来是个宗族主导的社会，民众守土意识非常强，因此民间反抗殖民者的斗争最初在广州湾是非常激烈的，表现了被侵略人民的顽强意志。作者虽没有用过多的笔墨渲染战场的血腥，但我们仍然感受到了中华民族在抵御外侮时，因落后而付出的沉痛代价。1899 年，《法中互订广州湾租借地条约》让法国从清政府手中强行租借了广州湾，租期 99 年，从此广州湾作为法属印度支那联邦的第六块土地，纳入到法国的海外领地之中，开启了此地近 50 年的租借地岁月，同时这片土地上也多了一座新城——白雅特城。白雅特这个名字，据说最早来源于法国历史上一位著名的骑士，它还曾被用来命名过法国海军的战舰。可以想象，给一座城市起这样一个名字，其中充斥着占领者怎样的不可一世和对被占领者意志的残酷压制。在那个特殊的历史时期，这座特殊城市的名字象征着法国的骄傲，同时也是中国的耻辱。

在中国近代的政治舞台上，法国租借地扮演了重要的角色。特别是上海的法租界，那里既诞生了中国的革命力量，也催生了上海滩的黑道风云，是各路枭雄的庇护所和活动基地。同样，位于南方边陲的广州湾也沦为了帝国时代东西方列强全球争霸战略的一部分，由于它拥有优良的港口和便利的沿海交通条件，法国政府试图以之同英国人占领下的香港相抗衡。但实际上，广州湾这个地方既没有水系能联通内陆，也缺乏丰富的矿产资源，难以获得经济上的支撑，最终只能沦为鸦片贸易的中转站。而在殖民时期的大部分时间里，租界和租借地经济一般都是以鸦片加工和贸易，以及寄生的烟馆和妓院来支撑的。整个 19 世纪末和 20 世纪上半叶，这里交缠着占领、反抗、屠杀，建设、破坏、贸易，畸形的经济，以及革命与镇压等种种历史脉络，而一直未能如当初创建者所希望的，成为法国海外的荣耀之地。直到日本侵华初期，大量的中国人为避难逃入租借地，给这里带来了短暂的畸形繁荣。但很快，广州湾被日军占领，法国的统治宣告终结，法国租借地名存实亡。随着“二战”的结束，美苏重新瓜分世界，法国在中国的利益被否定，加上法国也不再实际占领，因此在不得已和租期未到的情况下，法国将租借地无条件地移交给国民政府。此后，广州湾被更名为湛江，直到新中国成立后，这段租借历史才逐渐被完全终结。也许是因为在 46 年的殖民历史中，法国殖民当局对该地重视不够，致使该地影响力有限，再加地理上的偏僻，这段历史很快为人们所淡忘，迄今只留下租借地时代的局部建筑和街道。

作者伯特兰·马托先生以其独特的视角，为我们呈现了半个世纪时间里广州湾光怪陆离的历史演变过程。在描述作为法属印度支那领地的白雅特城旧时影像的同时，他为我们再现了白雅特城的租借地政治与经济状况。虽说作为一位法国人，作者是在讲述一块法国领地的历史，但这并不妨碍我们作为中国人从中了解那段屈辱的往事。

在本书翻译的过程中，译者有针对性地查阅了大量的资料和文献。这个工作给译者带来了一系列令人惊讶和不安的发现：法国的档案制度非常完善，针对这段历史的法语资料也相对比较齐全；然而国内的中文资料却让我们找得非常辛苦，或者说，国内竟然缺乏太多与之相关的文献资料，致使研究这段历史的学者非常之少。更加令人沮丧的是，在国内的普通读者中，竟然极少有人了解那段历史，即使是中学历史课本，也会把广州湾事件及其租借史压缩为那个年代、那段大历史的一个背景而一笔带过。

作为中国近代史不可分割的一部分，以及19世纪末帝国主义瓜分中国的半殖民地历史的一环，广州湾史应该为更多的中国人所知。同样，如果读者想更加深入地了解更真实的中国近代史，就不应该仅仅了解《南京条约》、甲午战争、香港、上海、广州和天津……还应该了解白雅特城。期望这本书的翻译，能够在其中起到一定的作用。

最后，由于译者所从事的并非专门的历史研究专业，因此在翻译过程中难免会出现一些疏漏，敬请各位读者批评指正。

译者

2016年6月8日

附录一　法中互订广州湾租借地条约[①]

（1899 年 11 月 16 日）

第一款

因和睦之由，中国将广州湾租与法国，作为建立海军基地及趸煤之所，定期 99 年，双方一致同意，所租之地不影响中国行使国家主权。

第二款

租让的土地包括用于停船和采煤的安全、供给以及正常发展所需的水域和陆地，此外的领土仍归中国管辖。

（1）东海全岛。

（2）硇洲全岛。

硇洲岛与东海岛中间水面，系中国船舶往来要道，将来仍允许其通过租借地或停泊，无须缴纳任何税费。

（3）其租借地以雷州地带为南面边界，直至通明河；西面以从雷州经新圩至遂溪的官道为界；在北部，边界从志满开始，一直向东北延伸至赤坎，并从赤坎和福建村中间穿过，而赤坎、志满和新圩则划入广州湾境内。黄略、麻章、新埠、福建各村均归中国管辖。边界从赤坎以

① 本条约是译者在对照、校对并主体沿用清政府中文文本内容的基础上，从法文文本译出，与中文文本有局部差异。本条约体现了法国国家叙述主体和行为主体的优先性，以及条约的不平等性。——译者注

北福建村以南，向东延伸至海面，穿过调神岛以北海面至兜离窝达到吴川县。自西向东穿越吴川县至西炮台河面，河床中部出海三海里处（中国十里），黄坡仍归中国管辖。距岸达三海里的海域边界，由吴川县海口外三海里水面起，经过通明河，直至遂溪县。待本条约签订且地图在双方认可下绘制后，最终的边界线会由双方政府指定的官员通过勘测后确立。上述官员必须即刻开始此项工作，不得延误，以免两国发生纷争。

第三款

在99年内所租之地归由法国全权管辖，以免两国争执。此地居民的财产仍由他们自己管理，只要他们遵守法国法律和法规，便可以继续留居于租借地内，受到法国的保护。如有法国需征用之物，则以公平的价格向当地居民购买。

第四款

在租借地之内，法国可建炮台、驻扎兵营，并设立防御工事。法国还可以在各岛及沿岸建造灯塔，设立标记、浮桩等，以便行船。概括来讲，就是利用各种方法以及制定各种条例来保证航船的自由和安全。

第五款

租借地内的中国商船可以得到在其他中国开放口岸所得的同样的待遇。其租借地及港口，均归法国管辖，法国可以立定章程，并征收灯塔税、吨税，作为修建信号灯、航标、浮桩各项工程之费用。此款专指广州湾内水面而言，硇洲岛与东海岛水面为例外，已在第二款内声明。

第六款

如遇引渡之事，则按法中已经签订的条约中的相关条款处理，尤其需要参照中、越（Tonkin）边界条约。

第七款

中国允许法国建造一条铁路及一条陆路电缆，以便连接赤坎附近的广州湾海岸与安铺周围的海岸。途经地段将由法国官员购买，中国地方官员协助，以监督要价合理。建造及开发所需费用均由法方负责。在交付正常使用费后，中国居民可以乘坐火车或发电报。中国官员负责保护其领土内铁路及其物资，但修理及维护费用由法方负担。法国将在安铺铁路终点处设置必要的海事服务设施，并将距离终点最近的深水锚地预留给法国商船。

此条约自签订之日起立即生效。在此地由中国皇帝签署，待其由法兰西共和国总统签署后，应尽快相互交换所签文件。

此条约于1899年11月16日在广州湾订立，共八份，法文四份、中文四份。

如有争议，则以法文文本为准。

海军准将、总指挥官、广州湾勘界事宜全权代表　高礼睿

广西提督、广州湾勘界事宜全权代表　苏元春

李嘉懿校译

注：法国外长于1899年12月24日在电报中对本约作了补充，指出："安铺铁路沿线的空置土地将被交付于法方。雷州、廉州、高州的矿产将出让与法中企业。"

（文件来源：1899年法国外交档案）

附录二　广州湾隶属印度支那总督府管辖总统令[1]

（1900 年 1 月 5 日）

法兰西共和国总统根据殖民地部部长的报告，依据 1891 年 4 月 21 日法令所规定的印度支那总督的职责，依据 1898 年 4 月 10 日照会中关于中国政府将广州湾租与法国、租期 99 年的规定，[2] 颁布本法令：

第一条，印度支那总督具有 1891 年 4 月 21 日法令所赋予的权力，承担广州湾的行政管理事务。

第二条，殖民地部部长负责本法令的执行。

巴黎，1900 年 1 月 5 日

艾米勒・卢贝

李嘉懿译

注：本法令由殖民地部部长阿尔伯特・德克雷以法兰西共和国总统的名义颁布。

---

① 根据安托万・瓦尼亚尔《广州湾租借地：法国在东亚的殖民困境》附录提供的法文原文译出。——编者注

② 参见光绪二十四年三月二十日（1898 年 4 月 10 日）总理衙门致法国公使照会。——编者注

附录三　法中交收广州湾租借地专约[1]

（1945 年 8 月 18 日）

法兰西共和国临时政府和中华民国国民政府，依据 1945 年 3 月 13 日之基于双方素有之友谊精神以解决中法间悬案之换文协定，[2] 决定缔结本约，并各派全权代表如下：

法兰西共和国临时政府主席特派员：

法兰西共和国驻中华民国大使馆代办戴立堂先生；

中华民国国民政府主席特派员：

中华民国外交部政务次长吴国桢博士。

两国全权代表各将所奉全权证书互相校阅，均属妥善，议定条款如下：

第一条　1899 年 11 月 16 日法中所订租借专约作废，该专约所给予法国政府之一切权利，即行终止。

第二条　法国政府同意，将广州湾租借地依照 1899 年 11 月 16 日中法专约所划定地界内之行政与管理，归还中国政府。但有一项谅解，

---

① 原题“法兰西共和国临时政府与中华民国国民政府交收广州湾租借地专约”。本条约是译者在对照、校对并主体沿用民国政府中文文本内容的基础上，从法文文本译出，与中文文本有局部差异。本条约体现了法国国家叙述主体和行为主体的优先性。——译者注

② 中法两国曾于 1945 年 3 月 13 日达成《解决两国悬案之换文协定》。——编者注

即中国政府于收回该地时，应承担该地所负之义务及债务，并保证对一切合法权利予以保护。

第三条　法国政府愿将该地上并属于该地之一切土地、房屋、公产设备及建置无偿让与中国政府，并将一切登记簿、档案、契据以及其他公文，凡为接收与将来管理广州湾所需用者，交与中国政府。

第四条

（一）为免除法国公司及人民在广州湾地域内的现有关于不动产契据及权利发生任何问题，并为免除因废止 1899 年 11 月 16 日订立之法中租借专约可能发生之问题起见，法国政府与中国政府双方同意上述现有之权利及契据不得取消作废，并不得以任何理由加以追究，但依照正常法律程序提出证据，证明此项权利系以诈欺或其他不正当手段所取得者，不在此限；同时达成谅解，此项权利或契据取得时所依据之原来手续，无论日后有任何变更之处，该权利或契据不得因之作废；同时双方同意，此项权利或契据之行使，应受中华民国关于征收税捐和国防及征用土地各项法令之约束，非经中华民国政府之明白许可，不得移让于第三国政府或人民，包括公司在内。

（二）法国政府与中国政府一致同意，中华民国政府对于法国公司及人民持有之不动产永租契或其他证据如欲另行换发新所有权状时，中国官厅当不征收任何费用。此项新所有权状，应充分保障上述租契或其他证据之持有人与其合法之继承人及受让人，并不得灭损其原来权益，包括转让权在内。

（三）法国政府与中国政府一致同意，中国官厅不得向法国之公司及人民要求缴纳涉及本约发生效力以前有关土地移转之任何费用。

第五条　如法国政府提出请求，中国政府将允许把白雅特城之旧广州湾租借地行政长官之官邸，暨所属地皮及附属物，免费租与法国政府作为法国领事馆馆址使用一时，并经双方同意得予延长。但有一项谅解，即自本约订立之日起一年内，如法国政府放弃援用此项规定，中国政府可将上述地皮及所有房屋收回，自由确切使用。

第六条　本约所有各项规定即日起发生效力。

第七条　本约用中、法文各缮两份，均有同等之效力。

双方全权代表于本约签字盖印，以昭信守。

1945 年 8 月 18 日，即中华民国三十四年八月十八日，订于重庆。

戴立堂（签字）

吴国桢（签字）

附件

本日交还广州湾租借地专约签订时，双方全权代表均同意于该地解放时，派一法中混合委员会前往该地，该委员会由一名法国驻华大使馆人员参加，其任务如下：

（一）协助当地当局处理与交收行政有关的紧急问题。

（二）采取必要措施，确保法国之文武人员在最好的条件下被遣返。

戴立堂（签字）

吴国桢（签字）

李嘉懿校译

（文件来源：艾克斯－普罗旺斯海外档案中心，法国驻印度支那高级专员档，政治顾问 220）

附录四　广州湾—湛江街区地名探究及对照表

中山大学博士生导师、教授司徒尚纪在他所著的《广东文化地理》一书中指出："文化地理力图通过地名研究，再现各地的自然景观和历史文化景观，指示历史上的重大政治变革、经济兴衰、民族迁移、宗教信仰等状况，从地名可透视无限丰富的文化内涵。"① 广州湾（湛江市前身）曾是法国租借地，但目前对广州湾街区地名历史变化的研究，对法国租借广州湾时期至民国时期文化地理的探讨，基本上还是一个空白。对法租广州湾街区的地名进行探究，对于正确认识湛江、科学规划湛江、全力发展湛江有着十分重要的现实意义；也将为对人民群众特别是青年一代进行爱国主义和革命传统教育提供珍贵的史料。

笔者在湛江生活和工作逾半个世纪之久，对湛江的前世今生有着一种依恋不舍的历史情感，本着尊重历史、实事求是的原则，对广州湾—湛江历史街区的地名进行了一些粗浅的探究。由于历史资料奇缺，加上水平有限，肯定有不当之处，请专家学者批评指正。

一、广州湾地名的由来

在法国提出租借广州湾之前，广州湾作为地理名词已存在了数百

① 司徒尚纪：《广东文化地理》，广州：广东人民出版社，1993 年，第 341 页。

年，这是无可争辩的事实。关于广州湾的来历，广东金融学院陈灵教授找到的最早古籍记录资料是1535年的《广东通志初稿》（明代）。最早有广州湾记载的地图是1581年的《苍梧总督军门志》。据明嘉靖四十年（1561）郑若曾完成的《筹海图编》一书记载："高州东连肇广，南凭溟渤，神电所辖一带海澳，若莲头港、汾州山、两家滩、广州湾，为本府之南翰，兵符重寄，不当托之匪人，以贻保障之羞也。"①"这里明确了有关广州湾的两个概念，其一，广州湾属高州府；其二，广州湾为海澳。所谓海澳，则指海边弯曲能停靠船舶的地方，显然，这里是用来表述一地理概念。"②此后，顾炎武在其《天下郡国利病书》中沿袭了郑氏的说法，在介绍海道、江道、哨兵时说："……香山县浪白澳；广海卫望峒澳；潮州柘林澳……石城县两家滩海澳（在县东南三十里通大海，贼船多泊于此）；吴川县广洲湾（在南三都地方）……"③清代《高州府志》记载："广州湾为合郡之南瀚，海面在田头汛南面外洋。"说明广州湾原指南三都陆上村坊，即今湛江市南三岛原灯塔乡沙腰村一带村落及其附近海域。田头汛为广州湾口海防要塞，在南三都之东，北颜滘岛上，其南水域从属陆上村落的名称。

雷学海、陈昌齐修纂的《雷州府志》卷十三《海防》中记载："海头炮台，郡城东北一百四十里，东与吴川麻斜炮台对峙，外通东头山、广州湾等处洋面，右营把总一员防守……"④毛昌善、陈兰彬于光绪年间修纂的《吴川县志》则更为详尽，指出广州湾在城南六十五里，殷、曾、陈杂居，分四五村。⑤

因此，自明清以来一直到法国占据广州湾之前，广州湾相对于广袤的中华大地只是一个不甚知名的小地方，若不是法国租借照会和地方官

---

① 郑若曾：《筹海图编》卷三《广东事宜》，见《中国兵书集成》编委会编：《中国兵书集成（第15—16册）》，北京：解放军出版社；沈阳：辽沈书社，1990年，第314-315页。

② 景东升、何杰主编：《广州湾历史与记忆》，武汉：武汉出版社，2014年，第2页。

③ 顾炎武：《天下郡国利病书（下）》，见《续修四库全书·五九七·史部·地理类》，上海：上海古籍出版社，2012年，第326页。

④ 雷学海、陈昌齐修纂：《雷州府志》卷十三《海防》，嘉庆年间刻本。

⑤ 毛昌善修，陈兰彬纂：《吴川县志》，光绪十四年刻本，第48页。

员的逐级奏报，北京还难以知晓这样一个南方优良港口，更无法预知它优越的海防战略位置。

甲午战争后，清政府的腐败与软弱彻底暴露。光绪二十五年十月十四日（1899 年 11 月 16 日），法国胁迫清朝政府缔结《广州湾租借地条约》，将原吴川、遂溪的部分面积为 518 平方公里的陆地，连同海域面积共 2 130 平方公里的地方划为租借地，统称广州湾，租期 99 年，属于印度支那联邦政府管辖。“在所谓友好的幌子下，将行政概念化的广州湾交给了法国管辖。”“1900 年 1 月 5 日，清政府批准了该条约，广州湾租借地在主权仍属于中国的情况下却进入了法国统治时期。”① 1945 年 8 月日本投降，8 月 18 日，中法两国政府在重庆签订《法中交收广州湾租借地专约》，国民政府收复广州湾，更名湛江市。广州湾作为海部地名，直至 1974 年 10 月经国务院批准才从中国地图中消失，为湛江港所取代。

二、“西营”“东营”名称的由来

据史载，清末，霞山仅仅是个小渔村，没有确切地名，周围稀稀落落分布有谢屋、霞山、炮台仔、郑屋、海头港、洪屋等村落，曾统称海头汛，属雷州府遂溪县二十二都管辖。

法国入侵广州湾后，在今湛江市霞山区的位置和海湾对面的麻斜分别驻防设治，建各衙门兵营。其地濒海，方便补养运输。根据其营盘所在的位置，分别称为“西营”“东营”。② 另外又有进驻南三大王公庙附近后建立“南营”的说法，后来“南营”迁至南三的北涯村头。其中“西营”因得海湾之利，成为法当局的军事中心，后来又取代麻斜成为行政中心，法国人称之为“白雅特城”，但民间一直沿用“西营”地名。抗日战争胜利后，国民政府收复广州湾，更名为湛江市，但是对于“西营”“东营”这一租借地名称未予改动。1949 年 12 月 19 日，湛江

---

① 景东升、何杰主编：《广州湾历史与记忆》，武汉：武汉出版社，2014 年，第 12 - 13 页。

② 湛江市坡头区地方志编纂委员会编：《湛江市坡头区志》，广州：广东人民出版社，2013 年，第 11 页。

市解放，“西营”“东营”这两个地名仍然沿用下来。

1956年，随着湛江港口的建设与启用，以及社会主义、爱国主义宣传教育的不断深入，广大群众开始感到“西营”“东营”是耻辱的名称。当时的湛江市人民委员会（市政府）接受人民群众的意见，于1956年11月15日向广东省人民委员会（省政府）提交《关于取消西营、东营名称改为湛江市、麻斜的报告》，广东省人民委员会于同年12月10日批复同意。湛江市人民委员会据此于12月31日印发公告称：“查西营、东营这两个地方名称，是法帝国主义租占湛江市这个地方后才形成的。因此这两个名称的存在，是我们国家的耻辱。现经广东省人民委员会批准，从1957年1月1日起取消西营和东营这两个名称。取消后，西营地方以‘湛江市’的名字来包括，不另命名。东营改为麻斜，希全市知照。”但是，由于“西营”不另命名，以“湛江市”来包括，显然欠妥，造成好像湛江市只有一个赤坎区的印象，给工作和人民生活带来诸多不便，群众反响强烈。鉴于此，市人民委员会又于1958年6月30日发出通告，称“根据群众意见，经市人民委员会研究，并报广东省人民委员会批准，决定‘西营’改称‘霞山’，恢复法帝租占前的原名。今后一切文件、口头称呼一律以霞山称”。霞山的得名，源自市区中心的霞山村。从此，霞山的地名一直沿用至今。①

三、具有特殊纪念意义的寸金路、九二一路、中山路的由来

今寸金路在湛江市赤坎区西部，原名为遂溪路，东起寸金桥西，西止黎湛铁路，因路段起于寸金桥得名，为1925年遂溪县麻章区绅民所共建，距赤坎桥约五十米，是通往高、雷、琼的交通要道。寸金桥建于赤坎的赤坎河（文章河）上，而赤坎河则发源于西山的狗岭。清光绪二十四年至二十五年（1898—1899），湛江、遂溪人民为反抗法国侵略，进行了英勇的守土斗争，历时二十个月，迫使法国从最初要求的始于遂溪县城附近之万年桥的租借区缩小了范围，并后退十余公里至寸金

① 湛江市坡头区地方志编纂委员会编：《湛江市坡头区志》，广州：广东人民出版社，2013年，第55－56页。

桥，以赤坎河为界。桥名寸金桥，其含义为“一寸河山一寸金”。寸金桥曾于抗日战争时期、1959 年、1986 年重修，扩建成今貌。桥长二十四米，宽二十六米，南北栏各立董必武书“寸金桥”大字和刻有郭沫若手迹“一寸河山一寸金”的七字碑。寸金桥和寸金路见证了广州湾近代史的沧桑，是中华民族抵抗外来侵略者的象征。

九二一路在湛江市赤坎区西北部，是南北向主干道之一。此处原是荒僻的郊野，土名田基边；20 世纪 30 年代开辟成九百多米长、十多米宽，可走马车的街道，名中国大马路。外来移民在该马路两侧逐渐建起了商铺、酒店、鸦片烟馆、赌馆、妓馆、客栈等一百多间商业店铺。1945 年 8 月 15 日，日本战败投降。8 月 18 日，中法两国政府签订了《法中交收广州湾租借地专约》，国民政府接收广州湾，并将广州湾改名为湛江市。9 月 21 日，雷州半岛日军投降仪式在赤坎的胜利大酒店举行。日军支队长渡部市藏向国民政府代表——粤桂南战区司令员邓龙光递交投降书。邓龙光的车队从中国大马路驶过，然后到达赤坎受降主会场。将中国大马路命名为九二一路是为了纪念抗日战争的胜利。但在“文革”时期，竟有人把九二一路和 1935 年 12 月 9 日北平抗日救亡的“一二·九”运动混为一谈，胡说“九二一”是别有用心者颠倒“一二·九”运动并自行钉制“一二九”路牌挂在街上。“文革”中九二一路又改名为“东方红路”。最终九二一路还是恢复原名沿用至今，成为湛江（广州湾）抗战胜利的历史见证和纪念广州湾回归的街道之一。

中山路是赤坎区的主马路之一，法租广州湾时期称为法国大马路，是法国殖民主义者以其国家名字命名的大马路。马路两旁都是酒店、旅馆、戏院、商铺，如南华大酒店、胜利大酒店、宝石酒店、欧亚酒店、中国大酒店、广州酒家、大同酒家、亚洲大药房、新亚药房、大昌金铺、上海酱园、百乐殿戏院、平安戏院等，成为广州湾时期赤坎最繁华的商业地段。1945 年 9 月 21 日举行接受日军投降仪式时，国民政府粤桂南总指挥邓龙光的车队也经过法国大马路。为纪念抗战胜利和广州湾光复，国民政府将法国大马路改名为中山路（今中山二路），[①] 成为全

---

① 湛江市地方志编纂委员会编：《湛江市志》，北京：中华书局，2004 年，第 2072－2073、2087－2088 页。

国以孙中山名字命名的187条“中山路”之一。中山路是我国许多城市的繁华核心地段，构成了一个值得研究的中国特有的历史文化和城市文化现象。

四、具有殖民文化统治烙印的街名

法国统治广州湾时期，特别是第一次世界大战后，出现了一批主要以法国英雄人物和事件命名的带有西方殖民色彩的街名，如法国大马路、克列孟梭大道、巴士基街、麦那街、苏比街、范尔登街、巴黎街、文英街、杜美街，还有西营的贝当元帅大道、霞飞元帅大道、金鸡路（由纪念广州湾参加“一战”阵亡士兵的高卢雄鸡纪念碑得名）、亚细亚路、阿鲁埃德街、英吉利路、安碧贾尔街、观纳街、安飞笛街、达墟罗街、加里满琉街、布端街、卢麟街、船坞街、吕桂度英大马路等。

这些充满了殖民色彩的街名，是法殖民者在给自己涂脂抹粉。例如今为赤坎民族路的杜美街，是因纪念杜美在担任法属印度支那总督等职后升任法国第三共和国第十三任总统而得名的。贝当元帅大道，今为霞山逸仙路和赤坎兴华路，是因纪念第一次世界大战期间因领导1916年凡尔登保卫战而成为法国英雄的贝当大元帅而得名的。霞飞元帅大道，即今天的海滨一路，是因纪念法国元帅和军事家霞飞（1852—1931）而得名的。[①]

五、记录历史的广州湾街名

笔者认真查阅《湛江市志》《湛江市地名志》《湛江史志》《赤坎区志》《霞山区志》等志书，又查阅了《大广州湾》一书以及《广州湾日报》《大光报》等报刊，并走访十多位生活在广州湾的老人进行核实，整理了广州湾赤坎和西营（今霞山）的部分街名，包括在民国时期再到新中国成立后的变化情况，逐步地梳理出对这座城市的历史记忆。

---

① 湛江市地名志编纂委员会编：《湛江市地名志》，广州：广东省地图出版社，1989年，第5－16页。

赤坎古商埠最早的街名。自宋代以来，因为面临港湾，赤坎渐成埠头，渡头成为必需的设施。故古老渡街（现为大通街尾段）和海边街是赤坎最早的街名。西营最早的街道有海边街、贝当元帅大道、火烧街、水浸街、括流街等。

各历史时期赤坎埠和西营的街名。这一类的街名，随着各个历史时期的变迁而兴废。自清乾隆年间以后，闽、浙、潮、广、高、雷、琼各地商人云集赤坎，聚籍而居，港口商埠一片繁荣。福建街（因福建商人来到赤坎形成商埠后聚居于此而得名）、潮州街、李厝街、南兴街（因当年这里各类商品云集，生意十分兴旺而得名）、高州街，西营的古洪屋村、海边街、海头市等街名和地名，反映了这一段历史。由于商船商人祈望贸易畅通、水路平安，大通街（取名“生意兴隆通四海”之意）、泰安街、平安街等名，也在此时出现。这些出现市集、作坊、商行的地名，对研究广州湾经济史有特别重要的价值。“历史经济地理与地名关系越来越密切，在地名上留下印记，成为广东地名研究的一个重要方向。”①

以机构、建筑物命名的街名有公局街、学堂街、救火局街、水仙街（有水仙庙）、关庙街（有关帝庙）、天后街（有天后庙）、医院马路、药房街、木桥街、井街等。

以行业、物业、民俗命名的街名。这类街名甚多，反映了赤坎埠当时工商行业的兴旺和社会风俗。当年的赤坎是一个繁荣的商埠，反映行业的街名更多，有盐埠街（从前是盐商集中经营的贸易区）、染房街（晚清丝绸染整的一系列作坊所在地）、力行街（当时苦力、黄包车夫等贫苦劳力的聚居地）、汽车街、米行街、竹栏街、牛皮街、猪笠街、番薯街、鸡行街、和尚街（多有执道士业者居此）、大成街（福建街有大成行，因得此别名）、三和街（有三和酒米店）等。有的源于民俗，如镇台街（今三和街）源于本地游神期间必早一日以人扮镇台（清朝官名）为神清道，扮镇台的人居住在此街得名。有的源于教化意图，如

---

① 司徒尚纪：《广东文化地理》，广州：广东人民出版社，1993年，第374页。

西营有宣扬仁爱忠孝的信义路、忠孝路等。

抗日战争胜利后，国民政府收回法国租借地广州湾建湛江市，为适应这一历史性变化，赤坎街道名称来了一次大调整，法国殖民者所起的街名被全部废除。重新命名的街道有胜利路、光复路、中兴街、新兴街、兴汉路、兴国路、民族路、民权路、民生路等。另外，还有几条以当时的名人命名的街道。1946 年，原法国大马路改名中山路（纪念孙中山），原第一大马路（今民主路）改名中正路（中正即蒋介石），原木桥街（今新华路）改名卓英路（卓英即当时国民党广东省政府主席罗卓英），原医院马路（今中华路）改名向华路（国民党将领张发奎字向华）。西营为纪念孙中山，将贝丁路改名逸仙路。此外，金鸡路改为青岛路，新开马路改为爱国路，学堂街改为延安路，丹社路改为汉口路，大福路改为民有路，真美街改为民治路，麻登路改为民享路。①

广州湾的旧街名，是法租广州湾兴衰史的历史见证，是中国近现代史上湛江市社会转型的一个微缩景观，是湛江市历史的鲜活揭示。

六、广州湾老街与历史名人旧居

悠悠岁月，历史沧桑，广州湾老街承载着广州湾历史记忆的建筑符号，孕育和造就了一批有影响的历史人物。他们曾经居住的旧居，是主人梦想的出发地，也是梦想开花结果的见证地。虽然旧居的主人都已先后作古，但这些旧居有着丰富的文化沉淀，是一座城市的文化记忆。由于各种原因，今有遗存可供后人参观的旧居已经为数不多，因此，挖掘这方面的史料就显得更为迫切。对历史人物旧居应采取有效措施，加强保护和利用，充分发挥其人文价值，为建设文化湛江做出应有的贡献。

革命商人杨益三（1872—1924）与其泰安街旧居。杨益三是遂溪县黄略文车村人，为民国革命元老。中国同盟会成立后，孙中山派胞兄孙眉潜入广州湾，结识杨益三，以经商为掩护，从事革命活动。在孙眉

---

① 参见湛江市霞山区地方志编纂委员会编：《湛江市霞山区志》，广州：广东人民出版社，2012 年，第 101 - 107 页；湛江市赤坎区地方志编纂委员会编：《湛江市赤坎区志》，广州：广东人民出版社，2013 年，第 114 - 118 页。

的影响下，他加入了同盟会，与孙眉共同组织雷州三属、高州六属的军民起义，贡献甚大。辛亥革命后，杨益三不愿从政为官，继续在广州湾经商。他生平好施，周济贫困，从不望报，乡邻赞之。[①] 古埠赤坎泰安街13号是他的旧居，建于民国初年，为二层二进二间的砖木结构建筑，面积255平方米，是清末民初的典型建筑物，对研究赤坎在结束中国几千年封建帝制中所起的作用具有一定的史料价值。[②]

爱国巨商许爱周（1881—1966）与其民族路旧居。许爱周是湛江市坡头区博立村人。他是一位爱国巨商，为赤坎早期的开发做出过重大贡献。20世纪30年代，许爱周在赤坎的鸭乸港围海造地，经营房地产业，拥有宝石大酒店等店铺四十多家。后又发展航运事业，开办顺昌航运公司，购进大型货轮和远洋客轮，开辟广州湾到香港航线。许爱周积极参加抗日救亡运动，热心教育事业，关心桑梓，乐善好施。即使在旅居香港经商后，他对家乡父老的捐赠也从未间断，积极资助家乡发展生产。[③] 许爱周旧居坐落在今赤坎民族路39号，始建于1931年，为三层砖混结构，占地面积618平方米，西式风格明显，体现了屋主人的务实性与高雅的审美观。20世纪40年代，这座建筑物曾是中国银行湛江办事处所在地。这座旧居对研究广州湾中西建筑风格的融合和商业史具有一定的价值。[④]

商界名贤陈斯静（1878—1940）与其南兴街“静园”。陈斯静是广东潮州人。清末，陈斯静随父亲举家到赤坎定居经商，在商界颇有名望，他先后担任三届广州湾商会会长，主持筹建广州湾商会会馆且带头捐款。他为保护会员利益、维护商铺治安、调解商务纠纷、协助商家追讨债务、帮助困难商人盘活资本做了大量工作，为促进赤坎乃至南路的商业繁荣做出很大贡献。抗战期间，陈斯静领导商会成立救国募捐委员会，筹集钱物支援抗战。他积极参加社会公益活动，并热心致力于教育

---

① 黄柳坚主编：《赤坎古商埠》，北京：中国文联出版社，2013年，第112－113页。

② 赤坎区文新局编：《广东省湛江市赤坎区不可移动文物名录》，第58页。

③ 黄柳坚主编：《赤坎古商埠》，北京：中国文联出版社，2013年，第116－117页。

④ 叶彩萍、冯兆平：《广州湾记忆——近代建筑篇》，香港：香港美术出版社，2012年，第42页。

事业，创办益智学校并兼首任董事长，创办晨光小学兼任校董事会成员。[①] 1926年，陈斯静在赤坎南兴街49号兴建三层院落式“静园”，建筑物占地面积约590平方米，有显著的西式风格。尤其是通向庭院的走道有一长18米、宽约两米的拱廊，在广州湾建筑上首屈一指。该建筑对研究20世纪初广州湾的仿欧建筑具有参考价值。[②]

“培才之父”陈学森（1893—1952）与中华路“森园”。陈学森是湛江市北月村人。他在法租广州湾时期的最大贡献是创办了中国人自己的学校——培才小学和培才中学，成为广州湾教育的里程碑，在广州湾华人办校史上写下了光辉的一页。他生活节俭，但办学慷慨出资，毫不吝啬。在陈学森的支持下，培才中学以其显赫的办学成就，成为享誉全省的“南路学府”。他支持培才中学师生走出校园，到社会中参加抗日救亡活动，1944年8月，国民政府教育部对培才中学“努力抗战教育”予以传令嘉奖。[③] 20世纪30年代，陈学森在向华路58号（今中华路44号之一）建造了一座带花园的三层小别墅，称为“森园”。该建筑占地面积约400平方米，楼梯设在中部直上二、三楼，设欧式百叶窗扇。院内古树参天，气势非凡。[④]

著名师爷林质甫（1894—1944）与其中山一路“霞村”。林质甫是湛江市坡头区岑霞村人，早年毕业于麻斜法华学校。当年法国当局采用“以华制华”策略，企图通过法语教育培养华人高层以管理华人。由于他精通法语，被法国当局市政厅政务司聘任为师爷，负责公署事务管理工作。林质甫为人聪明，利用工作之便为广州湾华商招揽多个市政建设项目。如他通过法国当局工务处介绍建筑商梁日新招揽承建工程。同时，他将所掌握的敌伪情报秘密提供给中共地下党组织。他热心公益事业，在抗战期间带头捐资救助难民。在筹集寸金桥公共医院所需建设费用时，林质甫捐资数万元，被推选为医院董事会董事。他在1944年6

---

① 黄柳坚主编：《赤坎古商埠》，北京：中国文联出版社，2013年，第115页。

② 赤坎区文新局编：《广东省湛江市赤坎区不可移动文物名录》，第99页。

③ 黄柳坚主编：《赤坎古商埠》，北京：中国文联出版社，2013年，第260页。

④ 采访林国富老人所得口述史料。

月 2 日的空袭中不幸遇难。1939 年，林质甫在今赤坎中山一路 16 号建“霞村”住宅一座，该三层建筑物由著名建筑商梁日新设计，占地面积 252 平方米，融合中西建筑风格，呈混砖结构，并辟有 245 平方米的庭院大花园。院宅落成时，林质甫种下人面子树，如今这棵百年老树依然为人们遮阳挡雨，可谓前人种树，后人乘凉。①

一代富豪陈学谈（1882—1966）与其西（营）铺（仔）路南月庄园。陈学谈，湛江市（广州湾）北月村人，一生历任法国租借地广州湾海头圩民团团长、赤坎公局局长兼赤（坎）西（营）商团团长、广州湾总公局局长、广州湾自治区主任等职。陈学谈是湛江市现代史上的重要人物之一，在广州湾政治舞台上活动长达 34 年。其商业经营囊括房产、鸦片、博彩、旅业、饮食、盐业、航运、贸易多个行业，富甲广州湾。20 世纪 30 年代，陈学谈在西（营）铺（仔）路（今湖光路）建有南月庄园。该建筑既有西式柱蓬式入口，又有中式“四水归堂”大天井，既可以看到中国式的龙脊屋翘，又能看到西式的圆柱和壁炉，整座建筑中西合璧，雅致美观。②

了解广州湾的老街与历史人物旧居，就像打开广州湾历史的一本线装书，可以体会历史的风云变幻。只要保护与开发得当，每座旧居都会成为一个历史景点，能够留住游客匆匆的脚步，也为后人研究广州湾历史提供一扇窗口。

七、广州湾—湛江街道名称的变更

经多方调查和考证，笔者对广州湾的旧街名进行了整理，并与今天湛江市的新街名作一对比，目的是为广州湾文化地理的进一步研究抛砖引玉（见下表）。③

---

① 黄柳坚主编：《赤坎古商埠》，北京：中国文联出版社，2013 年，第 118 页。
② 《培才之父陈学森》，《湛江乡情》2013 年第 71 期，第 45 页。
③ 《湛江市区部分街道名称变更表》，《湛江史志》1988 年第 1 期，第 44 页。

广州湾—湛江市区部分街名变更表

<table>
<tr><th>广州湾时期</th><th>民国时期</th><th>新中国成立初期</th><th>“文革”时期</th><th>今名</th></tr>
<tr><td colspan="5">赤坎区</td></tr>
<tr><td>福煦元帅大道、
霞飞元帅大道</td><td colspan="2">中山路</td><td colspan="2">中山一路</td></tr>
<tr><td>垉基村</td><td colspan="2">安业路</td><td colspan="2">创业路</td></tr>
<tr><td>沙湾路</td><td>港口街</td><td>敬生路</td><td>海滨路</td><td>海滨七路</td></tr>
<tr><td>汽车街</td><td colspan="4">胜利路</td></tr>
<tr><td>救火局街</td><td>平安街</td><td>海沟堤</td><td colspan="2">大众路</td></tr>
<tr><td>海边街、
克列孟梭大道</td><td>中正路</td><td>民主大道</td><td colspan="2">民主路</td></tr>
<tr><td>龙总督街</td><td>龙光路</td><td>和平路</td><td>向阳路</td><td>和平路</td></tr>
<tr><td>杜美街</td><td colspan="2">民族路</td><td>东升路</td><td>民族路</td></tr>
<tr><td>文英街</td><td colspan="2">民权路</td><td>红星路</td><td>民权路</td></tr>
<tr><td>学堂街、
法国大马路</td><td colspan="2">中山路</td><td colspan="2">中山二路</td></tr>
<tr><td>观音街、
西华门</td><td colspan="2">博爱路、
西华路</td><td>中山北一、二巷，
中山二路三巷</td><td>博爱路</td></tr>
<tr><td>康公街</td><td colspan="2">康庙街</td><td colspan="2">图强街</td></tr>
<tr><td>新街头、
新街尾</td><td colspan="2">中兴街</td><td>新兴街</td><td>中兴街</td></tr>
<tr><td>和尚街</td><td colspan="2">和祥街</td><td colspan="2">团结街</td></tr>
<tr><td>牛皮街</td><td colspan="4">新民街</td></tr>
<tr><td>镇台街</td><td colspan="4">三和街</td></tr>
<tr><td>猪笠街</td><td colspan="2">珠玑街</td><td>兴无二横巷</td><td>娱乐街</td></tr>
<tr><td>鸡行街、
米行街</td><td colspan="2">南兴街、
米行街</td><td>卫东街</td><td>南兴街</td></tr>
<tr><td colspan="3">古老渡街</td><td>前卫街</td><td>大通街</td></tr>
<tr><td>公局街</td><td colspan="2">平安街</td><td>勤劳街</td><td>平安街</td></tr>
</table>

（续上表）

<table>
<tr><th>广州湾时期</th><th>民国时期</th><th>新中国成立初期</th><th>“文革”时期</th><th>今名</th></tr>
<tr><td colspan="3">天后街</td><td colspan="2">东方街</td></tr>
<tr><td>麦那街</td><td colspan="2">兴汉街</td><td>建华路</td><td>兴汉路</td></tr>
<tr><td>范尔登街</td><td colspan="4">兴国路</td></tr>
<tr><td>贝当元帅大道</td><td colspan="4">兴华路</td></tr>
<tr><td>药房街、医院马路</td><td>向华路</td><td colspan="3">中华路</td></tr>
<tr><td>志满路</td><td>步云路</td><td>鸡岭路</td><td colspan="2">南方路</td></tr>
<tr><td>巴士基街</td><td colspan="2">光复路</td><td>红光路</td><td>光复路</td></tr>
<tr><td>车房路</td><td colspan="2">南京一巷</td><td>赤卫一巷</td><td>南京一横路</td></tr>
<tr><td>鱼街</td><td colspan="2">南京二巷</td><td>赤卫二巷</td><td>南京二横路</td></tr>
<tr><td>龙街</td><td colspan="2">南京三巷</td><td>赤卫三巷</td><td>南京三横路</td></tr>
<tr><td>中国大马路</td><td colspan="2">九二一路</td><td>东方红路</td><td>九二一路</td></tr>
<tr><td>惠森巷</td><td colspan="2">九二一后巷</td><td>东方红一巷</td><td>九二一路一巷</td></tr>
<tr><td>𠜱狗街</td><td colspan="2">九二一横巷</td><td>东方红四巷</td><td>九二一路四巷</td></tr>
<tr><td colspan="2">环市马路</td><td>环市路</td><td colspan="2">拥军路、劳动路、跃进路</td></tr>
<tr><td></td><td colspan="2">信诚路</td><td colspan="2">立新路</td></tr>
<tr><td></td><td colspan="2">仁化路</td><td colspan="2">为群路</td></tr>
<tr><td></td><td colspan="2">孝顺路</td><td colspan="2">益民路</td></tr>
<tr><td></td><td colspan="2">忠勇路</td><td colspan="2">英勇路</td></tr>
<tr><td></td><td colspan="2">三角街</td><td colspan="2">英勇一横路</td></tr>
<tr><td>新店街</td><td>大德西四路</td><td>大德四横路</td><td colspan="2">光辉路</td></tr>
<tr><td>木桥街</td><td>卓英路</td><td>新华路</td><td>反帝路</td><td>新华路</td></tr>
<tr><td></td><td colspan="2">平康路</td><td>四新路</td><td>大德路</td></tr>
<tr><td>竹栏街</td><td colspan="4">民生路</td></tr>
<tr><td colspan="3">盐埠街</td><td>前卫二横巷、大通二巷</td><td>盐埠街</td></tr>
</table>

（续上表）

<table>
<tr><th>广州湾时期</th><th>民国时期</th><th>新中国成立初期</th><th>“文革”时期</th><th>今名</th></tr>
<tr><td colspan="3">染房街</td><td>前卫三横巷、大通三横巷</td><td>染房街</td></tr>
<tr><td colspan="3">老鱼街</td><td colspan="2">新风路</td></tr>
<tr><td colspan="3">文章湾</td><td colspan="2">前进路</td></tr>
<tr><td>遂溪路</td><td colspan="2">寸金路</td><td>反帝路</td><td>寸金路</td></tr>
<tr><td colspan="3">大成街</td><td>朝阳街</td><td>福建街</td></tr>
<tr><td>鸡岭路</td><td>志满路</td><td colspan="3">南方路</td></tr>
<tr><td>港口街</td><td colspan="4">幸福路</td></tr>
<tr><td colspan="2">沙湾路</td><td colspan="2">海滨六路</td><td>海北路</td></tr>
<tr><td>康公庙街</td><td colspan="4">团结街</td></tr>
<tr><td colspan="5">霞山区</td></tr>
<tr><td>贝当元帅大道</td><td>中山路、逸仙路</td><td>逸仙路</td><td>红旗路</td><td>逸仙路</td></tr>
<tr><td>麒麟街</td><td colspan="2">逸仙北一路</td><td>红旗北一路</td><td>逸仙北一路</td></tr>
<tr><td>慧星街</td><td colspan="2">逸仙北三路</td><td>红旗北三路</td><td>逸仙北三路</td></tr>
<tr><td>大欢街</td><td colspan="2">逸仙南二路</td><td>红旗南二路</td><td>逸仙南二路</td></tr>
<tr><td>括流街</td><td>忠孝路</td><td>东堤一横路</td><td>东风一横路</td><td>东堤一横路</td></tr>
<tr><td>吉星街</td><td>仁爱路</td><td>东堤二横路</td><td>东风二横路</td><td>东堤二横路</td></tr>
<tr><td>幸福街</td><td>信义路</td><td>东堤三横路</td><td>战斗一横路</td><td>东堤三横路</td></tr>
<tr><td>迎宾街</td><td>和平路</td><td>东堤四横路</td><td>战斗二横路</td><td>东堤四横路</td></tr>
<tr><td>海边街</td><td>晖日路</td><td colspan="3">东堤路</td></tr>
<tr><td>长寿路</td><td colspan="2">长生路</td><td>战斗路</td><td>逸仙南二路</td></tr>
<tr><td>水浸街</td><td colspan="2">维安路</td><td>东堤一横路一巷</td><td>逸仙南四路</td></tr>
<tr><td>亚细亚路</td><td colspan="4">建国路</td></tr>
<tr><td>阿鲁埃德街</td><td colspan="2">安德路</td><td colspan="2">更生路</td></tr>
<tr><td>盛旺街</td><td colspan="2">自立路</td><td colspan="2">自力路</td></tr>
<tr><td>丹社路</td><td>祖晃路</td><td>汉口路</td><td>海滨一路</td><td>汉口路</td></tr>
</table>

（续上表）

<table>
<tr><th>广州湾时期</th><th>民国时期</th><th>新中国成立初期</th><th>“文革”时期</th><th>今名</th></tr>
<tr><td>金鸡路</td><td>慈威路</td><td colspan="3">青岛路</td></tr>
<tr><td>老鱼街</td><td colspan="2">大生路</td><td>革新路</td><td>大生路</td></tr>
<tr><td>福禄路、庇佑路</td><td>介石路</td><td colspan="2">解放大道</td><td>解放东路</td></tr>
<tr><td>学堂街</td><td>剑泉路</td><td colspan="3">延安路</td></tr>
<tr><td>霞飞元帅大道</td><td>发奎路</td><td>北京路</td><td colspan="2">海滨一路</td></tr>
<tr><td>药房街</td><td colspan="2">民有西一路、民治西一路</td><td colspan="2">文体路</td></tr>
<tr><td>大福路</td><td colspan="2">民有路</td><td>为民路</td><td>民有路</td></tr>
<tr><td>真美街、吉祥街</td><td colspan="2">民治路</td><td>东风路</td><td>民治路</td></tr>
<tr><td colspan="2">火烧街</td><td>新发路</td><td>奋发路</td><td>新发一、二、三横路</td></tr>
<tr><td>洪屋路</td><td>晖日路</td><td>洪屋路</td><td>移山路</td><td>洪屋路</td></tr>
<tr><td>西（营）铺（仔）路</td><td colspan="4">湖光路</td></tr>
<tr><td colspan="3">麻登路</td><td>军民路</td><td>民享路</td></tr>
<tr><td>新开马路</td><td colspan="4">爱国路</td></tr>
<tr><td>隆南路</td><td colspan="4">建设路</td></tr>
<tr><td colspan="3">菉宝路</td><td rowspan="2">解放大道一段</td><td rowspan="2">解放路</td></tr>
<tr><td colspan="3">松林路</td></tr>
<tr><td colspan="2">西赤路</td><td colspan="2">霞赤路</td><td>椹川大道</td></tr>
<tr><td>田基边</td><td>和平路</td><td colspan="3">工农路</td></tr>
<tr><td colspan="3">外环路</td><td>红卫路</td><td>文明路</td></tr>
</table>

这些旧街名，不少因历史变故而改变名称，有的甚至已经在地图上消失，仅留于老街坊的传闻记忆中。城市新旧街名的变化，诉说着变迁与衍生，勾勒着过去与现在，连接着前世与今生。正如司徒教授所说：

"一个地区文化是时间积淀的结果，并有层次结构，所以地名也在每个层次中占有相应位置。剖析文化层次也就可以看出地名层次及其结构，加深对地名演变规律的认识。"[①] 我们从居住的城市中找到了发展的脉络，梳理出祖辈拓疆辟土的路径，连贯了先民们约定俗成的市井文化，这是一份重要的民族文化遗产，这些遗产为研究湛江的文化地理提供了宝贵的资料。但愿我们能够通过挖掘广州湾—湛江街区地名的历史文化内涵，传承这里的地名文化，进而推动湛江文化的全面崛起。

谭启滔
（作者单位：湛江市文化广电新闻出版局）

① 司徒尚纪：《广东文化地理》，广州：广东人民出版社，1993 年，第 381 页。

附录五　1898—1899 年参加强占广州湾法国军舰考

——兼论法舰白雅特号与广州湾的历史因缘

湛江的前身是法国租借地广州湾，广州湾的军事与行政核心区是白雅特城（Fort Bayard，此地在法国人到来之前被称为海头汛，法国人到达后因设置兵营而俗称西营，广州湾光复后，白雅特城更名为霞山），这是历史学者和湛江本地人都清楚的事情。然而在清末法国人侵占广州湾之初，法国人为什么把海头汛命名为白雅特城？法国远东舰队旗舰白雅特号（Bayard，国内一般译作“巴雅号”）究竟是否到过广州湾？白雅特城的命名是否跟白雅特号军舰对广州湾的入侵有关？究竟有哪些法国军舰在租借专约签署之前参加过侵占广州湾的军事行动？法国人为什么不以其他入侵广州湾的军舰命名海头汛，而是以白雅特为其命名？对于这一系列为租界史和广州湾研究者所关注的问题，我们应当给出一个有事实依据的可信的回答。让我们首先从湛江本地的白雅特号叙事说起。

一、实证缺失的白雅特号叙事

数十年以来，关于法国人究竟为什么把海头汛称作白雅特城，学界早就有过共识，即法国人命名白雅特城的目的是纪念白雅特号军舰。但学者们对于这种命名背后隐藏的信息，比如白雅特号军舰是否到达过广州湾这一关键性历史问题以及命名的具体原因等，从未做出过考证与分析。这种学术状况在普通公众心目中制造了一个不小的谜团，人们不清楚白雅特城命名的背后真相是什么。随着这一谜团的扩大，公众意识发生了微妙的变化，公众的想象力被助长，虚构历史的冲动随之增强，这对于广州湾史的研究和复原都是不利的。

自进入互联网时代以来，湛江文化界的确流行并复制着这样一种观点，即白雅特号到达过广州湾，否则不可能以之命名。但持论者往往提供不出相关的事实，而且没有以论证分析加以跟进，因此很难证实白雅特号军舰与广州湾之间存在着超越于纪念性意义之外的真实的历史因缘。这类观点又可分为下面两种意见：

一种意见认为，白雅特号是广州湾时期的法国军舰，它因首夺广州湾而被用来命名白雅特城。这种观点认为，法国侵略者为纪念其战舰白雅特号最早登陆广州湾，而把霞山称为“白雅特城”。另外一种说法是，在 1897 年，法国军舰白雅特号为避台风再一次闯入这片海域，其他相关和相似的解释还有很多。[①] 我们现在基本上可以肯定，白雅特号最初登陆广州湾或海头汛的观点，最早肇始于新中国成立后遂溪人民回忆反法斗争的文章及相关史料，准确地说则是源自 20 世纪 50 年代我国史学界和湛江地区文教部门联合开展的广州湾抗法斗争大调查活动。在活动期间，王国强等人编写了一本《遂溪、湛江人民抗法斗争史料(打印本)》，该史料开篇即指出：法帝国主义占领广州湾后，曾于西营(海头）建立了第一次占领广州湾的战舰白雅特号的纪念碑。[②] 我们认为，在广州湾历史上，法国人在海头立登陆纪念碑是一个事实，有照片资料为证，但该碑的碑文里并没有说明是为白雅特号而建，恰恰相反，碑文显示了该碑是为 1701—1702 年法国商船安菲特里特号到广州湾避风登陆而建，而纪念碑的法语原文也是“安菲特里特号纪念碑”。因

---

① 参见近年来发表在湛江各媒体的相关文章及其他介绍广州湾、南三岛、白雅特城、霞山等词条的网页或宣传册。

② 参见《1898—1899 年广东遂溪人民反抗法帝国主义侵略广州湾地区的斗争》，《理论与实践》(后更名《学术研究》) 1958 年第 1 期，第 44 页。或参见龙鸣、景东升编：《广州湾史料汇编》，广州：广东人民出版社，2013 年，第 202 页。

此，登陆纪念碑（广州湾光复后被拆除）的存在证明不了白雅特号战舰登陆过广州湾，也无法解释白雅特城的命名。

另一种意见则认为，白雅特号是1701年到访湛江或者在广州湾避风的法国船只，白雅特城因之而被命名。在近年来有关广州湾的文字中，的确存在着下面这种颇具影响的想象性描述：早在1701年，法国商船白雅特号由安菲特里特船长带领，来到中国海面，因遭遇台风避难于广州湾，便趁机登陆探测，绘制地图，回国后提交法国政府，后来便激起了法国殖民主义的侵略野心，于1898年夺取了广州湾。[①] 这样的叙述，起码存在三大问题：第一，把湛江历史上真实发生的事件，即从1701年到1702年间法国安菲特里特号商船避难于南三岛广州湾的事件，套在了100年前法帝国主义侵略中国的军舰白雅特号的经历里，这显然是把300年前的一艘法国商船与100年前的一艘法国军舰混淆了。第二，如果1701年到达广州湾的法国商船是白雅特号，那么，1898年到达广州湾的又是什么船？这个问题没有被涉及。第三，退一步讲，纵使这类叙述没有把时间搞错，并且把白雅特号对于广州湾的所谓入侵、登陆重新准确地移植到清末的时空背景中来，那么，白雅特号入侵并登陆广州湾也仍然是一个很棘手的问题，因为它仍然是一个既缺乏任何真实历史事实或历史人物亲历基础，又没有得到学界认真分析和论证过的问题。一个既缺乏历史人物经历见证基础，又没有经过学术论证的“故事”或“事件”，当然是一种虚构和想象性叙述。

同时，在史学界、新闻界和文化学界，多数作者即使不讲白雅特号军舰到达过广州湾这种观点，也大多会在行文中有意无意地忽略白雅特号军舰在广州湾的存在问题。在数十年前乃至百年前与广州湾历史有关的旧报纸和旧公牍、遂溪县令李钟珏等人的日记通信和新中国成立后为数不多的与广州湾主题有关的文章中，法舰笛卡尔号（旧译地斯加斯号）因广州湾平石事件而被提及（比如发表于20世纪50年代的广州湾

① 刘佐泉在《广洲湾村坊抗击法侵略军史实》（见湛江市政协学习和文史资料委员会编：《湛江文史资料（第二十六辑）》，2007年，第216页）中即持这一观点：白雅特号是1701年到广州湾避风的法国商船，船长是安菲特里特。这一观点目前在网络上仍有市场。

反法斗争调研文章)。不过在上述资料中，白雅特号基本未被提及，即使是居住在原白雅特城（霞山）的人们，也很难想起属文叙论白雅特号，而其他法舰如帕斯卡尔号（时称法司加立号、拜斯古号）、袭击号（实不来思号）和杜居土鲁因号（也译为杜居土鲁英号）等，则在某些史料文章中偶被提及（下文述及）。白雅特号（时译伯亚号、巴雅号、白雅号等）的史迹常被国内史界记述，但从来不是因为广州湾的缘故，而是因为1884年至1885年的中法海战。在这场战争中，白雅特号为法国远东舰队司令孤拔旗舰，与中国近代史的发展转捩存在较大关系。近两年来，学者们在广州湾史料的翻译和研究方面都有了一定的突破，其中在叙述广州湾的历史时，常会借鉴相关译介资料，提及帕斯卡尔号、袭击号和狮子号舰对海头汛的侵略，但对于白雅特号，却基本不予涉及，即使偶尔借用白雅特号的图片，也往往持有暧昧态度。

由于在法文资料、历史包括军事史知识方面受限，人们对白雅特号军舰的特征、史迹，除了某些基本的技术指标外，很难有一个更详细的了解。而在国际知名网站维基百科（包括英、法两种语言版本）上，法国远东舰队和白雅特号军舰的词条撰写都存在着严重缺陷，主要表现在词条内容基本上没有反映中法海战或孤拔死亡后法国远东舰队和白雅特号军舰的发展走向及命运，当然更不会涉及白雅特号军舰与广州湾之间可能存在的关系。与此同时，学者们对于入侵广州湾的其他法国军舰的涉及也大多模糊不清，这导致国人对法国侵略者投入侵占广州湾的军事力量的不了解。

二、登陆广州湾的法国远东舰队

考察白雅特号军舰与广州湾的关系，必须坚持以历史事实为依据，即史料第一的原则，而不能任意以杜撰想象代替历史真相。而且，即使允许有推理成分在内，也必须坚持事实和史料优先原则。依据这条原则，我们应尽量搜集法国租借广州湾前后那些到达广州湾执行军事行动（包括探测）的法国舰队舰只的文献资料证据，弄清楚法国殖民者究竟投放了哪些海军力量以侵占广州湾。

法国侵略者投入广州湾的军事力量，是以远东舰队为主体的。自1885年中法海战及孤拔中将受伤死在澎湖后，中法签订了和约，随后法国远东战略发生了调整，远东舰队的作用、实力和影响力均大减，舰只从1884年的35艘锐减到19世纪90年代的寥寥数艘。根据法国远东舰队档案文献，1896年法国远东舰队仅拥有白雅特号（博蒙特将军旗舰）、阿尔及尔号（Alger）、彗星号（Comète）、福尔费号（Forfait）和伊斯利号（Isly）5艘军舰。此时尖兵号（即清末文献中的义克鹿号）未入役，帕斯卡尔号、笛卡尔号、袭击号尚属于试验舰，在编制之外。① 到了1897年，远东舰队再减至4艘，包括白雅特号（旗舰）、笛卡尔号、尖兵号和彗星号。此时袭击号在印度洋舰队服役，帕斯卡尔号在地中海舰队服役，杜居土鲁因号则作为旗舰服役于太平洋舰队，让·巴特号尚属于试验舰，在远东舰队编制之外。② 而到了法国议租广州湾这一年，即1898年，法国的远东战略再次发生调整，法国人认识到有必要对广州湾采取军事行动，于是计划扩充远东舰队。根据该年度法国海军档案文献，此时的法国远东舰队已增加到10艘规模，拥有的舰只包括白雅特号（旗舰）、笛卡尔号、帕斯卡尔号、杜居土鲁因号、让·巴特号、狮子号（Lion）、袭击号、尖兵号、布鲁斯号（Bruix）和沃邦号（Vauban）。③ 显然，法国海军部从其他舰队为远东舰队调配了一些舰只，以因应广州湾局势。比如，袭击号和帕斯卡尔号分别从印度洋舰队和地中海舰队调入，杜居土鲁因号从太平洋舰队调入等。虽然在1899年的军事行动推进阶段，实际到达广州湾的舰只并非全部来自远东舰队，同时也存在新旧舰只入役和退役的问题，但1898年时远东舰

---

① RENARD L. Carnet de l'officier de marine pour 1896: agenda vade – mecum à l'usage des officiers de la marine militaire et de la marine du commerce. Paris: Berger – Levrault et Cie, 1896: 609.

② RENARD L. Carnet de l'officier de marine pour 1897: agenda vade – mecum à l'usage des officiers de la marine militaire et de la marine du commerce. Paris: Berger – Levrault et Cie, 1897: 569.

③ RENARD L. Carnet de l'officier de marine pour 1898: agenda vade – mecum à l'usage des officiers de la marine militaire et de la marine du commerce. Paris: Berger – Levrault et Cie, 1898: 543.

队的主体阵容没有改变。在法军侵占广州湾海头汛的1898年，远东舰队的总司令是比道里埃尔准将。

从新中国成立后到21世纪初，国内陆续有学者指证法国远东舰队舰只侵占广州湾的史实，下文拟列举几例。笔者认为，近年来出现的许多关于法舰登陆广州湾的文章材料和说法，实际在很大程度上受到了苏宪章、邱炳权和刘佐泉等人多年前发表的文章的影响，以至于目前流行的许多文字和观点似乎都来源于这些文章。下面是2007年刘佐泉教授的一段叙述：

1898年4月22日，（法国）派海军准将福德·杜基吐鲁因舰长兼司令代表法国政府以接收广州湾为名，在法国远东舰队分队司令吉戈特·德·拉·比道里埃尔中将的指挥下，悍然率领法国海军“帕斯卡尔号”“袭击号”“狮子号”等舰，载兵数百人，从安南（今越南）起航驶过北部湾、琼州海峡直航北上，从硇洲岛东面扑来，以武力强占广洲湾。①

这段文字里叙述的是法军帕斯卡尔号、袭击号和狮子号三艘军舰强占广州湾的经过，用以证明法军最初的登陆地点是南三岛广州湾村坊，而不是海头。不过，在20世纪90年代，邱炳权就已在《法国广州湾租借地概述》里叙述了几乎同样的内容，但其目的是说明法舰的最初登陆地点为海头汛：

1898年4月22日，（法国）竟派遣远东舰队分队司令吉戈特·德·拉·比道里埃尔准将，率领“帕斯卡尔号”“袭击号”“狮子号”三艘军舰，载兵五百，驶入遂溪县属的港湾内，在遂溪县的海头汛登

① 刘佐泉：《广洲湾村坊抗击法侵略军史实》，见湛江市政协学习和文史资料委员会编：《湛江文史资料（第二十六辑）》,2007年，第217页。

陆，占炮台，抢财物，强奸妇女，拆毁民房，建筑兵营。[①]

虽然上述材料在表述上存在一定差异，但涉及参与侵占广州湾的法国军舰是确定的，即帕斯卡尔号、袭击号和狮子号三艘。那么，上述资料又是从何而来？是否可信？在读过苏宪章的《1898—1899 年的抗法斗争》等文章后，我们看到，以上关于法舰入侵的资料，实际上均来自于新中国成立后国内对于局部法国外交档案的译介。苏宪章的文章非常明确地引用了国内于 1959 年译自法国的一份资料，即法国远东舰队总司令吉戈特·德·拉·比道里埃尔准将于 1898 年 4 月 26 日发给法国海军部长柏拿特海军上将的电报：

我于今天——4 月 22 日在广州湾之东南方位于雷州半岛上（按：原文如此）的一个被放弃的炮台上升起法国国旗。军队登陆时曾举行庆祝仪式，帕斯卡尔号、袭击号、狮子号在距离炮台六百公尺处排成行列抛锚，鸣放礼炮二十一响，邻近村落居民来看热闹。拉·比道里埃尔，1898 年 4 月 22 日。[②]

不过，这份“比道里埃尔准将给法国海军部部长柏拿特海军上将的电报”，却更早出自 20 世纪 50 年代中国史学会广州分会出面组织的 1899 年遂溪人民抗法斗争调查工作团的调查资料《1898—1899 年广东遂溪人民反抗法帝国主义侵略广州湾地区的斗争（资料）》。[③] 关于比道里埃尔准将发于 1898 年 4 月 22 日的这份电报，我们认为应该是法舰入侵并首夺广州湾的最可信的资料，而且，由于是军情报告，因此不存在虚构杜撰的可能。同时，这份电报与我国清末载于 1898 年 5 月 15 日

---

① 邱炳权：《法国广州湾租借地概述》，见中国人民政治协商会议广东省湛江市委员会文史资料研究委员会编：《湛江文史资料（第九辑）》,1990 年，第 217 页。

② 转引自苏宪章：《1898—1899 年的抗法斗争》，见中国人民政治协商会议广东省湛江市委员会文史资料研究委员会编：《湛江文史资料（第九辑）》，1990 年，第 275 页。

③ 1899 年遂溪人民抗法斗争调查工作团：《1898—1899 年广东遂溪人民反抗法帝国主义侵略广州湾地区的斗争（资料）》，《广东历史资料》1959 年第 1 期，第 102 – 103 页。

《申报》的一篇报道在内容上也是基本相符的。据该日《申报》载：

《海防法字报》云：法人于闰三月初二（阳历 4 月 22 日——引者注）在广州湾高揭法旗，法兵船名“法司加立”者，载海口法领事官前往整理地方事务，一面就旧筑之炮台上悬国旗。其时，华官皆已他往，惟民人则仍相属于途。未几，又有法兵船名“实不来思”者，鼓浪而至，闻数日后尚有三船续到也。①

此处所报道内容系《申报》从法属印度支那东京地区法国军事基地海防的法文报纸转载而来，很具有权威性，而《申报》的报道虽属转载，但也属我国最早记载入侵广州湾法国舰只的新闻。其中该报道所称的法舰“法司加立”即帕斯卡尔号，“实不来思”即袭击号，不过对于所言其他三艘兵舰则做了省略。

另外，早在 1898 年，法军杜居土鲁因号舰也已进入国人视野，这里有两条证据：一条仍然是报纸上的转载性报道，另一条则是广州湾官员的任命表。下面是 1898 年 8 月《知新报》转载的一篇法军广州湾战信的报道：

昨又接递来消息：称我兵船笃基土娄贤之兵士，一朝潜行登岸，意欲进探华军炮台。此炮台离岸边略远，众兵仅行数步，即闻炮声隆隆，弹子迎面飞来，如雨之下。……（法军）施放枪炮，华兵守炮台者毙 12 人，伤 25 人。……水兵提督闻耗，急求河内埠起兵接应。②

首先，此处转载内容大约为 1898 年 8 月法军侵占硇洲岛的过程信息，其中所言法国军舰“笃基土娄贤”实为杜居土鲁因号军舰，笔者查阅有关法文书籍，显示其舰长为太平洋舰队司令、海军上校福特，杜

---

① 《申报》，光绪二十四年闰三月二十五日（1898 年 5 月 15 日），见《申报（第五十九卷）》，上海书店影印本，第 85 页。

② 《知新报（第六十三册）》，光绪二十四年七月十一日（1898 年 8 月 27 日）。

居土鲁因舰乃为其旗舰，此舰于 1898 年从太平洋舰队调入远东舰队。其次，广州湾公使署旧址悬挂木牌所列广州湾历任军事和行政长官任职表也显示，为印度支那军事委员会和博蒙特少将、比道里埃尔准将所讨论任命之首任广州湾临时军事长官即为福德，而其名后所列军舰名正是“杜居土鲁因”。再次，广州湾公使署旧址的广州湾历任军事和行政长官任职表还显示，1898 年广州湾第二任临时军事长官为海军上校菲利贝尔，而此人姓名后所列军舰名则是“笛卡尔”，也就是说，菲利贝尔上校为笛卡尔舰舰长。[①] 这种情况说明，杜居土鲁因号和笛卡尔号均属于广州湾之常驻守卫军舰，虽然对于清政府而言法军的这种侵占行为是非法的。

综上，国内所有可用史料信息显示，强占广州湾的法国军舰是这样几艘：1898 年 4 月 22 日首批占领海头汛的为帕斯卡尔号、袭击号和狮子号三艘；而根据当时其他新闻和广州湾历任军事和行政长官任职表可以判断，入侵广州湾的军舰还有杜居土鲁因号和笛卡尔号两艘。这样，根据国内文献所能确定的入侵广州湾的法国军舰是五艘。

除了以上所列举的资料，清末国内文献里还存在少量跟白雅特号等军舰直接有关的信息，这样的信息也是我们的论题所需要的。其中有一段来自于清末《国闻报》的题为“较量各国驻华舰数”的译文，涉及法国多艘在华军舰，可能会使人们联想到其与广州湾的关系。文曰：

近法人在远东极力增其在华之海军。吾侪见之，殊不足骇。缘其在华之舰，有名伯亚者，系一木身包甲旧而不堪战之快船。名地斯加斯者，系一二等快船，新而有力，较我英之阿斯重亚，稍小而捷，堪载重炮。及名义克鹿者，系一差船。美持者，系一炮船。其所增之舰，有名普拔者，系一二等快船，有六汽锅，一点钟能驶十八海里，诚佳。又名拜斯古者，形似地斯加斯，惟稍大，盖皆铁甲船也。在西贡则有一炮船，及无用包甲一木船。由是观之，法船之堪战者，计伯亚在内，仅有

---

① 按：现有的广州湾公使署旧址悬挂木牌所列广州湾历任军事和行政长官任职表的汉语翻译文字存在严重错误，即把舰名“杜居土鲁因”和“笛卡尔”写进了三位军事长官的姓名里。

四艘，其不足骇也明矣。[1]

这段文字属于1898年国人从英国报纸翻译而来的介绍列强在华海军的资料，具体内容则为英国军事专家对英、法、俄、德、日在华海军实力的比较。此译文片段所指的法国“在华之海军”，实际上就是法国的远东舰队（其驻地为越南东京下龙湾的海防和鸿基）及附近易于调动来华的其他舰队舰只。其中所提及的法国军舰依次为：白雅特号（“伯亚”）、笛卡尔号（“地斯加斯”）、尖兵号（Éclaireur，即“义克鹿”）、流星号（Météore，即“美持”）、法贝尔号（Fabert，即“普拔”）、帕斯卡尔号（“拜斯古”），共六艘。这些军舰聚合了来自多个舰队的舰只，其中流星号、法贝尔号均属于印度洋舰队，在当时并没有被抽调到远东舰队中来，[2] 但也被这份材料的作者算进了“在华之舰”。因此材料中所谓的“在华之舰”既不可理解为是对于远东舰队的系统性介绍（实际上很不全面），也不可一般性地理解为在华驻军之舰，更不可理解为是入侵广州湾的舰队。况且，这篇资料既没有涉及法军在华驻扎的任何具体事实，也没有提供任何法军入侵和驻军广州湾的信息，只是泛泛而论法军在中国周边的海军实力。这样一来，这份材料就无法用作分析法国远东舰队（包括白雅特号）是否参与侵占了广州湾这一问题的佐证材料。

三、新的研究和印度支那总督府文献中的说法

鉴于国内的广州湾资料相当有限，尤其是清末的官方文献对于法国远东海军实力及驿动情况缺乏详细的记载，因此其权威性大打折扣。如此一来，关于法舰参与强占广州湾的问题，国外专家的研究及法属印度

---

① 《较量各国驻华舰数》，见中国人民政治协商会议湛江市委员会文史资料研究委员会编：《湛江文史资料（第三辑·湛江遂溪人民抗法斗争史料专辑：1898—1899）》，1985年，第212－213页。

② RENARD L. Carnet de l'officier de marine pour 1898：agenda vade－mecum à l'usage des officiers de la marine militaire et de la marine du commerce. Paris：Berger－Levrault et Cie，1898：543.

支那总督府官方文献的记载就显得尤为重要。近年来，国际上对于广州湾的研究有所加强，有的学者甚至还与我们取得了联系，给我们提供了一些新的资料和信息，其中有的作者还直接把新撰写的稿件寄给我们发表。当然，并非所有法语文献的内容都很全面，其中也有历史文献仅涉及帕斯卡尔号和袭击号二舰对广州湾的侵占，[①] 并没有提供更多的信息。但新的研究资料和已向社会公开的印度支那总督府官方文献则提到了除帕斯卡尔号、袭击号和狮子号等舰之外更多其他舰只登陆广州湾的内容。

2013 年，法国学者伯特兰・马托出版有关广州湾的专著《白雅特城》一书，其中同样涉及 1898 年 4 月 22 日法国军舰首先登陆海头汛的内容，但提到了远东舰队总司令比道里埃尔准将的临时坐舰——让・巴特号登陆广州湾的重要信息。它这样叙述道：

> 1898 年 4 月 22 日，远东舰队指挥官吉戈特・德・拉・比道里埃尔海军准将乘坐让・巴特号军舰在海湾靠岸。他在武装护卫队的保护下把一面法国旗帜插在了靠近海头村边界的一座废弃的炮台旁，以证明他们获取了领土权。停泊在废弃炮台几百米以外的舰队齐发 21 响礼炮，以示敬意……袭击号、云雀号和杜居土鲁因号三艘军舰停泊在海湾并负责守卫这片未知的领土。杜居土鲁因号军舰的福特舰长对这片新的法国领土行使行政权……6 月 30 日，笛卡尔号军舰抵达，菲利贝尔舰长继任了法军的总指挥官。[②]

马托这段话叙述的是 1898 年 4 月 22 日法军在海头举行升旗仪式的过程，但增加了军舰的随后守卫及海军指挥官的管理授权等情况。其中提到让・巴特号、袭击号、云雀号（属于东京舰队临时支援舰）、杜居土鲁因号和笛卡尔号对广州湾的占领，重点述及远东舰队总司令比道里

---

① BREBION A. Dictionnaire de bio - bibliographie générale, ancienne et moderne de l'Indochine française. Paris: Société d'éditions géographiques, maritimes et coloniales, 1935: 215.

② MATOT B. Fort Bayard. Paris: Éditions François Bourin, 2013: 27.

埃尔准将的临时坐舰——让·巴特号的到来。由上文可知，在比道里埃尔准将本人发给海军部部长的那封电报里，并没有提到让·巴特号舰，而只是提及被其率领在海头汛登陆及鸣响二十一响礼炮的其他三艘军舰，这就是说，他自己乘坐的临时坐舰反而在电报里被忽略了。同时，电报也没有提到在广州湾稳住脚跟后前来接应的其他舰只。那么为什么称让·巴特号为临时坐舰呢？因为比道里埃尔准将的旗舰——白雅特号并没有随军前来，这是最可能的答案。多年来，白雅特号军舰一直是法国远东舰队的指挥舰或旗舰，如随同前来，必然会作为首舰被光荣记载，而不可能连提都不提一下。

这样，我们就可以确定以下几个信息：第一，让·巴特号是作为临时坐舰与帕斯卡尔号、袭击号、狮子号一同登陆海头的；第二，杜居土鲁因号是在当天隔些时辰后到达海头的，因为该舰舰长、军事指挥官福特当天就被印度支那最高军事统帅博蒙特少将任命为临时总公使；[①] 第三，根据马托的记述，袭击号、云雀号和杜居土鲁因号三舰是在登陆仪式举行后在白雅特要塞执行守卫任务的舰只；第四，至6月30日，笛卡尔号抵达海头，其舰长菲利贝尔继任了广州湾的军事指挥官和临时总公使。[②]

那么，在马托的叙述里，关于1898年4月22日让·巴特号军舰担任远东舰队司令比道里埃尔准将的临时坐舰或旗舰的说法是否属实？我们可以根据20世纪30年代的资料加以印证。法国前殖民军步兵上尉阿尔弗雷德·博南格在其1931年出版的著作《法国在广州湾》中这样写道：

---

① 福特，海军上校军衔，于1897年3月18日就任杜居土鲁因舰长兼太平洋舰队司令，1898年调入远东舰队，1898年4月至7月参加占领海头和硇洲岛的军事行动。

② 根据霞山公使署旧址遗留的广州湾官职木牌记载（法文），菲利贝尔的任职时间不是1898年6月30日，而是1898年6月29日。我们似乎可以这样理解：菲利贝尔于6月29日接到任命，于6月30日到达广州湾履职。菲利贝尔，海军上校军衔，曾任法国地中海联合舰队第三分舰队总参谋长，1898年改任远东舰队总参谋长、笛卡尔舰舰长。另，海军中校龙德瑞（遂溪县令李钟珏日记信函中的龙基）为笛卡尔舰副舰长。

1898 年 4 月 22 日，海军准将吉戈特·德·拉·比道里埃尔乘让·巴特号战舰进入广州湾海面，并命人在一个废弃的中国炮台升起法国国旗，这个炮台以后被称为白雅特要塞，而后发展为广州湾首府的名字。杜居吐鲁因号、袭击号、云雀号战艇负责守卫国旗。海军少将、远东舰队联队司令博蒙特任命一名海军上校为广州湾最高司令……1898 年 6 月 30 日，又有一艘新的战舰笛卡尔号到达广州湾。①

这段出自广州湾军事行动亲历者博南格上尉著作的资料，应是马托在《白雅特城》中所写的那段具有相似内容的文字的直接来源，二者内容可以说基本一致，均涉及让·巴特号、杜居土鲁因号、袭击号、云雀号和笛卡尔号等五艘军舰和官员的任命情况，② 可见马托的叙述是有历史文献和士兵亲历作为基础的。

关于 1898 年 4 月 22 日让·巴特号军舰在海头的登陆，我们还有更加可信的政府文献作为证据。对此，印度支那总督府在其为 1906 年马赛殖民博览会提供的广州湾宣传册中这样写道：

（法国）在哈诺德先生（M. G. Hanotaux）担任外交部部长期间，于 1898 年 4 月 10 日以租借期限为 99 年的形式从清帝国政府那里获得了广州湾的土地。此后，海军准将吉戈特·德·拉·比道里埃尔乘坐让·巴特号军舰很快就进入了这个海湾，并于 1898 年 4 月 22 日在这片法国的新属地升起了法国国旗。③

---

① BONNINGUE A. La France à Kouang - Tchéou - Wan. Paris: Berger - Levrault, 1931: 11, 13.

② 引文中所说的博蒙特少将此时应为包含印度支那海军在内的远东舰队联队总司令，而比道里埃尔准将则为远东舰队分队（不含印度支那海军在内的远东舰队）总司令。比道里埃尔准将的继任者为高礼睿准将，至 1900 年年初，该职务又由鲍狄埃准将接任。博蒙特与高礼睿的任职情况参见印度支那总督杜美的报告：DOUMER P. Situation de l'Indo - chine（1897 - 1901）—Rapport par Paul Doumer, Gouverneur général. Hanoi: F. - H. Schneider, Imprimeur - Editeur, 1902: 116.

③ Gouvernement général de L' Indo - china. Territoire de Kouang - Tchéou（Chine）. Hanoi - Haiphong: Gallois, 1906: 8.

由印度支那总督府编定的《广州湾租借地》专门为1906年马赛殖民博览会印度支那馆而备，其内容全部由广州湾总公使行政职员撰写。正如该资料开篇页脚注释所说："此介绍是在广州湾租借地行政长官阿尔比先生和高特雷先生的指导下，由民政职员唐蒂先生（M. Tanti）起草的，并由行政长官助理杜蒙先生（M. Dumont）补充完善。"① 其中所言的阿尔比先生职衔为租借地一等民政官，是广州湾首任总公使，而高特雷则作为租借地三等行政官在1905年7月至1906年3月间担任广州湾总公使，他们对这份材料都做了把关，因此资料的真实性和权威性值得信赖。正因如此，该文献对于让·巴特号率队侵占广州湾历史的记述是不容怀疑的。

关于法国海军首占海头汛的史实及文献，至此，我们已做了充分的考察。但是，在让·巴特号军舰首占海头和租借地条约正式签署之前这段时间里，随着法国方面占地胃口的扩大，尤其是遂溪（海头、南柳、黄略、麻章等地）和吴川（硇洲、南三、坡头等地）人民抗法斗争的日益激烈，法国海军不断调配增派其他舰只前来镇压。在1898年6月到1899年11月法军对湛江人民反抗斗争进行镇压（尤其是攻打黄略和麻章）的行动中，新的军舰起到了重要作用。

2015年年初，85岁的美国学者乔尔·蒙塔古造访湛江，给我们带来了新的研究成果（包括与湛江学者合作的成果），其中有一篇文章（《黄略"门头事件"及广州湾最后的战役》）在《岭南师范学院学报》上发表。蒙塔古的文章涉及1898年6月以后法国军舰对广州湾的攻击：

1898年，法国一艘特别的军舰停靠在广州湾的海边，准备让其海军发动海战和陆战，这个海军部队包括：巡洋舰"当特尔卡斯托号""让·巴特号""帕斯卡尔号""笛卡尔号"，以及炮艇"狮子号""袭击号"和"孟加拉号"（Bengali），此外，还有一个营和四个连的海军陆战队。所有这些军事力量都是援助在广州湾占领各个炮台的地面正规

① Gouvernement général de L' Indo - china. Territoire de Kouang - Tchéou (Chine). Hanoi - Haiphong: Gallois, 1906: 6.

军的后备力量。[①]

蒙塔古在这里讲的并不是 1898 年 4 月 22 日这一天发生的事，而是后来法军为扩大广州湾地盘而进行持续军事讹诈的事。[②] 他在这里交代了法军在后续军事行动中进攻广州湾的七艘军舰，它们分别是巡洋舰当特尔卡斯托号、让·巴特号、帕斯卡尔号、笛卡尔号，以及炮艇狮子号、袭击号和孟加拉号。其中的一句话——“所有这些军事力量都是援助在广州湾占领各个炮台的地面正规军的后备力量”表明，这些军舰是法军在占领海头炮台后重新整合起来的海军力量，包括了增援的舰只。跟以往相比，新增加的舰只是巡洋舰当特尔卡斯托号和炮艇孟加拉号。通过考察官方文献可发现，乔尔·蒙塔古的这段叙述也同样是来自那份 1906 年由印度支那总督府为马赛殖民博览会印度支那馆（含广州湾展区）提供的以“广州湾租借地”为题的介绍性文字，只是内部涉及的时间有误。这份展会材料写道：

1899 年 1 月，……法方任命了海军准将高礼睿为勘界委员会代表，并由驻海口副领事卡恩（Kahn）先生担任助理。中方则委派苏大元帅（广西提督苏元春——引者注）和顾问工程师伯特兰（G. Bertrand）先生为代表。6 月，由海军准将高礼睿率领，由巡洋舰“当特尔卡斯托号”“让·巴特号”“笛卡尔号”“帕斯卡尔号”，及炮舰“狮子号”“袭击号”和“孟加拉号”组成的舰队到达了广州湾。[③]

这段资料揭示，在法国寻求扩大租借地地盘和力促清政府勘界签约

① 乔尔·蒙塔古、肖丹：《黄略“门头事件”及广州湾最后的战役》，《岭南师范学院学报》2015 年第 1 期，第 166 页。

② 蒙塔古的说法在时间上存在误差和不准确之处。比如引文开头提到的时间，即高礼睿率领当特尔卡斯托号为首的舰队进驻广州湾的时间，应是 1899 年 6 月，笔者将会在下文中做出进一步的说明。事实上，当特尔卡斯托号的服役和高礼睿在广州湾的就职时间均是 1899 年，而非 1898 年。

③ Gouvernement général de L' Indo－china. Territoire de Kouang－Tchéou（Chine）. Hanoi－Haiphong：Gallois，1906：8.

的过程中，法国方面加强了在广州湾的军事力量，向这里派遣了大量的军舰，使其拥有了不亚于1884年马尾海战中法军参战舰只的数量。关于其中提到的当特尔卡斯托号巡洋舰，我们在一些可见与可靠的资料里均发现，这艘排水量达8 000吨之巨的一级巡洋舰的服役时间为1899年，而在1899年之前，它已作为试验舰在土伦港训练了三年。而上述来自印度支那总督府的官方档案则表明，在1899年6月时，当特尔卡斯托号已作为远东舰队总司令、海军准将高礼睿的战时旗舰挂帅出征了，而在此时和之前，老迈的旗舰白雅特号大多数时间都在海防港深居简出。那么，乔尔·蒙塔古重新讲述这段历史的贡献是什么呢？那就是他通过对法国海军部档案照片和法国士兵日记的发掘研究，细化了当特尔卡斯托号巡洋舰的经历，把这艘新锐旗舰与法国海军下层官兵的个人经历及广州湾抗法人民的命运融合在一起。

在阅读这份印度支那总督府1906年的《广州湾租借地》资料的时候，我们还发现了更多的信息。这些信息涉及的是法军正式侵占海头汛以前在广州湾的活动，主要是法方为了选择和确定需租借的领土目标（在海南、雷州半岛和广西的龙州之间进行选择）而进行的勘察测绘工作。该资料这样叙述法国军舰在占领海头汛之前的数年里在广州湾的勘察活动：

（1702年）“安菲特里特号”的军官们绘制了海岸的地图，由他们起草的文件也上报到海军部，但这些文件躺在海军部被遗忘了两个世纪之久。直到1895年至1896年间，在中日甲午战争结束后不久，当所有的外国舰队都忙于研究中国沿海之时，由“阿尔及尔号”巡洋舰和炮艇“狮子号”及“精灵号”（Lutin）组成的法国舰队才重新对广州湾进行了勘察。①

根据这份材料，早在1702年法国商船安菲特里特号在广州湾避风

① Gouvernement général de L' Indo - china. Territoire de Kouang - Tchéou (Chine). Hanoi - Haiphong: Gallois, 1906: 8.

期间，军官们就已绘制了广州湾地图提交给法国海军部，这张地图为1895 年至 1896 年间由阿尔及尔号、狮子号和精灵号等组成的法国舰队勘察与侵占广州湾提供了参考与方便。而在 1895 年，阿尔及尔号、狮子号和精灵号与白雅特号一样，均属于法国远东舰队，[①] 它们从海防军港出发，轻易穿越琼州海峡，到广州湾海面执行不便对世人公开的任务。

实际上，法国舰队的前期勘察工作一直在断断续续地进行，甚至持续到了占领海头汛以前，这在我国清末的某些历史文献中可以找到些许踪影或相关记载，它们也完全可以与法方的记载相互印证。如 1898 年 2 月 28 日《香港每日报》载："数日以来，传言广州湾为法国兵船夺取，已占其境，此言似非无因。又续报云：法人尚未占据，惟前数日，法国水师曾至广州湾，故中国人民以为业经占驻，必不肯即行退还。近闻法国水师已于本月 23 号退出广州湾地方，不知何往。"《香港报》同日又云："近知法国战船，曾往该处（广州湾），游历数日。本地土人见兵登岸，以为有占据之意。不知法船确于前月 23 号退出该处，往中国海面游历，一时误致惊慌。随后又报有法国战船入广州湾内地，并有法兵登陆。此报甚为迅速，似非虚言。"[②] 需要说明的是，在 1898 年 4 月 9 日之前，法方从来没有向清政府提出过租借广州湾，而是一直提出租借海南岛。上述材料说明，法国在提出租借海南岛的同时，一直在对广州湾进行秘密勘察，并反复权衡，直至改变主意租借广州湾，放弃海南岛。另据法国学者安托万 · 瓦尼亚尔提供的法国海军历史档案目录显

---

① RENARD L. Carnet de l'officier de marine pour 1895: agenda vade - mecum à l'usage des officiers de la marine militaire et de la marine du commerce. Paris: Berger - Levrault et Cie, 1895: 547.

② 见中国人民政治政协商会议湛江市委员会文史资料研究委员会编：《湛江文史资料（第三辑 · 湛江遂溪人民抗法斗争史料专辑：1898—1899）》，1985 年，第 153 页。需要说明的是，南三岛本岛人民和部分学者仍坚持认为法军首先到达的是南三岛而非海头汛，这种观点有其自身的道理。因为从纯粹勘察探测的意义上说，法国人极有可能首先登陆了南三岛［引文所谓"法国战船，曾往该处（广州湾），游历数日。本地土人见兵登岸，以为有占据之意"符合非冲突性登陆的特征］，但从发起军事行动和完全占领的意义上讲，法国人首先登陆的是海头汛。

示，甚至在更早以前，如1895年，法国海军就已派精灵号和彗星号到广州湾勘查水文。①

通过上文对新的研究资料和解密后的印度支那总督府官方文献的回溯，我们发现，从1898年到1899年，如果不把我们即将探讨的白雅特号计算在内，大约已有九艘法国军舰参与侵占广州湾，它们分别是帕斯卡尔号、袭击号、狮子号、让·巴特号、杜居士鲁因号、笛卡尔号、云雀号、当特尔卡斯托号和孟加拉号。而在1898年侵占海头之前，则起码有阿尔及尔号、精灵号和彗星号到广州湾进行了勘察活动。那么，白雅特号军舰的行踪究竟如何？白雅特号与广州湾又有怎样的历史因缘？

四、白雅特舰与白雅特城

若从法国海军秘密到达广州湾海域进行勘察活动算起，一直到1900年初印度支那总督杜美将广州湾的管理工作移交给民政官为止，已有大批法国军舰到达和登陆广州湾，但在有关广州湾海域发生的各类军事行动的叙述与研究中，我们几乎看不到白雅特号的影子。尤其在所能看到的印度支那总督府的权威性报告中，白雅特号也从未被提及。在缺乏学术和官方文献支持的情况下，一名广州湾战役亲历者的回忆为我们留下了白雅特号军舰登陆广州湾的仅有证据。

这份仅有的证据就是参加过1899年11月黄略和麻章之战的法国海军陆战队下士乔治·于班所写的战地日记。当时刚刚发生过平石事件（11月12日笛卡尔号军舰上的两名尉官让·顾伦和约瑟夫·库恩在平石被杀的事件），海军准将高礼睿决定对当地人民进行猛烈报复。他一边下令炮轰中国的炮舰广玉轮，逮捕了船上的官员和水手，将其押至当特尔卡斯托号巡洋舰甲板上扣留起来，一边从越南下龙湾海防基地增调大批军舰和海军陆战队（由马罗中校统领），于租借专约签署的当天即1899年11月16日清早，对黄略进行疯狂的复仇。当时海军陆战队下士

① Une lettre adressée au commandant du Comète, le 1895, 4, 19. Le Service historique de la Marine, Archives militaires, Série GG2, Fonds Gueydon 104. 见安托万·瓦尼亚尔：《广州湾租借地：法国在东亚的殖民困境》（郭丽娜译，中文版即出）提供的海军档案目录及介绍。

乔治·于班乘坐高礼睿的旗舰当特尔卡斯托号，刚刚穿越了广州湾的入海口，他这样记述道：

> 这是个充满阳光的明亮的早上，景色非常美丽。我们在所有的舰船面前依次通过，辨认出了白雅特舰、帕斯卡尔舰、笛卡尔舰，以及其他几个小炮舰。这四艘漂亮的军舰（包括作者乘坐的当特尔卡斯托号——引者注）代表了强大的军事实力，也向世人展示出激怒法国人是绝对不会有好下场的，这一点在不久之后将会向中国人证明。士兵们利用舰队的小艇毫不费力地登陆，在离河五六百米、布满茂密多刺的绿色灌木的细沙上扎营……炮兵对一群群妇女、老人、儿童、牲畜和马车进行可怕的轰炸，炮弹的射程至少是 1 500 米。每一枚落在逃难者中的炮弹都使死伤者堆积如山，引起一片血腥和嚎叫……①

乔治·于班虽然只在日记中浮光掠影地记录了自己所目睹的白雅特号的出场，但对于仍然迷惑于白雅特舰与广州湾联系的人们来说，可以起到解惑的作用。那么，为什么目前在湛江流行的关于白雅特号及其与白雅特城联系的叙述却是让人怀疑的呢？因为这些叙述都是想象和虚构的结果，其中既缺乏亲历基础，也缺乏其他事实基础，叙述者甚至无法提供出一张有事实依据的照片，或者一个可资佐证的资料片段。

但是，法国人最初对于白雅特城的命名并非基于白雅特舰与广州湾之间的真实历史联系。法国人命名白雅特城的主要意图，在于纪念法国的民族英雄及白雅特号军舰，而这种纪念跟白雅特号是否到达广州湾并无关系。这种纪念主要分为两个层次：

第一，是对法国中世纪“英勇无畏的骑士”白雅特（1476—1524）的纪念，深层意图则是通过借其威名，激励法军士气，压制中国人的抵抗意志。白雅特城的命名时间是 1898 年 7 月 22 日，这个时间距离比道里埃尔准将占领海头汛刚好整整三个月，法国人就是借这个时间的当口

---

① MATOT B. Fort Bayard. Paris: Éditions François Bourin, 2013: 35.

纪念其占领海头三个月，并且举行了纪念仪式。在《白雅特城》中，马托这样记述道："7 月 22 日，一部分地方人士参加了归顺仪式，身穿丝质长袍的中国官员和乡绅来到法国军官面前俯首称臣。法国人尽情享受着胜利的喜悦，并决定将此地更名为'白雅特城'。白雅特是中世纪法国军队中最负盛名的将领，以此命名主要是为了表达对这位著名的'英勇无畏的骑士'的敬意。"① 历史上的白雅特，原名皮埃尔·杜特利尔，是法国东南部白雅特城堡和庄园的主人、法国名将，一生跟随查理八世和路易十二，身经百战，屡建奇功，是战场上的常胜将军，曾以一人之力抵挡 200 个西班牙士兵的进攻，最后于 1524 年战死在意大利。作为一名军人，白雅特被认为是骑士精神的化身，是那个时代最伟大的骑兵领袖，被列为"法国历史上 100 个关键人物"之一。当然，法国人并不是为了纪念而纪念，而是通过命名白雅特要塞（取 Fort Bayard 的字面意），借用法国"英勇无畏的骑士"的威名，将占领和保卫海头汛的官兵比作白雅特那样的不可击败的"勇士"，以激励其士气。同时邀请中国部分官员乡绅前来捧场归顺，因此，借不可战胜的骑士白雅特之名压制中国人民的抵抗意志，也是其重要用意之一。

第二，是对法国远东舰队总司令孤拔中将（1827—1885）及其旗舰白雅特号的纪念。法国远东舰队成立于 1884 年 8 月，由中国及日本海域分舰队（1878 年）和（越南）东京分舰队（1883 年）合并而成，鼎盛时期拥有 5 艘铁甲舰、15 艘巡洋舰以及其他各类舰船共 35 艘，官兵 4 300 人，先后由孤拔、利士比、里厄尼耶、贝斯纳、休曼、迪普伊、博蒙特、比道里埃尔、高礼睿等人任职总司令，② 著名的军舰有白雅特号（旗舰）、拉加利桑尼亚号、亚特兰大号、雷诺堡号、凯旋号、杜居士鲁因号、窝尔达号等。远东舰队最令法国人自豪之处，是它的旗舰白雅特号及其统帅孤拔中将。白雅特号于 1883 年服役，排水量达 5 915 吨，载员 451 人，为孤拔远东舰队最大舰只。该舰最初服役于孤

---

① MATOT B. Fort Bayard. Paris：Éditions François Bourin，2013：29.

② 参见 RENARD L. Carnet de l'officier de marine：agenda vade – mecum à l'usage des officiers de la marine militaire et de la marine du commerce. Paris：Berger – Levrault et Cie，1898.

拔组建的瑟堡海军实验支队，为孤拔旗舰，后来又随孤拔先后进入东京分舰队和远东舰队，亦为其旗舰。之后白雅特号随孤拔全程参加了中法海战，在战斗中被击断舰首主桅，下坠的桅木把正在舰桥上指挥的孤拔砸成重伤，不久孤拔在澎湖死亡。1885 年 6 月，白雅特号载孤拔尸首回国，随后回布雷斯特船厂维修。1890 年后，白雅特号被调往地中海舰队进行速度测试和试验，于 1894 年被重新派往远东舰队，之后在迪普伊（1894—1895 年任职）、博蒙特（1895—1897 年任职）、比道里埃尔（1897—1898 年任职）任职总司令期间，继续作为远东舰队旗舰服役，在高礼睿任职总司令期间（1899—1900 年），其旗舰地位被当特尔卡斯托号巡洋舰取代，1899 年退役，成为趸船。出于对孤拔中将的敬意，法国政府为其举行了国葬仪式，随后孤拔被载入了法国海军史册，成为其中为数不多的能够与法国海军的缔造者黎世留及吉臣、索福伦、布维、帕斯法尔等并列的海军将领。[①] 而白雅特舰，不仅是老上司孤拔的旗舰，而且是博蒙特少将和比道里埃尔准将本人任职时的旗舰，与远东舰队可谓感情深厚，何况白雅特舰 1898 年时已经老迈，濒临退役。因此，以白雅特命名海头汛，也算是对孤拔和白雅特号最好的纪念。对于白雅特城命名中的这层意义，马托在《白雅特城》中也给予了认可。[②]

那么，为什么说法国人命名白雅特城跟白雅特舰是否到达过广州湾没有什么关系呢?

原因很简单，即在我们的证据范围内，在乔治・于班下士记载白雅特舰来到广州湾参加 1899 年 11 月的黄略之战时，白雅特城已经获得命名有一年多的时间了。而退一步说，若设想白雅特号真的随比道里埃尔准将前来广州湾，或以接收租借地之名侵占海头，那便与比道里埃尔准将乘坐让・巴特号军舰侵占海头的真实记述相冲突。因此，那种假设在

---

① 参见广州湾时期法国人写的法国海军史著作。VIGY J. Abrégé d'histoire de la marine française：à l'usage des écoles primaires et des marins des équipages de la flotte. Paris：Garnier frères，1901：89.

② MATOT B. Fort Bayard. Paris：Éditions François Bourin，2013：15.

1899 年黄略之战前，白雅特号登陆过广州湾的说法均无法自圆其说。这样一来，无论白雅特舰与广州湾之间是否存在历史与事实联系，都并没有成为法国人命名白雅特城的根据或理由。而恰恰相反，后来在 1940 年 11 月，印度支那总督让·德古上将提议并修建白雅特城登陆纪念碑，反倒有一个真实的历史的借口，即用以纪念 1701 年（路易十四时代）因到中国经商而滞留在广州湾的法国商船安菲特里特号。不过，关于法国舰队，尤其是白雅特号与广州湾及白雅特城的关系这一话题，我们今后仍有做出进一步探讨的必要，也许还有新的证据可以丰富或者更改我们的结论。

王钦峰

附录六　1900 年前到达广州湾执行军事任务法国军舰图录

白雅特号（1899 年参加广州湾之战）

白雅特号

停泊在埃及塞得港的白雅特号

让·巴特号（1898 年占领海头）

让·巴特号（陈灵供图）

袭击号（1898 年占领海头，乔尔·蒙塔古供图）

当特尔卡斯托号（1899 年参加广州湾之战）

当特尔卡斯托号

当特尔卡斯托号（陈灵供图）

帕斯卡尔号（1898 年占领海头）

帕斯卡尔号

帕斯卡尔号

杜居土鲁因号（1898 年占领海头、硇洲岛）

杜居土鲁因号

笛卡尔号（1898 年占领海头）

笛卡尔号

狮子号（1895 年到广州湾侦察，1898 年强占海头）

精灵号（或译鲁汀号，1895 年到广州湾侦察）

云雀号（1898 年强占海头，陈灵供图）

孟加拉号（1899 年参加广州湾之战，陈灵供图）

阿尔及尔号（1895 年到广州湾侦察，陈灵供图）

彗星号（1895 年到广州湾侦察）

王钦峰编